LITERATURA
EN LA EPOCA DEL EMPERADOR

ACADEMIA LITERARIA
RENACENTISTA

UNIVERSIDAD B SALAMANCA

LITERATURA
EN LA EPOCA
DEL EMPERADOR

Edición dirigida por

VICTOR GARCIA DE LA CONCHA

Universidad de Salamanca, 1988

ACTA SALMANTICENSIA
ACADEMIA LITERARIA RENACENTISTA
5

1.ª edición, julio 1988

© Ediciones Universidad de Salamanca

Para pedidos, información e intercambios, dirigirse a:

Secretariado de Publicaciones

Apartado 325

37080 SALAMANCA (España)

ISBN: 84-7481-492-8

Depósito Legal: S. 384-1988

Composición, Impresión y Encuadernación,
GRAFICAS VISEDO, s.a.l.
Hortaleza, 1.
37001 SALAMANCA

- **V Academia Literaria Renacentista**
  (29 de febrero, 1 y 2 de marzo de 1984).
  Prosa y pensamiento en la época del Emperador.

- **VI Academia Literaria Renacentista**
  (14, 15 y 16 de marzo de 1985).
  Los nuevos géneros literarios del Renacimiento.

- **VII Academia Literaria Renacentista**
  (13, 14 y 15 de marzo de 1986).
  Idea del Renacimiento español: concepto y períodos.

INDICE

RENACIMIENTO Y ESCOLASTICA

Joseph Pérez
Universidad de Burdeos III

No es nada fácil desempolvar la problemática en torno a las relaciones entre humanismo y escolástica si uno quiere formarse una idea exacta de su verdadero alcance. La inmensa bibliografía que se va acumulando no siempre permite separar lo sustancial y lo accidental. Por eso, creo oportuno replantear el tema para tratar de comprender su significado en la España del siglo XVI.

Las observaciones que voy a presentar tienen un carácter más bien general. Forman parte de una reflexión de conjunto sobre la historia de la cultura en el Siglo de Oro y más precisamente sobre los aspectos filosóficos y científicos, lo cual explica que la literatura como tal sólo sea tratada de paso*.

I

La escolástica es ante todo comunicación de un sistema de ideas: ideas sobre Dios; una teología que supone a su vez ideas sobre el hombre y la naturaleza, es decir, una filosofía. Esta teología y esta filosofía se expresan en un lenguaje técnico. De ahí las tres características fundamentales que presenta la escolástica y frente a las cuales se pueden colocar otras tantas posturas que van a ser las que defiendan los humanistas.

---

*   Este trabajo completa el que ya se publicó casi con el mismo título, «Humanismo y escolástica», *Cuadernos hispanoamericanos*, 334 (1978), págs. 28-39.

1.   La escolástica es una ciencia especulativa más que práctica. De ella pueden deducirse naturalmente unas normas éticas de comportamiento, una conducta moral, pero su preocupación principal, que en los últimos siglos de la Edad Media llegó a ser casi exclusiva, es la especulación teórica. Se trata, si se quiere, de una perversión, de una desviación, de un abuso, pero el caso es que esta actividad provocó una reacción de sobra conocida contra esta forma de saber especulativo que ha acabado convirtiéndose en puro intelectualismo, desconectado de las preocupaciones vitales y actuales de las gentes. Todo un sector importante del humanismo protesta contra tamaña deformación y afirma que el cristianismo no es sólo ni ante todo un sistema de ideas sino la manifestación de una Persona; no es pura especulación, sino vida, actitudes morales, conducta práctica.

Porque la escolástica decadente enseña más a discutir que a vivir, ha separado en exceso fe y razón, lo intelectual y lo religioso, Evangelio y vida; se explica el éxito de un librito como la *Imitación de Cristo*, manual de piedad al alcance de todos, y se comprenden asimismo el menosprecio en que cae la ciencia universitaria en ciertos sectores inspirados por el franciscanismo, la apología de la *santa necedad*[1] y el rechazo de la sofistería por parte de los humanistas, cuya postura viene resumida en estas réplicas entre Carón y un teólogo en el *Diálogo de Mercurio y Carón* de Alfonso de Valdés:

> — Si fueras de veras theólogo, supieras qué cosa es Dios, y sabiéndolo, impossible fuera que no amaras, y amándolo, hizieras por donde te subieras al cielo.
> [...]
> — Esso no es ser theólogo.
> — ¿Pues qué?
> — Saber disputar pro y contra y determinar quistiones de theología.[2]

2.   El saber de la escolástica requiere una sólida preparación, la que se da en las escuelas. Hay que aprender a discurrir, primero, luego adentrarse en el mundo de la especulación filosófica y teológica, ya que se trata de cuestiones abstractas que caen fuera del alcance de la inmensa mayoría. Esta formación es larga y ardua. Sólo los que han venido al cabo de ella, los maestros, son capaces de terciar en los debates que plantean y resuelven ellos mismos. Los indoctos, los *idiotas*, como se dirá, no pueden sino

---

1.   Parece que fue el franciscano fray Pedro de Villacreces quien, en el siglo XV, puso más énfasis en este tema. El decía que hacía más caso de los *santos necios* que de los *santos letrados* y procuraba inspirar a sus discípulos el menosprecio de la ciencia: *llorar y aborrecer el estudio de las letras* (M. Andrés, *La Teología española en el siglo XVI*, I, Madrid, B. A. C., 1976, pág. 92). Y eso que Villacreces había recibido una buena formación universitaria, pero confesaba: *Recibí en Salamanca grado de maestro, que no merezco; empero, más aprendí en la cella llorando en tiniebra que en Salamanca o en Tolosa o en París estudiando a la candela* (Ibid., pág. 220).
2.   Alfonso de Valdés, *Diálogo de Mercurio y Carón*. Ed. José F. Montesinos. Madrid, Espasa-Calpe, 1954, CC, pág. 125.

inclinarse ante las conclusiones de los doctores, acatarlas porque se trata de cuestiones técnicas que sólo las personas competentes están en condiciones de determinar. La escolástica supone una profesionalización del saber; la ciencia está reservada a una élite de profesores, clérigos en su mayor parte. Frente a esta pretensión, los humanistas ponen en tela de juicio la autoridad de los expertos: exigen pruebas, discusión abierta, libre examen, en una palabra crítica o irrespeto ante la autoridad y la tradición; piden cuentas, exigen explicaciones, como lo hizo Lorenzo Valla, por ejemplo, al reexaminar la donación de Constantino. El humanismo es ante todo cultura general contra excesiva especialización, contra la profesionalización exagerada[3]. Todo hombre tiene derecho a terciar en lo que le interesa directamente como hombre; no puede contentarse con acatar, a ojos cerrados, las sentencias definitivas de los expertos, de los doctores de toda clase, que pretenden excluir a los profanos de los problemas esenciales, escudándonos detrás de la ciencia adquirida en las escuelas[4]. Esta reivindicación de cultura general frente a una especialización demasiado estrecha explica que el humanismo se salga de los cauces de la universidad tradicional y que, mucho más allá del círculo de los profesores, llegue a sectores sociales, aristocráticos más que burgueses, por cierto, ya que los burgueses, a su modo, están obligados también a otras formas de profesionalización, la del oficio, mientras que la aristocracia, por vivir en el ocio, está más disponible para una cultura desinteresada[5]. El *Cortesano* de Castiglione es buena muestra de este ideal.[6]

En pocas palabras, esta reacción frente al tecnicismo y a la especialización lleva a una actitud general de contestación: la crisis del siglo XVI es básicamente una crisis de autoridad.[7]

3. La ciencia escolástica, como todas las ciencias, dispone de una lengua técnica, el latín, que naturalmente ha tenido que adaptarse a las necesidades de la evolución del pensamiento, creándose un vocabulario y unas formas apropiadas. Por exceso de tecnicismos y sutileza, esta lengua se ha convertido en una lengua oscura, bárbara, por decirlo en una palabra, y los humanistas empiezan precisamente por reaccionar contra este defecto formal, reclamando el retorno a un latín depurado, claro, elegante. Pero no se trata sólo del latín, sino del lenguaje en general, de la forma de ex-

---

3. V. E. Troeltsch, citado por Max Scheler, *L'Homme et son histoire* (traducción francesa), Paris, Aubier, 1955, págs. 136-137.
4. Fernand Robert, *L'Humanisme. Essai de définition*, Paris, Les Belles Lettres, 1946, págs. 32 y ss.
5. Sobre el Renacimiento, época aristocrática más bien que burguesa, vid. Jean Delumeau, *La Civilisation de la Renaissance*, Paris, Arthaud, 1973. En el caso de España, la familia Mendoza es muy característica de esta tendencia; vid. Helen Nader, *The Mendoza Family in the Spanish Renaissance, 1350-1550*, New Brunswick, New Jersey, Rutgers University Press, 1979.
6. Ramón Menéndez Pidal, *El lenguaje del siglo XVI*, Cruz y Raya, 1933, págs. 23-26.
7. La expresión es de J. C. Nieto, *Místico, poeta, rebelde, santo: en torno a San Juan de la Cruz*, México-Madrid-Buenos Aires, Fondo de Cultura Económica, 1982, pág. 51.

presar las ideas. Porque se ha complacido en los últimos siglos de la Edad Media en cuestiones demasiado sutiles, aparentemente sin interés —meras curiosidades, expuestas en una jerigonza compleja e incomprensible—, la escolástica en general produce un sentimiento de cansancio, de aburrimiento, de hastío y da lugar a un rechazo casi total. *Fablar teología* llega a ser una expresión peyorativa[8]. Se protesta contra la reducción de las artes a la teología, contra una forma que sacrifica la belleza de la expresión a ideas que no siempre parecen merecer tan intrincadas lucubraciones. Se oponen, como lo hace por ejemplo Alonso de Cartagena, las *antiqua ingenia* a la *modernam subtilitatem*[9]. Un párrafo del *Elogio de la locura* de Erasmo resume todo el odio acumulado por el humanismo contra los sofistas, es decir los teólogos:

> Solamente se tienen por grandes teólogos cuando se expresan lo más bárbara y torpemente posible [...]; balbucen de tal forma que de nadie logran ser comprendidos, a no ser por los tartamudos [...]; llaman agudeza de ingenio a lo que el vulgo no entiende; dicen que es indigno de las Sagradas Letras someterse a las leyes de los gramáticos. ¡Admirable excelencia de los teólogos, si sólo a ellos les fuera lícito hablar mal!

Resumiendo lo que precede, podemos sintetizar en tres fórmulas lo que opone el humanismo a la escolástica decadente:

— preocupación moral frente al intelectualismo abstracto;
— llamada al buen sentido, crítica, falta de respeto frente a la soberbia de los expertos y doctores;
— elegancia en el estilo frente a la jerigonza de las escuelas.

Esta última característica es en realidad la primera desde el punto de vista cronológico y lógico: el humanismo empezó siendo un renacimiento del bien decir y del bien escribir, un esfuerzo de elegancia en la expresión hablada y escrita. Pero dicha actitud implica toda una filosofía; el estilo lleva a un estilo de vida. Como ha mostrado Francisco Rico, para los humanistas la palabra es lo que distingue al hombre de los brutos animales. Esta es la ventaja y la superioridad del hombre racional: *sermo*

---

8.   Caso de Pero López de Ayala, citado por Ottavio di Camillo, *El humanismo castellano del siglo XV*, Valencia, Fernando Torres, 1976, pág. 29. Por los mismos motivos, Francisco Sánchez de las Brozas, el Brocense, no podía oír pronunciar el nombre de santo Tomás sin lanzar una grosera palabrota (G. Fraile, *Historia de la filosofía española...*, Madrid, B. A. C., 1971, pág. 217). Los doctores *curiosos*, contra quienes la emprendieron primero los franciscanos del siglo XV (por ejemplo fray Lope de Salazar y Salinas) y luego los humanistas eran los que planteaban problemas vanos y ociosos. Curioso, según Venegas, se derivaba del adverbio *cur*, porque los curiosos son muy ordinarios preguntadores; idéntica etimología propone Covarrubias (*cur + ocio*) porque los curiosos son *muy de ordinario holgaçanes y preguntadores* (M. Andrés, *op. cit.*, pág. 305).
9.   O. di Camillo, *op. cit.*, págs. 61-62.

y *ratio*; y allí se sigue para él la posibilidad de evolucionar, de mejorar, de progresar: no está definitivamente encerrado en una naturaleza fija e invariable.[10]

II

Ahora bien, ninguna de las características de la escolástica (saber especulativo, profesionalización, lenguaje técnico), lleva en sí connotación peyorativa. Si bien lo miramos, la ciencia no puede prescindir de ellas, ya que exige reflexión teórica, larga preparación, vocabulario técnico. Son los abusos de los mismos escolásticos los que han provocado la reacción contra la escolástica y la victoria del humanismo. Pero cabe preguntarse si esta victoria, a su vez, no encierra una amenaza para la cultura y más precisamente para el cultivo y el desarrollo de la ciencia.

Una lengua pura, clara, elegante, es por cierto un ideal que debe proponerse todo buen escritor y en este sentido la reacción humanista era muy acertada, pero con tal de no olvidar que este criterio estético no puede ser el único, sobre todo tratándose de disciplinas, de problemas, de temas que por su misma índole exigen matizaciones y puntualizaciones, rigor en el pensamiento lo mismo que en la forma de expresarlo. La voluntad de estilo, y de un estilo claro, apto *para el uso común de todos*, como dice fray Luis de León[11] no puede aplicarse indistintamente a toda clase de escritos. Parece perfectamente adecuada en los textos de carácter literario; pero las obras filosóficas o científicas requieren un vocabulario técnico que forzosamente desorientará a los no iniciados. Antonio de Torquemada ponía las cosas en sus justos términos: *Quando la escuridad de las obras viene de las materias que en ellas se trata, porque tocan fábulas y ystorias, o tocan en astrología o filosofía o otras cosas difíciles de entenderse [...], en tal caso ni el autor ni la obra no tiene la culpa, sino el que las lee, por leer cosas que no llegan a su entendimiento*[12]. La filosofía de Kant no puede expresarse en la lengua de Voltaire, decía un crítico francés de nuestro siglo[13]. La crítica humanista, al denunciar con violencia el bárbaro estilo de los escolásticos, corre el riesgo de confundir en la misma censura la oscuridad innecesaria en el estilo y la dificultad de lectura que es propia de toda obra verdaderamente científica.

10.   Francisco Rico, «*Laudes litterarum*: Humanisme et dignité de l'homme dans l'Espagne de la Renaissance», *L'Humanisme dans les lettres espagnoles*, ed., A. Redondo, Paris, Librairie philosophique J. Vrin, 1979, págs. 33 y ss.
11.   Fray Luis de León, *De los nombres de Cristo*, Ed. Cristóbal Cuevas. Madrid, Cátedra, 1982, pág. 144 (dedicatoria a don Pedro Portocarrero).
12.   Antonio de Torquemada, *Manual de escribientes*, Madrid (Anejos BRAE, XXI), 1970, pág. 72.
13.   Julien Benda, *La France byzantine*.

Ahora bien, el humanismo es fundamentalmente antidogmático; desconfía de las teorías y de los sistemas y esta actitud ha contribuido en parte a despreciar el papel de la reflexión propiamente filosófica y científica.

El culto de la Antigüedad a su vez puede llegar a extremos graves, capaces de desvirtuar el espíritu de una auténtica renovación religiosa. Este es el fondo de la oposición entre Erasmo y el Renacimiento italiano, de la batalla del *Ciceronianus*. Erasmo, más filosófico que literario, para decirlo de una manera muy esquemática, humanista, pero humanista cristiano, opina que en Italia y sobre todo en Roma el retorno a la Antigüedad se acompaña de una resurgencia de paganismo. La crítica empieza por aspectos formales: Cicerón no tiene la exclusividad del purismo y del buen uso del latín; pero de ahí se pasa rápidamente al fondo: la afición a temas paganos o mitológicos en literatura, en pintura, en escultura..., acaba por pervertir el mismo Evangelio, por ocultar la contradicción profunda que existe entre paganismo y cristianismo. La crítica de Erasmo, como se sabe, se cifra en el reproche que San Jerónimo creyó oír en boca de Cristo: *no eres cristiano, sino ciceroniano*. Es decir que para Erasmo, en Roma hay más letras que verdadera piedad, arte más que religión. Vemos así, como ha apuntado recientemente André Chastel en un estudio sobre el saco de Roma, una ruptura entre el humanismo erasmista y la cultura moderna. En realidad, el humanismo que defiende Erasmo es menos sensible a los primores de forma que a las ideas y no podía menos que chocar con los aspectos preferentemente artísticos que tomaba el Renacimiento en Italia.[14]

Quizás haya que ver en eso el verdadero alcance del erasmismo en España: ha venido a reforzar unas tendencias renovadoras anteriores, preocupadas por temas religiosos más que literarios. Esto es lo que se desprende del libro de Bataillon y que viene confirmado por trabajos posteriores. Convendría matizar, naturalmente. Eugenio Asensio muestra cómo Hernán Núñez, al publicar el *Divus Basilius* en 1519 invita a los jóvenes a leer con ciertas precauciones los autores paganos, con lo cual parece más cercano a las ideas de Erasmo. En cambio Juan Maldonado, en la *Paraenesis*, elogia a Erasmo pero se cuida bien de criticar el paganismo de los italianos[15]. El P. Beltrán de Heredia destaca que en Trento los italianos, más humanistas, desconfiaban de los españoles, concretamente de Domingo de Soto, porque era teólogo y escolástico[16]. Se tiene la impresión en efecto de que en España lo que se ha llamado la escolástica renovada, en su forma tomista sobre todo, ha tenido en cuenta las críticas más importantes del humanismo. Me estoy refiriendo aquí al humanismo cristiano, muy marcado por la influencia de Erasmo, desde luego, pero que

---

14. André Chastel, *Le sac de Rome, 1527*, Paris, Gallimard, 1984, págs. 183 y ss.
15. V. la introducción de Eugenio Asensio a la *Paraenesis ad litteras* de Maldonado (edición de J. Alcina). Madrid, Fundación Universitaria Española, 1980, págs. 10 y 61.
16. Vicente Beltrán de Heredia, *Domingo de Soto*, Madrid, Cultura hispánica, 1961, pág. 140.

no todo lo debe a Erasmo. Se trata de mantener a un tiempo la voluntad de ortodoxia y la necesidad de adaptarse a las circunstancias. El humanismo cristiano, el erasmista y el no erasmista, tiene preocupaciones religiosas. Procura volver a las fuentes del cristianismo, a la Biblia, pero partiendo de textos depurados, filológicamente limpios, y al mismo tiempo tener en cuenta las necesidades actuales y vitales de los cristianos, reflexionando sobre categorías que la teología tradicional, por demasiado dogmática, había descuidado. Para este sector, la revelación cristiana exige una constante actualización: la verdad es permanente y eterna, pero su expresión puede cambiar con las épocas y las circunstancias.

Desde esta perspectiva, el biblismo que tanto desarrollo tuvo en el siglo XVI, a pesar de las trabas inquisitoriales, representa la aportación humanista a la reflexión teológica; es la condición de lo que se ha llamado teología positiva, perfectamente compatible con las categorías clásicas de la teología escolástica. Viene a ser la reconciliación de la ortodoxia con las exigencias de la actualidad. Ignacio de Loyola expresa esta idea con toda claridad:

> Así como es más propio de los doctores positivos, así como sant Hierónimo, sant Agustín y sant Gregorio, etc. el mover los afectos para en todo amar y servir a Dios nuestro señor, así es más propio de los escolásticos, así como de santo Tomás, san Buenaventura y del maestro de las Sentencias, etc., el definir o declarar para nuestros tiempos de las cosas necesarias a la salud eterna, y para más impugnar y declarar todos errores y todas falacias.[17]

Frente a Erasmo que acepta el Evangelio y los Padres de la Iglesia pero rechaza la escolástica, Ignacio de Loyola sugiere que hay que atenerse a los dos aspectos: lo positivo, es decir la Sagrada Escritura y los Padres, y también la teología escolástica. La postura de fray Luis de León no está muy alejada: *La propria y verdadera sabiduría del hombre es saber mucho de Christo*[18] y la obra del agustino muestra cómo hay que entenderlo: por un retorno a las fuentes, a la Biblia, en su texto original. Pero fray Luis no se separa de la escolástica, en el buen sentido de la palabra, es decir como sistema de explicación. Si la escolástica ha decaído, la culpa la tienen los mismos escolásticos, por ignorantes y soberbios: *No sólo no saben aquestas letras [es decir la ciencia bíblica], pero desprecian o, a lo menos, muestran preciarse poco y no juzgar bien de los que las saben. Y con un no pequeño gusto de ciertas quistiones contentos e hinchados, tienen título de maestros theólogos y no tienen teología*[19]. O sea que entre humanismo cristiano y escolástica no debería de haber incompatibilidad, pese a los temores de inquisidores y dogmáticos; al contrario, la crítica filosófica, el biblismo y

---

17. La frase aparece en la regla n.º 2 de los *Ejercicios* (1534); vid. M. Andrés, *op. cit.*, pág. 182.
18. *Nombres de Cristo*, ed. citada, pág. 147.
19. *Ibid.*

las demás aportaciones del humanismo permiten restituir a la teología su verdadero alcance; son elementos auxiliares al servicio de la ciencia sagrada.

Dentro de la escolástica, las doctrinas nominalistas son las que con más frecuencia excitan los sarcasmos de los humanistas; y no les faltaba razón para ello. Los nominalistas son en gran parte responsables de los excesos de la escolástica, al multiplicar las cuestiones muchas veces absurdas, y al sutilizar con suma exageración sus temas de estudio. Sin embargo, en medio de tanto fárrago, no cabe duda de que también se agitaban cuestiones verdaderamente profundas y que no dejaban de ser profundas por venir arropadas en un lenguaje horroroso y bárbaro. Algunos de los grandes físicos y matemáticos de principios del siglo XVI eran nominalistas[20] y es muy posible que el descrédito en que han sido envueltos por los humanistas haya impedido o, por lo menos, frenado el desarrollo de una investigación científica que, ayer como hoy, requiere planteamientos teóricos antes que explicaciones prácticas.

La revolución científica del siglo XVII, según los historiadores que se han ocupado de ella, sería el resultado de una vuelta a Platón, a la especulación teórica, y no de un afán de inventos técnicos. No sería la observación de los fenómenos la que lleva a transformar la representación del mundo; todo lo contrario, sería la representación la que permite observar los fenómenos. La observación no conduce a la teoría; es la teoría la que abre la posibilidad de una forma nueva de observación y, a partir de ahí, de adelantos científicos. Esto supone una transformación radical, una revolución, un cambio total de perspectivas que sólo se dará en el siglo XVII y que supone la adopción de un sistema global de explicación: el mecanicismo, para sustituir el aristotelismo[21]. Pero el humanismo, por su postura antidogmática, sus reticencias frente a toda sistematización, estaba poco preparado para dar este paso.

De ser exacta la hipótesis, tendríamos una nueva aclaración del problema de la ciencia española en el siglo XVI: hubiera fracasado por falta de dedicación a los estudios teóricos, como los que venían desarrollando los nominalistas. El rechazo de la especulación abstracta conduce a los humanistas a interesarse por problemas concretos que pueden aportar mejoras al hombre y a la sociedad. Fernán Pérez de Oliva se preocupa por la navegación en el Guadalquivir, por ejemplo, y así a lo largo de la centuria vemos a los humanistas más destacados orientarse en direcciones de este tipo, en busca de soluciones prácticas a los problemas de la vida cotidiana, en perjuicio de la reflexión desinteresada y aparentemente inútil, desechada por

---

20.   Vid. Lucien Febvre, *Le Problème de l'incroyance au XVIᵉ siècle. La religion de Rabelais*, Paris, Albin Michel, 1962, pág. 417.
21.   Vid. la obra de Alexandre Koyré y la presentación que da de ella Gérard Jorland, *La Science dans la philosophie. Les recherches épistémologiques d'Alexandre Koyré*, Paris, 1981.

demasiado abstracta. Buen exponente de esta actitud es Pedro Simón Abril quien, en sus *Apuntaciones de cómo se deben reformar las doctrinas* (1589) lamenta el dinero que se gasta en las escuelas en estudios vanos e inútiles; en cambio, nada está previto para *tres cosas que tan necesarias son para la vida, que son: el Agricultura, el Arquitectura y el Arte militar, habiendo tantas liciones de vanas sofisterías, las cuales quien las sabe no sabe nada por sabellas ni por ignorallas ignora nada el que no las sabe.* Y prosigue el mismo autor insistiendo en el gran daño que esta situación acarrea para la república: *gran falta de ingenieros para las cosas de la guerra, de pilotos para las navegaciones y de arquitectos para los edificios y fortificaciones.*[22]

José María López Piñero ha descrito con mucha erudición esta situación que no es exclusiva de la España del siglo XVI pero que tal vez alcanza en ella mayores proporciones y que podría resumirse en pocas palabras: mucho interés por las técnicas y las matemáticas aplicadas, descuido y tal vez desprecio hacia la ciencia especulativa[23]. ¿Quién sabe si las *vanas sofisterías* que denunciaba Pedro Simón Abril no preparaban el terreno para la ciencia moderna? López Piñero acierta, a mi modo de ver, al señalar como «especialmente engañosa la imagen maniquea de la ciencia europea de este período que valora de modo positivo a los humanistas, o auténticos *renacentistas*, y de modo negativo a sus oponentes».[24]

Por otra parte, los humanistas protestan contra el monopolio que pretenden tener los doctores escolásticos, pero se convierten a su vez en especialistas de la Antigüedad clásica, en expertos en filología, como dice F. Rico. Para poder leer e interpretar correctamente un texto depurado, se necesita un conocimiento profundo de las lenguas clásicas y de las instituciones antiguas, es decir un saber casi enciclopédico, distinto por cierto del saber filosófico y teológico basado en glosas innumerables, pero no por ello menos especializado. Estamos en los umbrales de la moderna erudición, una erudición que no está al alcance de todos, ya que exige estudios y desvelos largos y penosos. Y vemos ahora a ciertos humanistas exigir para ellos lo que antes denunciaban con tanto ahínco en los escolásticos: el derecho a impedir que cualquier ignorante se entrometa en temas delicados que no entiende. Autorizar la publicación de textos científicos en romance es exponerse al peligro de revestir de falsos conocimientos a charlatanes sin formación; por eso, tal vez sea preferible conservar el uso del latín en materias como la medicina, por ejemplo[25]. De un modo general, la noción del vulgo ignorante y necio acaba por imponerse a todos, huma-

---

22. B. A. E., LXV, pág. 296 *a*.
23. José María López Piñero, *Ciencia y técnica en la sociedad española de los siglos XVI y XVII*, Barcelona, Labor, 1979.
24. Vid. del mismo J. M. López Piñero lo que escribe en el t. V de la *Historia de España* dirigida por Manuel Tuñón de Lara, Barcelona, Labor, 1982, pág. 373.
25. J. M. López Piñero, *Ciencia y técnica*, págs. 139-140.

nistas y escolásticos, con matices a veces importantes, tales como el elogio de la sabiduría popular depositada en los refranes, pero la tendencia del siglo no da lugar a dudas: *gran maestro es el pueblo para amostrar a error*, escribía Vives[26]. La crítica de la literatura de divirtimiento no es propia de los teólogos.

Por todos estos motivos, porque suponen una sólida preparación, estudios profundos y especializados, conocimientos técnicos, las humanidades acaban por transformarse en privilegio de las clases desahogadas y toman un aspecto aristocrático que las aparta de los sectores populares.

Pero hay algo más importante todavía. El humanismo desarrolla todo un programa educativo centrado y basado en el estudio de los autores de la Antigüedad griega y latina, por considerar que dichos autores habían sabido expresar de una manera adecuada y en una forma espléndida un ideal de humanidad apto para todos los tiempos. Esta preferencia dada a la literatura antigua me parece haber dado lugar a dos actitudes complementarias y que apuntan hacia la misma dirección:

Por una parte, un retorno al argumento de autoridad: recuperar el saber de la Antigüedad clásica por medio de textos cuidadosamente editados —lo que López Piñero llama el humanismo científico—, pero al mismo tiempo considerar que los autores de la Antigüedad clásica son el depósito de toda *buena y sana doctrina*, como escribe Pedro Simón Abril al hablar de la medicina[27], pero la idea puede extenderse a toda clase de ciencias. No quiero con eso insinuar que los humanistas hayan sido prisioneros de la cultura antigua; es indudable, sin embargo, que entre ellos ha existido la tendencia a pensar que todo había sido dicho ya, y bien dicho, por los antiguos. La paradoja es pues que el culto de la Antigüedad viene a reforzar el criterio de autoridad contra el que los humanistas se habían ensañado tanto. López Piñero lo muestra con el ejemplo de la geografía. El libro de Ptolomeo, publicado en edición original en 1533, pero del que existían varias traducciones latinas, se convierte en manual de consulta obligada: «Durante mucho tiempo, los datos de Ptolomeo se prefirieron a los que proporcionaba la experiencia y no se reconocieron sus errores en las determinaciones de longitud y latitud, ni tampoco en la estimación de la circunferencia de la tierra. Su obra sirvió, además, de fundamento a una geografía académica con ninguna o muy escasa permeabilidad para las noticias de los descubrimientos que estaban cambiando la imagen del mundo».[28]

Lo mismo acontece en el caso de las matemáticas. El francés Pierre de la Ramée (1515-1572), más conocido con su nombre latinizado de Ramus, procura dar a las ciencias exactas el lugar que les corresponde en los estu-

---

26.   *Introducción a la sabiduría* (B. A. E., LXV, pág. 239 *a*).
27.   *Op. cit.* pág. 296 *a*.
28.   J. M. López Piñero, *Ciencia y técnica*, pág. 213.

dios, pero como hombre de su tiempo cultiva una matemática erudita, que se presenta como la vuelta a las fuentes, el retorno a los grandes textos de la Antigüedad. En 1566, esto lo lleva, con motivo de unas oposiciones para la cátedra de matemáticas en el *Collège de France*, a combatir la candidatura de un tal Charpentier porque éste no está calificado para enseñar matemáticas, dado su nulo conocimiento del griego. ¿Cómo podrá en estas condiciones interpretar, corregir, mejorar los textos de Euclides, Arquímedes, Ptolomeo[29]? Si la escolástica, en el peor sentido de la palabra, es repetición, elaboración de ideas tradicionales y recibidas, glosas a textos y comentarios, la obra de los humanistas peca también a veces del mismo defecto.

Por otra parte, el humanismo desarrolla una cultura fundada en la lengua, lengua hablada y sobre todo escrita. Por algo es contemporáneo de la imprenta y debe tanto al libro. De ahí la idea de una cultura entendida ante todo y principalmente como lectura. J. A. Maravall ha aducido textos significativos en relación con este tema: *No hay otro saber sino el que se halla en los inmortales caracteres de los libros*, exclamaba Gracián. Simón Abril alababa al maestro Nebrija *por lo mucho que leyó, por lo mucho que vio*[30], pero entre la lectura y la experiencia, el humanista, hombre de bibliotecas y de gabinete, tiende a preferir la lectura. La conclusión de este proceso es la elaboración de una concepción tradicionalista: *el saber no se produce, sino que se halla depositado, se encierra guardado en unos libros antiguos, de donde hay que llegar a conseguirlo*[31]. Cultura estética y libresca, a la vez, muy alejada de lo que será la ciencia moderna, tal como empieza a formarse en los albores del siglo XVII.

La oposición entre humanismo y escolástica es de todos los tiempos. A los doctores pertenece la función de investigar, de proponer teorías y sistemas de explicación; su éxito social depende de la confianza que las gentes depositen en su calificación y en su capacidad para transmitir el saber. Cuando el orgullo y la autosatisfacción de los doctores les constituyen en una casta encerrada en su problemática, desconectada de las realidades, sorda a las preocupaciones de los contemporáneos, entonces el humanista se levanta para quitarles su máscara y para reivindicar el derecho a averiguar por sí mismo de qué se trata, a interesarse por los problemas que le interesan, directa o indirectamente. Crítica frente a autoridad tiene que ser legítima, descansar sobre bases firmes e indiscutibles. A todas luces, el siglo XVI es una época de crisis. Era lógico que la crítica empezara por los principios, por un ataque contra el dogmatismo, por un retorno a las fuen-

---

29. G. Gusdorf, *De l'histoire des sciences à l'histoire de la pensée*, Paris, 1977, pág. 24.
30. José Antonio Maravall, *La concepción del saber en una sociedad tradicional*, Estudios de historia del pensamiento español, t. I. Madrid, Cultura hispánica, 1973, pág. 252.
31. José Antonio Maravall, *La diversificación de modelos de Renacimiento*, Estudios de historia del pensamiento español, t. II, Madrid, Cultura hispánica, 1984, págs. 125 y ss.

tes y a los textos básicos. Es una actitud en parte demoledora y en parte constructiva, que tenía que desembocar en una nueva síntesis explicativa, la del mecanicismo que triunfará en el siglo XVII y que viene a ser la integración y la superación de los antagonismos anteriores[32]. ¿Por qué España, que tan intensamente participó en los debates del siglo XVI, no entró de lleno en la nueva era? Es que la ciencia no es sólo una aventura intelectual; es además un fenómeno social. Por lo visto, la España del siglo XVII no disponía ya de las condiciones sociales que le hubieran permitido ir adelante en el terreno científico; pero esto es otro debate que necesitaría otra ponencia.

---

32. «Entre l'abandon de la scolastique et l'invention, un siècle plus tard, de la physique mathématique, le XVIe siècle connaît, si l'on peut dire, un interrègne de la loi» (R. Lenoble, *Histoire de l'idée de nature*, París, pág. 291).

GRAMATICAS Y GRAMATICOS

Carmen Codoñer Merino
Universidad de Salamanca

Resulta inútil la presencia de una aportación sobre gramáticas y gramáticos en una Academia donde se está tratando de contribuir al conocimiento de la prosa en lengua vulgar, terreno en el que resultaría algo más que discutible el grado de incidencia que las gramáticas pudieron tener en el desarrollo de la prosa en lengua castellana, sino de las gramáticas latinas, único medio de adquirir los conocimientos necesarios para expresarse en dicha lengua.

De lo contrario se deduce también que no es mi intención analizar el estilo o lenguaje utilizando en dichas gramáticas, sino la posible repercusión de las mismas, y de la actividad de los maestros encargados de aplicarlas, en el cultivo y la concepción de prosa y cultura latinas respectivamente.

Los finales del siglo XV y principios del XVI en España son fundamentalmente en una consideración de la *ars grammatica*. Antes y después del Nebrija podría ser la frase que resumiera la sensación que un estudioso experimenta al aproximarse a este ámbito. Dejemos, por el momento, la importancia que sobre la formación de esta imagen ha podido tener la parte referente a la gramática castellana junto a la elaboración de diccionarios, y centrémonos en la gramática latina.

Debellator barbarie, en su momento, resume bien cuál es el hilo conductor de la valoración de Antonio de Nebrija. La barbarie, los bárbaros, representan esos, tradicionalmente oscuros, siglos medievales, corruptos de la lengua latina, detractores por omisión de la cultura clásica, aunque también origen de una nueva cultura diversificada y enraizada en las respectivas culturas vernáculas. Debelador de la barbarie secular que se impone sobre la cultura clásica en langua latina, por parte de unos hombres que la degradan por ignorancia.

En el terreno más restringido de la gramática, el propio Nebrija nos menciona a todos aquellos sobre los que su lucha ha alcanzado cierto éxito, en la introducción de su Diccionario: *quod ex uniuersa propemodum Hispania Alexandros Petros Helias et duriora adhuc nomina Galteros, Evrardos, Pastranas et nescio quos indignos qui nominentur grammatistas et litteratores funditus erradicaui*. La mención comprende dos series: una de ella referida a Alexander Villa-Dei y Petrus Helias, la segunda (*duriora adhuc nomina*), todavía peor considerada, a Galtero, Ebrardo de Béthun y Pastrana, a los que se une en creciente desafecto un *nescio quos indignos qui nominentur...*, a los que es común su condición de *grammatistae* o *litteratores*. Basta hojear a Alexandre Villedieu o el *Grecismus* de Ebrardo, para comprender las razones del progresivo desprecio: mientras en Alejandro todavía se percibe el interés por ofrecer normas un tanto generales, a las que se suman, eso sí, indefectiblemente, todas las excepciones habidas y por haber, el *Grecismus* es prácticamente una sucesión de datos aislados, entre los que es difícil trazar una línea de unión. Alejandro Villa-Dei y Pedro Helias coinciden en el mantenimiento de una cierta organicidad interna, aunque por cauces distintos. Nebrija parece identificar, en el siguiente paso, los nombres de Galtero, Ebrardo y Pastrana y, de acuerdo con el razonamiento anterior, habría que concluir que lo hace por la razón opuesta: la falta de sistematización.

Tan interesante como la fijación de las dos series, es la asimilación a la segunda de ese genérico *nescio quos*. Llevados por el atractivo de las designaciones concretas, que parecen familiarizarnos con las figuras, olvidamos a menudo esa pléyade de *nescio qui*, los encargados precisamente de imbuir los primeros rudimentos en los niños y jóvenes de la época, personajes oscuros y desconocidos que no gozaron de la suerte de pasar a la historia, pero que es imposible que intentaran componer su pequeño manual, o al menos aportar su propia interpretación del manual al uso; *grammatistae et litteratores*: las más humildes funciones, los encargados de transmitir los cimientos de lengua y cultura latinas, adquieren en la última frase de la enumeración del Nebrija, un relieve especial por el simple hecho de ser mencionados[1]. Los Ebrardos, Galteros y Pastranas constituyen la cabeza visible de toda una multitud de maestros que se consideran capaces de emular sus hazañas.

El párrafo, con sus continuos plurales, parece acrecentar la labor y el esfuerzo del Nebrija y, al mismo tiempo, introduce en quien lo lee el des-

---

1. Obsérvese el sentido despectivo de los términos en svet., *gramm.* 4 *sunt qui litteratum a litteratore distinguant, ut Graeci grammaticum a grammatista, et illum quidem absolute, hunc mediocriter doctum existiment.*

arrollo de una escena animada de hombres sin nombre, pero con oficio: maestros de gramática. Como personaje maldito hispánico: Pastrana, responsable de un manual de éxito notable, de extensa aplicación y difícil erradicación. Como todos los hombres maltratados, a distancia de siglos su figura provoca un extraño atractivo como representante de un grupo; como por si por conocer su obra nos fuera a ser más fácil comprender situaciones y problemas. No basta con saber de su 'maldad', es conveniente aproximarse a su modo de ser 'malvado', en gramática naturalmente. Por él, pues, voy a comenzar.

La gramática de Pastrana se nos ha conservado en varios manuscritos e incunables. Entre los primeros tenemos el 7.2.2 de la Colombina, BNM 9748 y 8616, y Salamanca BU 2107.

Los incunables por mí conocidos son el de BNM 77 y el de la Universidad de Santiago.

Un primer factor separa manuscritos e incunables: la inserción, por parte de estos últimos, de un amplio preámbulo, obra de autor posterior, a manera de presentación de la gramática de Pastrana. Es claro que tal preámbulo tiene que ser anterior a 1485, fecha supuesta del incunable de Santiago.[2]

Asimismo, los incunables cuentan con un apartado *de constructione* de Fernando Nepote, inserto a continuación del espacio dedicado al *de regimine* en Pastrana. Por último dos capítulos finales, de los que hablaremos más adelante.

No se trata de analizar minuciosamente la obra de Pastrana, tarea que dejo para más adelante, sino de insertarla dentro de las líneas generales de la tradición. Para comenzar, hemos de advertir que se trata de un manual muy escueto, de naturaleza eminentemente práctica; que, por tanto, su valoración debe hacerse desde ese punto de vista exclusivamente y que, para su enjuiciamiento, habrá que remitirse a tratados de carácter semejante, establecer relaciones con las *Introductiones Latinae* en su primera versión, y no con el amplio comentario posterior.

Esta gramática de Pastrana, de modo un tanto similar a las *Introductiones* de Nebrija, puede considerarse formada por dos partes: *praeexercitamenta* o *progymnasmata*, y *ars grammatica* propiamente dicha. La primera parte, fundamentalmente descriptiva y normativa, va seguida de otra parte de carácter más teórico, un apartado al estilo del *ars minor* de Donato, aunque no tomado de él, y completado, en algún caso, por listas de adverbios y conjunciones. Le sigue un breve apartado *de constructione* que se ocupa ante todo de regímenes verbales, con una enumeración de cada uno de los verbos que exigen régimen especial. Es aquí donde la obra de nues-

2.   Cf. A. Palau y Dulcet, *Manual del libreo hispano-americano*, t.12, Barcelona, 1959, pág. 360.

tro gramático queda interrumpida por la *constructio Nepotis* en los incunables. Continúa con un apartado de prosodia cargado de ejemplos y reglas, una sección de *accentu* en la misma línea, y un apartado *de orthographia* que combina, como los anteriores, un pequeño inicio de carácter teórico con las innumerables reglas que deben ser conocidas por el alumno —recordemos el Miranda Podadera—.

Todo lleva a pensar en una primera parte de *praeexercitamenta*, todavía no muy bien definida, y una segunda parte que daría comienzo en el apartado que poníamos en relación con el *ars minor* de Donato, dirigida a alumnos un poco más aventajados a los que se exige unas mínimas nociones teóricas y una serie de conocimientos que los capaciten para el análisis de textos.

Descendiente directo de los Doctrinales y Ebrardos, resulta curioso establecer una comparación, aunque no sea en profundidad, entre Pastrana y sus antecesores. Esta división de la segunda parte la encontramos exactamente igual en el *Doctrinale*, pero también en el Nebrija. La clásica división *etymologia, sintaxis* y un *totum reuolutum* formado por cantidad, acento, ortografía y figuras ha llegado hasta el Nebrija, con una diferencia curiosa en Pastrana ya con respecto al *Doctrinale*: la ausencia del apartado *de figuris*, retomado, sin embargo, por Antonio Nebrissensis en sus *Introductiones*. Esta ausencia indica una actitud por parte del autor frente al ámbito de competencia de la gramática en relación con la retórica.

De la primera parte, la morfología por así decir, llaman la atención los árboles genealógicos que acompañan a las conjugaciones. Continuando con la comparación con el *Doctrinale* se advierte un notable afán de simplificación. El procedimiento de exponer por separado cada una de las cinco declinaciones, tan alabado por Kukenheim para el Nebrija, así como la independización de las declinaciones griegas se encuentran ya en Pastrana[3]. Las reglas se reducen al mínimo, únicamente la tercera declinación se expande un tanto más en virtud de su mayor complejidad, pero prescindiendo de las irregularidades, lo cual significa la introducción del principio de organización del material.

Siguen los pronombres presentados como *nomina primae, secundae et tertiae personae*, incluyendo dentro de este último *se, quis, hic, is* y los adjetivos en *-r uel -us, -a, -um*, así como un apartado especial para *unus, ullus, sollus, nullus, alter, uter, totus*, etc., es decir, todos aquellos que no se atienen a las normas generales. Cierra con *duo* y *ambo*. Se impone el criterio de racionalizar dando cabida en un solo grupo a la serie de pronombres, aunque el hecho de mencionarlos no arrastre a

---

3. L. Kukenheim, *Contributions à l'histoire de la grammaire grecque, latine et hebraïque à l'époque de la Renaissance*, Leiden, 1951.

la clasificación: *tertiae personae*. De ese modo se les segrega de la confusión del *Doctrinale* que los situaba dentro de las declinaciones correspondientes.

A igual afán de claridad responde el ofrecer por separado las declinaciones griegas, incluidas en el *Doctrinale*, en cada caso, dentro de la correspondiente declinación.

El apartado de *diasinthactica* que va a continuación se refiere preferentemente a sintaxis nominal. Constituye de esta manera un apéndice lógico a la exposición de las declinaciones que no tiene correlato ni en el *Doctrinale*, ni mucho menos en el *Grecismo*. Tampoco Nebrija lo ofrece.

A continuación comienzan las conjugaciones, con un esquema previo basado en la segunda persona, que es la que permite distinguirlas, seguido de un ejemplo de cada una. Después, se insertan las conjugaciones especiales, entre las que se incluye la del verbo *sum*. Sigue el desarrollo esquemático de los cuatro paradigmas verbales, acompañados de su traducción.

Finalizada la exposición de declinaciones y conjugaciones, continúa un *de regimine nominis* que no es, en realidad, sino una serie de reglas sobre el género, seguidas de una enumeración casi exhaustiva de las excepciones, que más bien parece destinada a consulta. Siguen las preposiciones de acusativo, de ablativo y de acusativo-ablativo. A continuación la enumeración de anomalías, irregularidades, nombres diversiclinios, irrectilíneos y heteróclitos. Es la parte más confusa, ya que aquí se incluyen, sin orden aparente, todos aquellos casos que suponen excepciones a la norma.

De nuevo se introduce el orden con la indicación de la formación del genitivo de cada una de las declinaciones a partir del nominativo, norma básica para conocer la formación del resto de los casos.

Siguen las formaciones de pretérito, incluidas las de los verbos irregulares y listas interminables de verbos que ejemplifican cada una de las posibles desinencias. También tiene el aspecto de estar concebida para consulta.

En resumen, a una primera parte de carácter normativo paradigmático siguen varios apartados que incluyen todos aquellos aspectos del nombre y del verbo que no cabe someter a reglas: géneros e irregularidades de todo tipo, nominal en principio, verbal al final. Es cierto que esta segunda zona es enormemente confusa, debido a la ausencia de criterios que constituyan un principio de ordenación, pero también lo es que al liberar a la primera parte de esta serie heterogénea de casos aislados —mezcolanza que todavía encontramos en el *Doctrinale*— se sientan las bases de una futura concepción del manual gramatical.

Con respecto a este primer bloque, específicamente normativo, el segundo parte de un planteamiento distinto: aprendizaje de nociones básicas, no de datos; únicamente la mención de tablas de adverbios parece recordarnos la parte anterior. Se abordan las definiciones: en cuanto a la *grammatica* y sus constituyentes: *orthographia, prosodia, etymologia* y *diasinthacthica*. En la *etymologia* procede a la definición de las *species nominum* reconocidas: *nomen, uerbum, aduerbium*, aunque se les añade, tal vez por rutina, *de interiectione* y *de coniunctione*, esta última definida como *coniunctiua aduerbia*.

Se pasa a *diasinthacthica* sin transición, con un apartado especial *de regimine uerborum*. Siguen como dijimos, la *prosodia, accentus* y *orthographia*. Se ha roto el orden progresivo trazado inicialmente, que va de la parte más sencilla a la más compleja, de la letra a la *constructio*. La relegación de la ortografía y prosodia a un último término marca pautas definitivas para las posteriores gramáticas, tal como vemos en el Nebrija, que cierra con la ortografía, prosodia y acento la parte gramatical.

En este esquema, perfectamente coherente, se pregunta uno el porqué de la adición de la *constructio Nepotis* a continuación del apartado equivalente del Pastrana. En realidad el comienzo del segundo bloque de Pastrana, arrancando de la definición de *orthographia* había avanzado hasta la de *etymologia* y, llegado el momento de tratar de la *constructio*, apenas se le había prestado atención. Nepote suple con creces la desproporción, aproximándose con ello a la tendencia medieval.

Las afinidades externas de la gramática de Juan de Pastrana con las *Introductiones* del Nebrija son más que casuales: intento de introducir un principio de organización y simplificación, aun cuando el éxito no siempre le acompañe, y exposición de paradigmas en un primer bloque: etimología, ortografía, prosodia y acento.

El incunable BNM 77 comienza con *In nomine sancte trinitatis ac indiuidue unitatis amen. Compendium grammatice breuissimum ac utilissimum, thesaurus pauperum et speculum puerorum a deuotissimo magistro Ioanne de Pastrana editum*. La gramática anunciada comienza en el folio 10, lugar en que vuelve a repetirse el título. Lo mismo puede aplicarse al incunable de Santiago, con una variante altamente interesante. Encabezando aparecen las palabras —recogidas en la descripción de Palau: *Sancti luche exordium incipit in nomine domini*[4]—. En el f. 7ʳ también mediante la repetición del título, comienza la obra de Pastrana.

La *constructio Nepotis*, identificada al final del añadido, separa el *de regimine* de Pastrana del *ars uersificatoria* del mismo. Una vez reiniciada la obra de nuestro autor, queda completada al final con un *de supplementis litterarum* y un *de punctis quibus oratio distinguitur* de autor diferente.

La trascendencia de la composición mixta del incunable es evidente desde un primer momento. Los 'Pastrana' plural, adquieren una dimensión real. En 1485 son tres ya los gramáticos que se suman al Pastrana integrándose en el manual original, intervienen por escrito en la fijación de normas y, con tanta más razón, son transmisores activos en sus clases de un texto

---

4.   A. Palau y Dulcet, *Op. cit.*

básico: el Pastrana, al que interpretan y modifican. A no ser que los tres grupos de adiciones: inicial, central y final, piense en atribuirse a un solo autor: Nepote.

Esto nos hace pensar en la cantidad de autores y manuales desconocidos que, tal vez mejor que las cumbres conservadas, podrían hablarnos de cuál fue la tónica de las enseñanzas gramaticales en latín en España. Si a ello sumamos la enorme abundancia de glosas marginales e interlineales de distintas fechas, unas contemporáneas, las más posteriores, el resultado es de una riqueza asombrosa.

Punto esencial, o cuando menos primario, de este conjunto que nos ofrecen los incunables, es averiguar la relación existente entre los aspectos tratados en los tres bloques añadidos y el núcleo original de Pastrana. Interés especial como un *accesus* del tipo que con frecuencia precede a las *artes* o, bajo otro esquema a los comentarios de autores[5]. La mención de la fecha de apertura de curso al principio nos habla de la introducción al curso de gramática. En cualquier caso estamos ante una introducción a un texto técnico concebida para los estudiantes, tipo de introducción que alcanza su apogeo en torno al siglo XII.

Un modelo de los puntos que deben ser tratados en esta clase *accessus* técnicos lo tenemos en Gundissalinus[6]. Los elementos que hay que investigar cuando se habla de cualquier libro sobre cualquier ciencia: *que est intentio auctoris, que utilitas operis, nomen eciam auctoris, titulus operis, ordo quoque legendi et ad quam partem philosophie spectet et de distinctione libri in partes et capitula.*

Ya Boethius, en su comentario a la *Isagoge*, daba una serie de normas respecto a este tipo de introducciones, antecedente parcial de la que acabamos de ofrecer: *Quae sit cuiuscumque operis intentio, quae utilitas, qui ordo, si eius cuius opus esse dicitur germanus propriusque liber est, quae sit eius operis inscriptio (= titulus), ad quam partem philosophiae cuiuscumque libri ducatur intentio (= cui parti philosophiae supponitur).*

Nuestro exordio responde en líneas generales al esquema que acabamos de enunciar, es decir, se abre con una especie de prólogo intrínseco[7], encaminado a facilitar el acceso y la comprensión de las normas prácticas. En efecto, comienza por explicar el *titulus*, del que da una etimología ya habitual: *Titulus a Titass dicitur quod est sol, quia sicut sol uniyersaliter totum mundum illuminat, sic et titulus totum generaliter declarat opus*[8].

---

5. E. A. Quain, «The ancient medieval *accessus ad auctores*», *Traditio* 3, 1945, págs. 215-264; algunos modelos de *accessus* en *Accessus ad auctores. Bernard d'Utrecht, Conrad d'Hirschau. Dialogus super auctores* (ed. R. B. C. Huygens), Leiden, 1970.
6. D. Gvndissalinvs, *De diuisione philosophiae* (ed. L. Baur), Münster, 1903, pág. 140, 13 ss.
7. A. J. Minnis, *Medieval theory of authorship...*, Londres, 1984, pág. 30.
8. Parece que esta etimología aparece por primera vez en Remigius d'Auxerre: *In artem primam Donati* (ed. W. Fox); Leipzig, 1892. Es habitual en los *accessus* recogidos por R. B. C. Huygens, *Op. cit.* Ya consagrada como norma aparece en Gundissalinus: *inde cum titulus a Titan, quia sicut sol tenebrosa illuminat, sic titulus tocius operis intencionem declarat* (ed. Baur, pág. 141, 16 ss.).

Inmediatamente explica los elementos constituyentes del título punto por punto. El entrar pormenorizadamente en el análisis del título lleva consigo prestar atención a una clasificación de las ciencias que nos permita situar la gramática dentro de una de ellas; otro de los items mencionados por lo general para pasar después a lo particular. Inicia con los cinco accesos a la *scientia* tomados del *de clauibus sapientiae*. Introduce después una sinonimia parcial entre *scientia, ars, doctrina, disciplina* y *facultas*, centrándose, por medio de una definición de *ars*, en *scientia* y los tipos habituales de la misma. Primero: *diuina, magica*, y *humana*. Y en este punto aparece imbricado sobre la parte previa al prólogo extrínseco, identificado en Gundissalinus con *ad quam partem philosophie spectet*. La gramática se incluye entre las ciencias humanas, en el apartado *sermocinalis*, que comprende las artes del *triuium*, por oposición a las *artes morales* o *naturales*, física, matemática y metafísica; la matemática, a su vez, integra las *artes quadridiuiales*. Por último, con independencia de las anteriores, la *theologia* se define como *sapientia*, no como *scientia*.

Situada la gramática respecto al género y la especie, se vuelve al título. Existen dos clases de títulos: *speciales* y *generales*. Sigue la explicación de cada uno de los términos que lo integran: *compendium* (por oposición a *impedium* y *dispendium*), *grammatica*: mención de la división de Quintiliano y exclusión de la parte *historice*, la que corresponde a la *imitatio*; su exclusión está basada en que no es considerada *ars*. Reducida la gramática a la parte *methodice*, acepta para *ars* el criterio de Donato: dos tipos de gramática, preceptiva y figurativa.

Pasa después a tratar las *operis causae: efficiens* (= autor), *materialis* (= objeto), *formalis* (= orden y disposición), *finalis* (= finalidad), tipo de prólogo aristotélico que encontramos programado, entre otros autores, en Gundissalino.[9]

Comienza con la causa *efficiens*, pasa a la *materialis*, con la definición del objeto; continúa con la *causa formalis*, es decir, orden y disposición de la materia, justificando el orden adoptado en función de sus ventajas pedagógicas y, por último *causa finalis*: el deseo del autor de simplificar el aprendizaje del latín para los alumnos.

A partir de aquí se introduce una pequeña exposición gramatical razonada; se comienza con las partes de la oración, precisando las diversas teorías y defendiendo la adoptada por Pastrana. A continuación una clasificación de las partes de la oración en formales (= *constructio*) y materiales. Las materiales constitutivas pueden considerarse divididas en significativas (= palabras) y no significativas. Estas últimas pueden ser compuestas (= sílaba) y no compuestas (= letra).

9.   Ed. Baur, pág. 6.

Corresponde ahora definir *oratio*, los tipos de *oratio*; sin embargo, cuando llega a la definición de *littera, syllaba, dictio* y *constructio*, remite al cuerpo de la gramática de Pastrana. Continúa con el número de *dictiones: nomen, uerbum* y *aduerbium*, hace una defensa de la adopción de este número y no otro por Pastrana, en función de que es más útil pedagógicamente tomar como base de las explicaciones los «accidentes» que la *substantia*: es decir, el ser declinable o no, el serlo por casos o sin casos (nombre y verbo respectivamente). A pesar de todo, la tripartición también puede defenderse basándose en la *substantia*. La gramática se fundamenta en la razón, no depende de la voluntad de los autores. Los «inventores» de la gramática fueron verdaderos artífices y apoyándose en las propiedades de las cosas les impusieron los *modi significandi*. Pasa a los casos con la explicación de los *modi significandi*. Sigue con el número y con las declinaciones, concluyendo bruscamente. No es necesario destacar el sabor medieval de todo el *accessus*. Tanto en el añadido *de constructione* de Fernando Nepote, como en este exordio, posteriores lógicamente a Pastrana, la vinculación a concepciones medievales es mucho más perceptible que en el autor central.

En tres ocasiones menciona el autor del exordio a Pastrana: refiriéndose a la gramática: *et in hoc tangit causam materialem. Et in quantum dicitur a deuotissimo magistro Iohanne de Pastrana tangitur efficiens*. Aquí se introduce siguiendo el esquema del prólogo aristotélico, y el habitual en los *accessus ad auctores*, una escueta biografía de Pastrana: *Efficiens ille est qui opus conficit, ut fuit hic Iohannes Pastrana, sacrarum litterarum magister ac professor et ut quidam dicunt, ordinis predicatorum frater, qui uidens scolasticos per septennos decennosque annos per studia laborantes parumque nonnumquam proficientes et oba maximam temporis moram sepe cum dificentia studia deserentes placuit dolore pauperum hoc breue ac utile compendium conficere, quo deo duce duobus in annis, unoque si uelint elaborare in arte grammatica optime ualeant*.

Cierto es que seguimos sin saber exactamente a qué época pertenece Pastrana; el libro de Claustros de la Universidad de Salamanca cita a un Pastrana en la reseña de la reunión de Claustro del 29 de agosto de 1467[10], pero la ausencia de nombre no nos permite identificarlo[11]. Además, la inseguridad con que se manifiesta el autor del exordio sobre su pertenencia a la orden dominicana: *quidam dicunt*, hacen suponerlo no demasiado cercano a la fecha de redacción del mismo y a la personalidad de su autor.

---

10.   En 11-1-1467. Recogido en F. Marcos Rodríguez, *Extractos de los libros de Claustros de la Universidad de Salamanca, Siglo XV (1464-1481)*, Salamanca, 1964.
11.   N. Antonio, *Bibliotheca Hispana Vetus*, t. 2, Madrid, 1788, pág. 371, lo considera el primer autor hispano de una gramática latina, aunque manifiesta su ignorancia sobre el momento en que vivió.

Se nos informa, sin embargo, de su calidad de *magister sacrarum littera-rum*, lo cual le confiere, a primera vista, una colocación bien distinta a la que hasta ahora se le había atribuido de pobre maestrillo, opinión derivada tal vez del escaso aprecio con que le cita el Nebrija. Se deshacen asimismo las leyendas en torno a la razón de escribir la gramática: necesidad de un manual que abaratase el coste y lo hiciese accesible a los estudiantes pobres. El manual no tiene otra finalidad que la eficacia, evitar los fracasos y el abandono de las carreras por fallos en el dominio del latín, reduciendo el tiempo de aprendizaje.

La preocupación que se atribuye a Pastrana por parte del autor del exordio: el que muchos colegiales abandonen los estudios, queda completamente ratificada por los trabajos de R. L. Kagan sobre las Universidades de Castilla desde el 1500[12]. Los estudiantes eran muchos, y escasos, no obstante, los graduados —pocos licenciados y menos doctores—. Según este mismo autor, las defecciones se daban sobre todo en medicina, leyes y teología, que necesitaban del latín como previa. Trasladar esta situación a un siglo antes no parece demasiado arriesgado.

Sobre la necesidad de reducir el volumen de un manual para enseñar gramática, se habla un poco más adelante, en el mismo exordio. Al presentar la *causa finalis* dice: *ut crimen prolixitatis euitetur et, ut ea que temporibus priscis obscuritatis ac prolixitatis crimine fuerunt denigrata hoc opere clara fierent ne frustra cum tempore euanescat labor.*

Para el anónimo autor, Pastrana es un ilustrado que se enfrenta a los tiempos pasados y superados de los Doctrinales, llenos de oscuridad y voluminosos; que viene a impedir el desánimo y a aligerar la tarea de aprender la lengua latina. En ese sentido hay que entender *thesaurus pauperum*, no en sentido directo. Tal como Sánchez de las Brozas declara en el f.1[v] de su *Minerua* de 1587 que la ciencia es el *thesaurus anime*, porque nadie puede arrebatarle la *scientia* al sabio, Pastrana proporciona a los jóvenes atribulados por el aprendizaje del latín, un medio para superar la situación y conseguir unos conocimientos que nadie podrá quitarles.

Ciertamente, Pastrana, con sus errores reprobables, significa un paso adelante en la concepción del manual-instrumento frente a la gramática especulativa. No importa el que las nociones manejadas dependan, en buen número de casos —no en todos— de las gramáticas de la Edad Media; la voluntad de introducir una sistematización enfocada a facilitar el uso, de compendiar en cuarenta y cinco o cincuenta folios el *alphabetum minus*, el *Doctrinale* y el *alphabetum maius* queda ahí[13], así como también

---

12. R. L. Kagan, «Universities in Castile 1500-1800», *The University Society* (ed. L. Stone), vol. II, Princeton, 1974, págs. 355-405.
13. Cf. *Das Doctrinale des Alexander Villa Dei* (ed. D. Reichling), Berlin, 1893, Introd., págs. XXXIX-XLIII.

queda el intento de estructurar las normas como núcleo de interés aisladamente, y hacerlas seguir, en todo caso, por las contravenciones a las mismas. Su calidad de instrumento para acceder a otro tipo de conocimientos, puesto en evidencia por su condición de profesor de cánones, es innegable y conceden a su empresa una dimensión distinta a la que hasta el momento se le había atribuido.

Pero tan interesante como replantearse la significación del Pastrana en la formación de los futuros escritores de gramáticas en lengua latina, y sobre los futuros prosistas en latín, lo es el registrar la existencia de seguidores suyos explícitos y analizar el nivel de los conocimientos que en aquellos momentos poseen quienes se interesan por la gramática.

La presencia del apartado sobre sintaxis debido a Fernando Nepote nos habla de la persistencia y arraigo de esa tendencia a ampliar el terreno concedido a la sintaxis, tendencia ya iniciada en los gramáticos latinos con Prisciano y que, a la larga, bajo distintos presupuestos, conducirá a la *Minerua* del Brocense. Gramática que se erige en ciencia, con su propio fin en sí misma, tomando como base de reflexión la parte de la misma que más se presta a disquisiciones de orden abstracto.

Pero, aun así, lo que introduce seguramente con más aproximación en la complejidad de la época es el preámbulo, mezcla disparatada de conocimientos generales y concretos, de ideas medievales y clásicas, que aparecen bajo un denominador común próximo a la concepción estricta de gramática que se impone a partir de este momento de modo explícito. De las dos partes de la gramática admitidas por Quintiliano: *methodice, historice*, únicamente se admite para la primera la consideración de *ars*. Esto no es más que un desarrollo de la sutil distinción en Gundissalinus entre *litterator* y *litteratus*[14]; el primero es quien, sin dominio de la *ars* sabe hacer una exposición sobre cualquier autor, mientras que *litteratus* es el especialista en gramática, el que conoce perfectamente reglas y normas que rigen el lenguaje comenzando desde la letra. A partir del reconocimiento de que la parte de la gramática no *methodice* no es una *ars*, podemos concluir que el alcance de la gramática se reduce sensiblemente, se aleja al mismo tiempo de la concepción totalizadora presente en Quintiliano. Es indudable que el sentir común de que *ciencia* no puede llamarse más que a la parte destinada a la enseñanza del idioma habrá de repercutir a la larga en la consideración de la labor del gramático, transformado en simple transmisor de normas ya compiladas.

El exordio nos pone también en contacto con el arraigo en nuestro país de la costumbre de los *accessus* a los *auctores* y con la elevación de Pastra-

---

14. Ed. Baur, pág. 52, 10 ss.: ... *alius est litterator, alius litteratus; litteratus est qui sine arte aliqua scit exponere aliquid de auctoribus, nec tamen scit ea, que considerari debent circa litteram uel sillabam, dictionem uel oracionem litteratus uero est, qui omnia hec arte cognoscit.*

na al nivel de *auctor*, comparable a Prisciano y Domato[15]. Nos informa de los conocimientos habituales y aceptados en el momento de redacción, y de la concepción multiforme de la ciencia. Basta leer el párrafo dedicado a la ciencia mágica, apartado inusitado en la *diuisio* de las ciencias, para comprender hasta qué punto se acoge todavía en el siglo XV, por parte de una persona culta, la superstición aun cuando se la condene; entre las ocho divisiones que admite la ciencia 'mágica' debe contar la 'armomantia', practicada *in scapulis arietum, ut hodie faciunt galeci*; de las ocho especialidades se dice: *Iste autem iure prohibentur addisci, quis eis utens pena capitis pugniendus est uel quasi*. Asimismo, indirectamente en este caso, en su intento de definir las *artes liberales*, se nos informa del enfrentamiento entre los que se dedican a ellas y los que actúan en el foro, llegando al extremo de negar la capacidad de estudio al que muestra habilidades para la vida del foro: *quia qui bonus in foro prauus in studio reperitur et qui bene se ornat male ad studium se aplicat*; a propósito de ello da su etimología de *artes liberales*: *quia addiscentem a tributis et uectigalibus liberant et quia ipsum ab omni forensi cura liberum optant*. Necesidad, en fin, de defender la validez de tales artes frente al mayor éxito de oficios más lucrativos, con toda seguridad.

En fin, la parte final de este "acceso", que ocupa casi tres cuartos del mismo, pretende ofrecer una visión global del planteamiento de una gramática y nos indica hasta qué punto el autor del exordio se considera a sí mismo otro *grammaticus*, ya que sienta una serie de bases previas al aprendizaje de los *praecepta*, que se corresponden de modo ya concreto a la visión 'extrínseca' de la *ars grammatica*. Es decir, la ciencia gramatical se aborda desde un punto de vista teórico, se exponen y discuten nociones básicas. Dichas disquisiciones utilizan argumentaciones procedentes de los más distintos campos: clásicos y modistas, aunque con predominio de estos últimos, declarándose en un momento dado a favor de la *ratio* en la concepción de la gramática. Muy poco en común podemos encontrar con el Pastrana, puesto que el ángulo desde el que se contempla la materia gramatical es distinto: decididamente práctico en Pastrana, teórico en el *accessus*.

Si al carácter de esta introducción, especialmente la parte final, comparamos los dos capítulos finales sobre puntuación y abreviaturas, resulta difícil aceptar un mismo autor para ambas. Tanto la una como la otra, como incluso la adición de Fernando Nepote coinciden en mostrarnos el texto de Pastrana como un verdadero texto abierto, un clásico y que admite todo tipo de precisiones, adiciones y presentaciones, si bien cada una de las partes añadidas parte de una visión distinta. Desde un punto de vista práctico, los dos últimos capítulos constituyen una joya para la compren-

---

15. Cf. J. Minnis, *Op. cit.*, pág. 13.

sión del tipo de alumnos a quien podía ir dirigido este tipo de gramáticas: jóvenes no entusiastas de las letras latinas necesariamente, y también a hombres encargados de tomar notas y transcribirlas, de labores de 'segunda', si es que se nos permite la expresión.

La impresión resultante del conjunto es la de un ambiente gramatical poco definido y confuso, mucho más enraizado teóricamente en tradiciones inmediatamente anteriores, que en las más lejanas clásicas, y extrañamente realista en aspectos como los ya comentados de los dos últimos capítulos. Comparado con esto, la labor de Pastrana resulta hasta cierto punto innovadora, aunque sea en el estrecho y poco brillante territorio de los manuales. Más que condenar al Pastrana, habría probablemente que condenar el uso y aplicación que del Pastrana hicieron personajes como el autor del preámbulo. Asimismo, moviéndonos en un terreno distinto y más seguro, puesto que las noticias son más abundantes, tendríamos que hacer consideración del uso que de la gramática del Nebrija se hizo y compararlo con las intenciones que le movieron a componerla. Para ello sólo hay que pensar en la transformación de las *Introductiones* iniciales en un voluminoso corpus de comentarios donde tienen cabida *praecepta* y disquisiciones teóricas, llegando a transformar la parte originalmente constitutiva del manual en una serie de hexámetros. Cedía sí, por un lado, a la presión de la enseñanza tradicional en verso y, por otro lado, al amor propio que le lleva a reafirmar su valía como gramático y no como maestro de gramática.

Pues bien, instaurado el Antonio como manual oficial en Salamanca, desterrados Pastranas y Ebrardos, queda por dilucidar cuál fue la actitud ante la enseñanza del latín. Tras largos años de ausencia de métodos adecuados y de manejo de Doctrinales y Grecismos, Pastrana supone la ruptura que, con evidentes modificaciones y mejora, conduce a las *Introductiones latinae* de Nebrija. Pensaríamos que se han acabado los problemas. Nada de eso. A partir de ahora comienzan a proliferar los intentos de sustituir el manual de Nebrija, y aumenta el número de gramáticos que elaboran sus propios manuales, síntoma inequívoco de la bondad del camino emprendido por Pastrana, si dejamos al margen en esta ocasión la vertiente lucrativa. Se dispone del esquema, basta introducir pequeñas modificaciones, presentadas como imprescindibles, para que el manual quede a punto, dispuesto a ser utilizado.

La gramática de Marineo Sículo, dedicada al príncipe Felipe en 1523 es un buen ejemplo de ello [16]. Después de un apartado dedicado a declinaciones y conjugaciones, precedido de las consiguientes definiciones dona-

16. La edición manejada es de Alcalá, 1532, y como decimos está dedicada a Felipe *princeps*. La redacción hay que situarla mucho antes, en torno al año 1494, y desde luego antes de 1504, fecha de la muerte de Isabel la Católica como se deduce de la epístola 1,7 de Marineo a la reina. En ella le comunica la necesidad que ha sentido de elaborar una gramática para enseñar a los jóvenes de la Corte.

tiano-priscianas, pasa al capítulo *de constructione, de figuris* y *de quantitate* (= prosodia). Su omisión del *de accentu* es aparentemente la única novedad introducida. Sin embargo, es significativa la pequeña disquisición con que termina el proemio. Recomienda pasar lo más rápidamente posible al manejo directo de los autores; es allí donde se encuentra la materia objeto de la gramática y de los gramáticos; encarecidamente ruega a los maestros de gramática (*qui pueros grammaticam doces*) que no antepongan su interés al de los alumnos, de modo que lo que podría conseguirse en cinco meses lo prolonguen hasta transformarlo en cinco años[17]. Vemos aquí por primera vez una curiosa observación, que tiene su clave tal vez en razones de tipo económico, ya que se habla de *utilitas*. Pero quizás lo más interesante es la observación que, por oposición, define una de las direcciones tomadas por los gramáticos al valorar la ciencia por ellos enseñada: para Marineo la gramática no es sino instrumento que nos permite aproximarnos a los textos, verdadera fuente de donde proceden los *praecepta* recogidos en las gramáticas.

Poco después, en 1551, Juan Vaseo se dirigía así a sus discípulos de Salamanca, en su presentación de la gramática de Clenardo que piensa adoptar como manual en sus clases: su recomendación del libro de Clenardo no tiene su justificación en la falta de aprecio por los manuales de otros gramáticos, entre otros y especialmente el de Nebrija, sino simplemente a que lo ha utilizado a lo largo de doce años con sus alumnos y le ha dado excelentes resultados[18]. Al manual de Clenardo, propiamente dicho, le ha añadido algunas observaciones del propio Clenardo sobre el modo de enseñar, y unas cuantas normas suyas sobre ortografía. En líneas generales, las diferencias con respecto a los manuales anteriores conocidos son muy escasas.

Así pues, las deficiencias del latín hispánico de la época, señaladas con frecuencia, no se deben a la mayor o menor calidad de los manuales utilizados. Los consejos de Clenardo sobre la enseñanza del latín pueden darnos algunas pistas. Partidario como Marineo de pasar cuanto antes a la lectura de los autores clásicos, llega incluso a poner en duda la eficacia de los cánones gramaticales, anteponiendo la voluntad de querer hablar y escribir del modo más elegante posible. Se establece la comparación, posteriormente tatas veces repetida: *Rogetur de grammatica sua Hispanica, respondere non poterit et tamen nouit Hispanice*. Se concede una atención especial a los alumnos mayores, encomendándoles un empleo fructífero del tiempo, aspecto en el que *supra modum peccatur Salmanticae*; teniendo en cuenta que estos alumnos de más edad son estudiantes de derecho en su mayoría, no debe encargárseles demasiadas clases, sólo las imprescindi-

17.   En la misma epístola 1,7 habla también de que los discípulos: *aliorum grammaticorum diffusa magnaque uolumina pertimere.*
18.   Edición de Salamanca de 1551.

bles; el resto del tiempo deben dedicarlo al latín, no hablar entre ellos en español, y leer en abundancia.

Una coincidencia salta a la vista: tanto Marineo Sículo —italiano—, como Vaseo —portugués—, y el autor cuyo texto piensa utilizar: Clenardo —belga—, son extranjeros, aunque bien conocedores de la situación de la península. Lo que hace pensar en la necesidad de un cambio de manual no es, aparentemente, los resultados escasos obtenidos con la aplicación de las gramáticas existentes. En realidad el fallo radica no en el manual, sino en el modo de aproximarse a la lengua en el aprendizaje, probablemente por parte de los maestros. Los manuales de algunos extranjeros insisten, como lo hace Marineo o Clenardo, en el carácter de simple instrumento de la gramática, instrumento cuyo fin es la aproximación a la literatura clásica. Dentro de esta línea, el obstáculo que creen ver en España para el arraigo del latín, es el desinterés por la cultura que la lengua transmite, algo así como el abandono de la parte *historice* como fundamental en la enseñanza[19]. La gramática se transforma así, no en instrumento de acceso a la cultura clásica, sino en fin en sí misma para los maestros, y en un instrumento que facilita el acceso a los cargos administrativos para los alumnos, o a profesiones como derecho, teología o medicina.

No es atribuible a España exclusivamente esta apreciación, ya que, según Vives, los gramáticos cada vez saben menos latín en el sentido en que latín está relacionado con cultura; la consecuencia es que *exegeticen grammaticam amisimus*.

Lo que es tal vez distinto en España es la menor recuperación de la concepción totalizadora de la gramática, o quizás mejor, el escaso interés por recuperarla. A este efecto conviene recordar la aparente inocua afirmación de la introducción al texto de Pastrana de que la parte por él llamada *imitatio* no es *ars*. Si bien la consideración es aceptable atendiendo a la definición que da de la *grammatica*: *praeceptorum collectio*, sin embargo, la limpieza con que de un plumazo la margina da qué pensar.

Situados ya en este camino, no es menos llamativa la escasa insistencia del Nebrija, en su proemio a las *Introductiones Latinae*, sobre la necesidad de entregarse de lleno a la lectura de autores clásicos. Es cierto que no rechaza la parte *historice* de la gramática, pero sí separa netamente, sin establecer prioridad alguna, la gramática y lo que podríamos llamar 'comentario de textos'. El carácter de *ancilla* de esa primera parte gramatical por excelencia, sólo puede deducirse de la observación hecha a propósito de la necesidad de un método que haga accesible lo escrito en latín a gente que

---

19.   Se ve de inmediato la relación con las distintas posturas ante la gramática de escolásticos y humanistas analizadas por T. Heath, «Logical grammar, Grammatical Logic and Humanism in three German Universities», *Studies in Renaissance* XVIII, 1971, págs. 9-64.

habla ya otra lengua[20]. Esta valoración del método supone *a sensu contrario* una falta de confianza en el carácter positivo del contacto con los textos con vistas al aprendizaje de una lengua y la cultura por ella representada.

El distanciamiento evidente entre dos lenguas y dos culturas es posible que haya sido sentido también por otros humanistas, pero, aun aceptando ese supuesto, no ha sido tan claramente asumido y expresado. Quizá esto ayude a entender desde un ángulo muy limitado pero peculiar, el carácter *sui generis* de nuestro Renacimiento.

20.   No entra en contradicción con estas ideas las expuestas por J. Alcina Rovira en «Elogios de las Letras en España», *Humanistica Lovainensia* 25, 1976, págs. 198-222. En efecto, Alcina insiste en el respeto por la gramática en algunas *Repetitiones* conservadas de finales del siglo XV y principios del XVI, pero eso no anula el hecho de que este respeto se vea siempre referido a su condición de clave para el acceso a las 'ciencias'. Salvo en Juan Maldonado, defensor de la importancia de la lectura directa de los autores para el aprendizaje del latín en su *Paraenesis ad politiores litteras* (pág. 220). Cf. F. Rico, «*Laudes litterarum*: Humanismo y dignidad del hombre en la España del Renacimiento», *Homenaje a Caro Baroja*, Madrid, 1978, págs. 895-914.

CRITICA LITERARIA
¿HISTORIA LITERARIA?*

LORE TERRACINI
Universidad de Turín

1. Empiezo con una doble aclaración. Una, relativa al corte de mi ponencia, la otra al título. La primera es que no voy a moverme aquí en el campo de la erudición, en donde muchos de los presentes están más pertrechados que yo; voy a tratar sobre todo de deslindar términos y cuestiones, poniéndome en posición problemática más que propositiva. Justamente porque el horizonte es muy amplio, me asomo al problema desde muy lejos; y justamente porque se trata de materiales estudiados, —entre otros por mí misma hace años— encuentro necesario volver a ellos con la perspectiva de hoy.

La otra aclaración concierne al título, en un plano no tipográfico sino de fondo; y es que el punto de interrogación que lleva «historia literaria» tiene que desplazarse incluyendo también «crítica literaria».

En las semanas que han pasado desde que elegí el tema hasta hoy, lo que proyectaba yo como un alegre paseo por campos familiares junto con autores conocidos, se me ha convertido en un andar a tientas por terrenos resbaladizos, en donde una maraña de senderos se cubría cada vez más de nieblas, dándome la sensación de buscar fantasmas. Las muchas lecturas que he ido haciendo o rehaciendo no me han dado brújulas; por el contrario, han enturbiado el panorama. Por un lado me he encontrado con milla-

* Les expreso mis cálidos agradecimientos a Blanca Periñán por sus inteligentes cortesías bibliográficas y a Aldo Ruffinatto y Cesare Segre por haber leído estas páginas con agudos ojos avizores en campo teórico.

res de páginas no españolas (Spingarn, Baldwin, Weinberg[1]) en donde,
bajo la dicción tanto de crítica como de teoría literaria en el Renacimiento,
se hablaba esencialmente de poéticas. En el prefacio a la edición italiana
de Spingarn[2], Croce lo decía a las claras: «la crítica literaria propiamente
dicha, como actualidad y calidad concreta de juicios particulares, no se
toca aquí sino de paso». Estos millares de páginas, además, con su tajante
tripartición entre Italia, Francia e Inglaterra, eran unánimes en mirar a
España con la mayor indiferencia. Por otro lado, me he encontrado con
otros millares de páginas en campo hispánico[3], en donde, bajo los rótulos
de «ideas estéticas» (Menéndez y Pelayo), «preceptistas» (Vilanova), «retórica» (Martí, Rico Verdú), «teoría literaria» (Kohut, García Berrio), se
anidaban frecuentes reflexiones sobre escritos renacentistas a los cuales
podía ser aplicable en cierta medida el término de crítica literaria.

Para pisar terreno firme y salir del malentendido de lo que, pareciendo
obvio, acaba por no existir, me ha parecido pues necesario en primer lugar, no digo resolver, sino subrayar la existencia de unos interrogantes de
fondo, como preguntándome «de qué estoy hablando». Los interrogantes
son por lo menos dos. Uno es si en el Renacimiento puede hablarse de
crítica literaria. Me parece indudable de que esta mención para esta época
tiene un valor puramente metafórico. Todos sabemos, como lo recordaba
Croce en el prefacio a Spingarn, que una verdadera crítica literaria como
«disciplina» y «no como simple presentimiento o manifestación esporádica» aparece sólo con la revolución romántica; y todos hemos leído la Historia de la crítica (moderna) de Welleck que parte del Iluminismo. Cuando
mucho, puede hacerse retroceder hacia el Renacimiento la expresión muy
acertada de Herrero-García[4], que todavía para el siglo XVII habla de
«prehistoria de la crítica literaria»; y creo que en este sentido hay que
entender las páginas de José Manuel Blecua sobre la crítica literaria en la
Edad de Oro.[5]

---

1. J. E. Spingarn, *A History of literary criticism in the Renaissance*, New York, London, 1899;
C. S. Baldwin, *Renaissance literary theory and practique. Classicism in the rhetoric and poetic of Italy, France, and England*, 1400-1600, Columbia University Press, New York, 1939; B. Weinberg, *A
History of literary criticism in the italian Renaissance*, The University of Chicago Press, Chicago,
1961.
2. Laterza, Bari 1905, pág. VIII.
3. M. Menéndez Pelayo, *Historia de las ideas estéticas*, 1883-1891; A. Vilanova, *Preceptistas de
los siglos XVI y XVII*, en G. Díaz Plaja, *Historia General de las literaturas hispánicas*, Vergara,
Barcelona, 1953, t.III, págs. 567-692; A. Martí, *La preceptiva retórica española en el Siglo de Oro*,
Gredos, Madrid 1972; J. Rico Verdú, *La retórica española de los siglos XVI y XVII*, C.S.I.C. Madrid,
1973; K. Kohut, *Las teorías literarias en España y Portugal durante los siglos XV y XVI*, C.S.I.C.,
Madrid, 1973; A. García Berrio, *Formación de la teoría literaria moderna. La tópica horaciana en
Europa*, Cupsa, Madrid, 1977 y II. *Teoría poética del Siglo de Oro*, Universidad de Murcia, 1980.
4. M. Herrero-García, *Estimaciones literarias del siglo XVII*, Voluntad, Madrid, 1930; *Prólogo*,
pág. 9.
5. José Manuel Blecua, "Estructura de la crítica literaria en la Edad de Oro", *Historia y estructura de la obra literaria*, C.S.I.C., Madrid, 1971, págs. 39-47, y en J. M. Blecua, *Sobre el rigor poético en España, y otros ensayos*, Ariel, Barcelona-Caracas-México, 1977, págs. 59-72. Cito de este
último.

El segundo interrogante, no histórico sino teórico, es si la crítica puede llamarse género literario. Cierto es por un lado que el viejo tomo de Trabalza sobre la crítica literaria renacentista integraba una colección dedicada a la historia de los géneros literarios italianos[6]; tenemos por otro lado la tajante afirmación, hace pocos años, de J. M. de Blecua: «la crítica literaria no ha sido nunca un género desde la antigüedad a nuestros días»[7]. Como semióloga de escuela italiana, yo diría que en el sistema literario la crítica no es de ningún modo un género; ni mucho menos lo es en el siglo XVI. Si, con María Corti[8], consideramos «significativa dentro de un género no tanto la presencia de unos contenidos, temas o motivos, que, como tales, pueden ser comunes a varios géneros literarios» sino la existencia de «un *programa* construido sobre leyes muy generales que conciernen a la relación dinámica entre ciertos planos temático-simbólicos y ciertos planos formales, todo esto en relación distintiva u opositiva con respecto del programa de otro género», los infinitos escritos del Renacimiento español en donde se dice algo sobre otros escritos (uso voluntariamente por ahora términos muy genéricos) resultan demasiado diferenciados entre sí en el plano formal (diálogos, tratados, prólogos, etc.) como para unificarlos en un género. Y siempre la falta de precisas marcas formales y normas de cohesión sígnica (en términos de C. Segre[9]) impide hablar de sub-géneros.

Llegados a este punto, puesto que estoy hablando de algo que no existe sino como metáfora (crítica literaria en el Renacimiento) o que no existe sin más (crítica como género), quizá tendría yo que callarme e irme de aquí. Confío sin embargo tener dos posibilidades de quedarme: una, la de escarbar bajo la metáfora, preguntándonos qué es en el Renacimiento español, y en dónde está, eso a lo cual por traslación anacrónica podemos metafóricamente aplicar el término de «crítica literaria»; y, dos, la de eliminar el problema del género, preguntándonos simplemente qué textos, aun diversos formalmente, pueden agruparse, sea como sea, en actitudes conceptuales comunes entre sí, diferentes de otras, y «nuevas» —como reza el título de esta reunión— con respecto de la época anterior.

2.   El hecho es que el sintagma «crítica literaria» en los últimos veinte y más años se ha llenado para todos nosotros de múltiples proyecciones y lleva la carga de infinitas discusiones recientes y actuales. Justamente porque, como se ha dicho, el nuestro es el siglo de la crítica, y justamente porque no se ha apagado aún el eco de la polémica entre una crítica crea-

---

6.   Ciro Trabalza, *La critica litteraria nel Rinascimento (secoli XV, XVI, XVII)*, en *Storia dei generi letterari italiani*, Vallardi, Milano 1915.
7.   1977. pág. 69.
8.   M. Corti, *Principi della comunicazione letteraria*, Bompiani, Milano 1976, págs. 156, 159 y ss.
9.   C. Segre, «Géneros», *Principios de análisis del texto literario*, Crítica, Barcelona 1985, págs. 268-296 [...].

dora (en la cual el discurso crítico se identifica con el discurso del texto en una centralidad del lenguaje y de la escritura (Barthes, Blanchot, Lacan) y una crítica filológica y semiológica (que trata de individualizar los sistemas que constituyen el texto como construcción compleja) —estoy usando casi literalmente términos de Segre[10]—, justamente por esto, para nosotros —en cualquiera de las perspectivas de hoy— la palabra «crítica» vive en simbiosis con la palabra «texto». Por lo cual, deformada ya profesionalmente, voy a entender aquí como crítica literaria en el Renacimiento —con todas las inmensas diferencias en el plano epistemológico que separan esa época de la nuestra— exclusivamente la relación que media entre un texto A y un texto B, cuando el texto A enuncie explícitamente algo sobre el texto B. El texto B puede ser un texto escrito, o también oral, como por ejemplo en el caso de los romances.

Para los textos B, limito aquí la reflexión a los españoles, dejando de lado toda mención, en textos A españoles, de textos B clásicos o italianos. Con esto, queda arrinconado el problema de las *auctoritas*, con todos sus elementos de *imitatio*, fuentes y prestigio. En cierto sentido, podríamos decir que la reflexión sobre textos B españoles en textos A españoles del Renacimiento, se mueve, por lo que concierne al problema de la *auctoritas*, en una dirección que va desde la jactancia (Nebrija, Encina, la lengua y la literatura «en la cumbre»), a la comprobación de carencias (Valdés), a la exhortación (Valdés, Morales, el «cuidado»), hacia el reconocimiento de una conquista (Morales).

3.   Sigo deslindando. Esta definición operativa —texto que habla de otro texto— tiene como consecuencia deliberada una distinción, lo más neta posible, entre crítica literaria entendida en este sentido y la inmensa veta de las poéticas, las preceptivas, las retóricas, los tratados de teoría literaria. Como actitud, la crítica literaria examina obras, la poética propone códigos. La crítica se ocupa del habla literaria, la poética de la *langue*. La crítica maneja fenómenos concretos; la poética construye teorías. Estoy simplificando deliberadamente cuestiones complejas, para las cuales me remito, en campo hispánico, al buen libro de Mignolo.[11]

Esto vale si hablamos de actitud. Pero si hablamos de textos, en ellos las dos actitudes a menudo se mezclan. Son conceptos ya expresados: la obra monumental de Weinberg sobre la crítica literaria en el Renacimiento italiano está dividida en dos partes: teoría poética, y lo que él llama «crítica práctica». En esta segunda parte —más reducida que la otra— Weinberg

---

10.   C. Segre, *Ficcion, ibid.*, págs. 247-267 [...].
11.   W. D. Mignolo, *Elementos para una teoría del texto literario*, Crítica Grijalbo, Barcelona 1978.

agrupa la masa formidable (tremendous[12]) de material alrededor de unas «disputas»: sobre Dante, Speroni, Ariosto y Tasso, Guarini. Para el material español, más que la posibilidad de agrupaciones similares (por autores —Mena, Guevara, etc.—, o por géneros —lírica petrarquista, novela de caballerías, etc.—), me interesa recoger una observación que el mismo Weinberg[13] define como la más obvia: la íntima interrelación que en el Renacimiento existe entre los escritos de crítica práctica y los teóricos. No sólo críticos y teorizadores trabajan en simbiosis; sino que a veces el mismo documento es «ambivalente» entre la teoría y aplicación.

Esta observación de Weinberg nos recuerda por un lado que la actitud normativa empapa toda la crítica literaria de entonces, la cual al fin y al cabo consiste en valorar, positiva o negativamente, un determinado texto según su respeto por las normas; por otro lado, que las obras normativas ejemplifican muchas veces con citas[14] de textos concretos. En el mismo escritor doctrinal pueden alinearse la actitud preceptista y la de crítico literario; por ejemplo el Brocense cuando escribe «digo y afirmo que no tengo por buen poeta al que no imita los excelentes antiguos»[15], se mueve en un plano normativo; cuando, fiel a este principio, señala en Mena «esto todo es de Lucano»[16] está haciendo crítica literaria.

Declaración de la norma (universal o personal) y juicio crítico pueden convivir incluso en la misma página, en el mismo párrafo. Por ejemplo, en el *Diálogo de la lengua* la definición de cuáles son buenas coplas y cuáles no, antecede de pocos renglones los reproches al villancico *Pues que os vi, mercí veros*; y a la afirmación de que en los libros de «mentiras» es necesaria la verosimilitud le sigue inmediatamente la crítica al *Amadís* porque dice cosas tan mentirosas que no se pueden tener por verdaderas[17]. En el plano verbal —en el nivel que los narratólogos llaman del discurso— en el primer caso se pasa en forma explícita de la afirmación del principio a la ejemplificación («y porque veáis que esto es assí...»); en el segundo se procede por deducción lógica («siendo esto assí que...»). En ambos («porque», «siendo que») queda establecida una relación entre causa y efecto.

Una neta delimitación entre actitud normativa y juicio es pues difícil. No diría sin embargo imposible. La página, tanto crítica como preceptiva, existe ante nosotros con un tejido textual suyo, concreto, tocable; y éste

---

12. Pág. 819.
13. Pág. 1106.
14. Tanto para la cita en ámbito gramatical como para la cita en ámbito creativo (vid. más adelante la cita de Garcilaso en Lope), hay que tener presente el amplio estudio de A. Compagnon, *La seconde main ou le travail de la citation*, Seuil, Paris 1979.
15. Es un pasaje muy conocido, del prólogo del Brocense a la II edición de las *Obras* de Garcilaso, Salamanca 1581, lo cita recientemente Blecua 1977, pág. 65.
16. Saco el dato de María Rosa Lida de Malkiel, *Juan de Mena, poeta del prerrenacimiento español*, El Colegio de México, 1950, págs. 79-83.
17. Cito de la ed. Montesinos, Clásicos Castellanos, Espasa-Calpe, Madrid 1946, págs. 166 y 177.

—por ejemplo en el juego de los tiempos y de los aspectos verbales, con la alternancia entre presente / pasado, por un lado, y presente / imperativo, por el otro— puede muy bien indicar la perspectiva temporal que diferencia el juicio relativo a cómo está hecho un texto que ya existe y el precepto relativo a cómo hacer textos futuros.

En principio, pues, habría que tener en cuenta, en todos los textos eminentemente críticos la exposición de principios teóricos, y en todos los textos eminentemente normativos la mención de textos con el objeto de una ejemplificación de la norma. La misma mención de un texto puede ser portadora implícita de juicio. Por ejemplo, para la *Gramática* de Nebrija citas paralelas de Persio y Gómez Manrique (para el infinitivo substantivado) y de Virgilio y Mena (para explicaciones léxicas)[18] traen consigo una valoración positiva de los dos escritores españoles justamente en la yuxtaposición con los dos clásicos; y la misma cantidad de citas de Mena, con su aspecto de formulario y de letanía, indica, en la relación entre el texto A (Nebrija) y el texto B (Mena), una perspectiva de utilización programática que en sí constituye juicio.[19]

4.   Otro gran deslinde se impone, aunque parezca obvio, por lo que concierne a la relación que textos A entablan con textos B. Tomemos un caso, un poco más allá de las fronteras del Renacimiento pero quizá el más ejemplar: la relación entre el *Quijote*, texto A, y los libros de caballerías, textos B. Simplificando enormemente, podemos distinguir dos relaciones: una de re-empleo (con todos los infinitos y complejos matices de la parodia, el rechazo, y la nostalgia) y una de mención explícita. Los libros de caballerías, los tomos, que en el escrutinio del capítulo VI el cura y el barbero comentan y enjuician, son objeto de una crítica literaria; desde luego, no por su existencia material en la narración (tanto en los adema-

18. *Gramática*, III, 5 y II, 2.
19. Es ésta la posición de María Rosa Lida (*J. de Mena*, cit. págs. 331-332), a la cual me ajusté yo en mi *Tradizione illustre lingua letteraria nella Spagna del Rinascimento* (Roma, 1964-65), ahora en *Lingua come problema nella letteratura spagnola del Cinquecento (con una frangia cervantina)*, Stampatori, Torino, 1979, págs. 130-134. Lo mismo, para la actitud de J. del Encina hacia Mena, vid. M. R. Lida, *J. de Mena* cit. págs. 45, 240, 270, etc., y, en su estela, L. Terracini, *Op. cit.*, págs. 137-140. Por el contrario, E. de Bustos (... en Actas de Salamanca...) y F. Rico (*Las vueltas de la rueda moderna*, en su *Primera Cuarentena y tratado general de literatura*, El festín de Esopo, Barcelona 1982, págs. 103 y ss.) presentan un Nebrija en actitud de censura hacia Mena. Sin duda, esto vale en algunos puntos, como el «cacosyntheton» reprochado por *a la moderna bolviéndome rueda* (*Gramática* IV,7) pero no me parece una actitud tan general en Nebrija como para justificar la tajante afirmación de Rico de que «la *Gramática* jamás da un juicio de valor positivo» sobre Mena. Sigo convencida (vid. M. R. Lida, *Mena* cit. pág. 332, L. Terracini, *Lingua como problema* cit., pág. 134) de que, tratándose de una obra gramatical, la frecuencia misma con que la ejemplificación se realiza utilizando materiales de Mena es justamente la que implica un juicio; y éste es positivo, en el hecho mismo de que (Lida, pág. 332) «el gramático humanista descubre en el poeta latinizante todo lo que las antiguas Artes habían clasificado». Así como sigue pareciéndome portador, no sólo de juicio positivo sino de respeto por algo que se considera paradigmático, el ritmo mismo con que en el texto de Nebrija se condensan las citas de Mena, cuya obra resulta un repertorio de toda variedad posible, y a veces opuesta, de casos (vid. L. Terracini, *Lingua come problema* cit., pág. 134).

nes de los personajes, que los toman en las manos o se los encuentran caídos entre los pies, como en los demostrativos —*éste, es grande que aquí viene, esotro que está junto a él*—), ni por la ejecución de la sentencia[20], al guardarlos o tirarlos por la ventana. La crítica literaria aquí consiste en la mención explícita; y, obviamente, tratándose de esta época, en el juicio. En cambio, los libros de caballerías que «laten», en términos de Américo Castro[21], en todo el *Quijote* son materiales para la construcción de una obra de ficción, mímesis no sólo de la realidad sino de obras anteriores.[22]

El ejemplo, por obvio que pueda ser, me sirve para distinguir entre textos —o fragmentos de textos— A, en donde un texto B funciona como modelo (positivo o negativo), y textos A en donde un texto B funciona como referente. Ni el texto B modelo ni el texto B referente van exentos de juicio por parte del texto A: explícito en el segundo caso, implícito, para bien o para mal (desde la reverencia de la imitación hasta el sarcasmo de la parodia), en el primero. Lo que cambia es el modo en que la relación entre texto A y texto B funciona. Está a punto de escapárseme la palabra «intertextualidad» (como escribió Rico, llamándola «palabro», al final de un trabajo suyo[23]), pero la refreno unos minutos más.

Efectivamente en Francia se ha hablado unas veces de intertextualidad crítica, diferenciándola más o menos claramente de intertextualidad poética[24]. Segre[25] a su vez ha subrayado la tentación barthesiana de convertir la crítica de metalenguaje en escritura. En cierto sentido, con Barthes, se podría incluso, paradójicamente, identificar obras como el *Quijote*, en donde una ficción se desarrolla partiendo de ficciones ajenas, con una crítica creadora en la cual cualquier distinción entre literatura y crítica queda anulada. No es éste desde luego mi objeto; me interesa exactamente lo opuesto. Me parece en efecto sumamente aclarador en este caso un concepto del mismo Segre: el que distingue entre los términos «intertextualidad» e «interdiscursividad», reservando el primero «para las relaciones entre texto y texto (escrito, y en particular literario)», y dejando el segundo para las relaciones que cada texto, oral o escrito, mantie-

---

20.   Dos citas, entre muchas, sobre los matices inquisitoriales de estas páginas de Cervantes: S. Gilman, *Los inquisidores literarios de Cervantes*, en *Actas* del III Congreso Internacional de la A. I. H., 1968 (México 1970), págs. 3-25, con observaciones sobre la «violencia del lenguaje crítico» no sólo en el Siglo de Oro español; y C. Segre, *Construcciones rectilíneas y construcciones en espiral en el «Quijote»*, en *Las estructuras y el tiempo (Narración, poesía, modelos)*, Planeta, Barcelona 1976, págs. 185-218 (vid. pág. 187: «un festivo —pero no tanto— auto de fe literario).

21.   Gilman, cit., pág. 11.

22.   C. Segre, *Ficción*, cit., págs.

23.   F. Rico, *Literatura e historia de la literatura*, en «Boletín Informativo. Fundación Juan March», junio 1983, págs. 3-16 [16].

24.   Leyla Perrone-Moyses, *L'intertextualité critique*, en «Poétique», 27 (1976), págs. 373-384.

25.   Nota 24, pág. 117, del trabajo citado en la nota sucesiva.

ne con todos los enunciados (o discursos) registrados en la cultura correspondiente y ordenados ideológicamente, además que por registros y niveles.[26]

Esta distinción de Segre —que ya ha sido provechosamente aplicada en campo hispánico por Maria Grazia Profeti[27]— funciona muy bien en nuestro caso. Podemos llamar interdiscursiva para un texto A la relación con un texto B modelo; intertextual la relación con un texto B referente. En el primer tipo de relación el texto A utiliza, interdiscursivamente, los enunciados del texto B, ya sea con fidelidad programática (fuentes, imitación), ya sea con una distorsión de niveles (que puede ir desde la continuación apócrifa a la vuelta a lo divino, desde la refundición al plagio, desde la traducción a la parodia, etc.). La parodia misma, como lo ha mostrado recientemente para el *Quijote* A. Ruffinatto[28], puede ejercerse no sólo con respecto a los enunciados presentes en un texto sino con respecto a los enunciados constituidos por las mismas normas, en el caso del *Quijote* la verosimilitud. En el segundo tipo, la que el texto A entabla es una relación intertextual con el B, mencionándolo explícitamente con texto y enunciando a su vez algo sobre él. Pueden servir todavía las distinciones de Jakobson: en el primer tipo prevalece en el texto A una función poética, en el segundo una función referencial (con fuertes matices metalingüísticos y orientaciones conativas).

Otro ejemplo, éste también más allá de las fronteras del Renacimiento. Cuando en Lope (*La bella malmaridada*) dos personajes discuten acerca de qué letra cantar

> («Conde. Decir podéis la de ayer.
> Músico. ¿Cuál fue?
> Conde.   La de Garcilaso,
>   Que tiene ingenio divino.
> Músico. Es vieja ya, y está impresa.
> Conde. ¿De que está impresa te pesa?
>   Lo más viejo es lo más fino»)

tenemos la mención directa de un texto (aquí, bajo el nombre del autor), e incluso un juicio, que juega aquí entre lo arcaico y lo valioso; la relación es intertextual. Cuando, otra vez en Lope, en *El bastardo Mudarra*, Gonzalo Guskios llora sobre las cabezas de los siete hijos, repitiendo como es-

---

26. C. Segre, *Intertestualità e interdiscorsività nel romanzo e nella poesia*, ahora en *Teatro e romanzo. Due tipi di comunicazione letteraria*, Einaudi, Torino 1984, págs. 103-118 [111].
   27. M. G. Profeti, *Intertextualidad, paratextualidad, collage, interdiscursividad en el texto literario para el teatro del Siglo de Oro*, en curso de publicación en *Actas* del Congreso internacional sobre semiótica e hispanismo (Madrid, junio de 1983).
   28. Aldo Ruffinatto, *La galassia «Quijote». In margine ai mondi possibili dell'ingegnoso idalgo*, Giappichelli, Torino 1983, pág. 38.

tribillo «¡Ay, dulces prendas, por mi mal halladas!», la relación es interdiscursiva. Y no importa aquí si esa mezcla interdiscursiva de nombre de la
epopeya y de versos petrarquistas a nosotros nos suena como *pastiche* en
el violento y anacrónico cruce de códigos, mientras para Lope, como lo
observa Herrero-García (de donde he sacado los dos ejemplos[29]), tenía el
objeto de unir viejas savias épicas y resplandores petrarquistas en un mismo reconocimiento ideológico de prestigio nacional.

5.   Si convenimos pues en considerar que en el Renacimiento hace
crítica literaria —con todos los matices metafóricos del término— un texto
cuya relación con otro texto no consiste en enseñar cómo hacerlo ni consiste en rehacerlo, la pregunta inmediata es: ¿de cuáles textos estamos hablando?

Dejo aquí de lado los problemas de periodización (¿cómo decidir si ya
pertenecen al Renacimiento Nebrija y Encina y si todavía caben en él
actividades de 1574 —como el comentario del Brocense a Garcilaso— y de
1575 —Argote, Huarte de San Juan—?); y sigo poniendo en primer plano
problemas de tipología.

¿Cómo ordenar la masa formidable (*tremendous* dijo Weinberg) de páginas que a lo largo de decenios escriben algo sobre otras páginas? Una
ilusión, sin duda, sería la computadora; que nos diera con implacable exac-
titud una lista de todas las veces que un texto resulta mencionado en otro
texto. Ilusión falaz, desde luego, por una serie de motivos. Supongamos
sin embargo, por hipótesis, poseer un *corpus* completo de textos A, que
mencionan, y uno completo de textos B, mencionados. Podríamos poner-
nos en una doble perspectiva: la del texto, por así decirlo, *iudicans*, y la
del texto *iudicatum*.

La segunda (que es la que, para el siglo XVII, sigue Herrero-García:
Celestina, Garcilaso, etc.) nos proporcionaría una serie de informaciones
en el campo de lo que se suele llamar la fortuna o la fama; como ilustran,
por ejemplo, para Mena y Santillana los estudios magistrales de María
Rosa Lida y de Rafael Lapesa. Pero la divisón que ambos efectúan en
páginas y capítulos distintos (M. R. Lida entre crítica e influencia[30], Lapesa entre juicios, de los profesionales de las letras, e influencia[31]) nos recuerda inmediatamente que la vitalidad de un texto en la cultura sucesiva
resulta documentada por su existencia ya sea como referente (en la crítica)
ya sea como modelo (en las influencias). Desde el punto de vista del texto
B ambas estelas resultan igualmente significativas (quizá más, diría, la vita-

29.   *Estimaciones* cit. págs. 71 y 81. No olvidemos por otro lado que el *pastiche* mismo constituye
homenaje; vid. G. Genette, *Palimpsestes, La littérature au second degré*, Seuil, Paris 1982, pág. 106.
Para la actitud de citar vid. aquí arriba n.14.
30.   M. R. Lida, *J. de Mena* cit., págs. 323 y ss. y 399 y ss.
31.   R. Lapesa, *La obra literaria del Marqués de Santillana*, Insula, Madrid, 1957, págs. 265 y ss;
en particular pág. 276.

lidad interdiscursiva en la influencia que la vitalidad intertextual en la crítica); pero siendo que aquí nos ocupamos de textos críticos, la trayectoria a partir de textos B resulta poco productiva. Los textos A —cuya ideología sin duda resulta del juicio, e incluso de la sola mención, relativos a textos B— quedarían achatados en el plano del contenido. Más productiva, porque consiente un contacto más íntimo con la textualidad de los testimonios, es la otra perspectiva, la que pone en primer plano el texto *iudicans*.

6.   Ante todo, conviene distinguir entre dos actividades que, no tanto un texto *iudicans* sino un autor *iudicans*, realiza en relación a textos ajenos: la de nombrarlos y la de editarlos. En la primera, frente al texto B el autor *iudicans* produce otro texto, el A; interviene con enunciados. En la segunda, al publicar el texto B, el autor *iudicans* actúa; interviene en la praxis. La primera actividad se realiza en ausencia del texto B (salvo de vez en cuando en las citas); la segunda se realiza en presencia del texto B, presencia que la misma actividad A ocasiona.

En el plano de la praxis, la acción de editar textos tiene una dirección opuesta a la de recogerlos en bibliotecas; la edición, a los textos, los exhibe, la biblioteca los guarda. En el plano de la producción de enunciados, ambas actividades están acompañadas por textos: para las bibliotecas, los inventarios[32]; para las ediciones, una serie de páginas, en donde al texto B que se publica se juntan textos A. Estos consisten esencialmente en dos tipos: con respecto al texto B, introducirlo y comentarlo. Por un lado pues, los prólogos[33]; por otro las anotaciones. Se los ha definido elementos paratextuales[34] y lugares privilegiados de la dimensión pragmática de la obra; esto es, de su acción sobre el lector. El texto A, que publica o comenta un texto B, tiene pues una función de mediación entre el texto B y un público, que es ahora destinatario contemporáneamente del texto A y del texto B, pero que no coincide necesariamente con el destinatario para el cual el B se escribió. El problema del público comportaría una serie de reflexiones sobre las condiciones materiales de la cultura de la época. Aquí no caben; pero, al hablar de crítica literaria en el Renacimiento es imprescindible recordar los problemas relativos a lectura y lectores, a mercado editorial, a circulación literaria que han sido objeto de estudios muy importantes.[35]

32.   Una sola indicación bibliográfica, pero particularmente orientadora: M. Chevalier, *Para una historia de la cultura española del Siglo de Oro (Cuestiones de método)*, en *Actas* del IV Congreso de la A. I. H., Salamanca 1971 (Salamanca 1982), págs. 331-340 [333-336].
33.   Estudiados sobre todo por A. Porqueras Mayo: *El prólogo como género literario. Su estudio en el Siglo de Oro español*, C.S.I.C., Madrid, 1957; *El prólogo en el Renacimiento español*. C.I.S.C., Madrid, 1965; *El prólogo en el manierismo y barroco españoles*, C.I.S.C., Madrid 1968; J. L. Laurenti y A. Porqueras Mayo, *Ensayo bibliográfico del prólogo en la literatura*, C.I.S.C., Madrid 1971.
34.   G. Genette, *Palimpsertes*, cit., pág. 9.
35.   Vid. las páginas clásicas de A. Rodríguez-Moñino, *Construcción crítica y realidad histórica en la poesía española de los siglos XVI y XVII*, cit., y *Lectura y lectores en la España de los si-*

Desde nuestro punto de vista, por lo que concierne a los prólogos, lo que interesa, en lo que Porqueras llama su mundo topológico[36], son las motivaciones que el texto A considera necesarias para la presentación del texto B; pueden ir desde su valor intrínseco (como la *Carta-Prólogo* de Garcilaso a la traducción que Boscán hace del *Cortegiano*), a su antigüedad (por ejemplo Argote para el *Conde Lucanor*), pasando por varios matices, relativos por ejemplo a una posible bajeza de textos B difundidos en tradición oral (como Mal Lara para los refranes en su *Filosofía vulgar*), o bien a la modestia o al orgullo con que se presenta un texto B escrito por el mismo autor del prólogo. Además, la publicación del texto B (propio o ajeno) puede ser la ocasión para discursos más amplios, hasta darles a los textos A la calidad de «manifiestos», como se ha definido muchas veces la *Dedicatoria* de Boscán a la duquesa de Soma[37]. Los prólogos pueden pues resultar portadores de una perspectiva diacrónica, porque conciernen, en sentido positivo o negativo a cambios en el sistema literario vigente, considerados necesarios para las exigencias de la cultura contemporánea, y reemplazan con una formulación exhortativa la formulación normativa propia de las poéticas. Estoy usando casi literalmente palabras de Segre[38], el cual, justamente en los manifiestos, localiza no sólo la maduración de una poética histórica, sino la toma de conciencia de una crítica literaria autónoma, en una coexistencia de poéticas y manifiestos que sólo se da entre los siglos XVI y XVIII.

Por lo que se refiere al comentario, se desparrama en el Renacimiento, pasando por el trabajo de glosadores (como Hernán Núñez con Mena y el muy activo Luis de Aranda con Mena, Santillana, Manrique, Encina, romances y canciones[39]) hasta llegar al Brocense. En los puntos extremos, las viejas glosas del siglo XV (por ejemplo a las *Coplas de Mingo Rivulgo*[40]) y las *Anotaciones* de Herrera. Entre el punto de partida y el punto de llegada, el cambio es radical; el texto B ya no se ofrece al texto A para una explicación del contenido, que se supone oculto bajo el disfraz alegórico, sino para el comentario comprometido a fondo en el plano de la expresión.

glos XVI y XVII, Turner, Madrid 1976; Margit Frenk, *«Lectores y oidores». La difusión oral de la literatura en el Siglo de Oro*, en *Actas* del VII Congreso de la A. I. H. (Venezia 1980), Bulzoni, Roma, 1982, págs. 101-123; y, de la misma, *Ver, oír, leer... en Homenaje a Ana María Barrenechea*, editado por L. Schwarz Lerner e I. Lerner, Castalia, Madrid, 1984, págs. 235-240; y varias páginas de A. Blecua y N. Salomon.

36. *El prólogo en el Renacimiento*, cit., pág. 7 y ss.

37. La formulación se remonta por lo menos a Menéndez y Pelayo en la *Antología de poetas líricos*; para una discusión sobre el término, vid. mi *Lingua come problema*, cit., pág. 217, n.139.

38. C. Segre, *Poética*, en *Principios* cit., págs. 312-338 [...].

39. Vid. M. R. Lida, *J. de Mena*, cit. pág. 339.

40. Para las glosas (de Fernando del Pulgar y otros) a las *Coplas de Mingo Revulgo*, pienso en el aspecto de fórmulas con que al final de casi todas se repiten las palabras «Asý quiere dezir que...»; vid. Marcella Ciceri, *Le «Coplas de Mingo Revulgo»* en «Cultura neolatina», XXXVII, 1977, págs. 75-266.

7. Frente a prólogos y anotaciones, están todos los otros escritos A. Si para los primeros puede hablarse de paratextualidad, a éstos les compete el término de metatextualidad (que es lo que para Genette[41] constituye por excelencia la relación crítica); si los primeros a menudo se vinculan con textos B nuevos, éstos por definición conciernen a textos B conocidos; y si para prólogos y anotaciones la existencia de marcas formales comunes consiente hablar de sub-géneros literarios[42], los textos propiamente críticos resultan frecuentemente diferenciados justamente en el plano formal.

No se trata, claro está, de un hecho de lengua: los escritos latinos de Vives, Fox Morcillo, Matamoros, etc. pertenencen a la cultura del Renacimiento tanto como los escritos en español. Más intrínsecas son otras diferencias. Iré apuntando rápidamente algunas, en una especie de índice de cuestiones:

a) el tipo del texto, su molde formal: diálogo (Valdés), discurso perorativo (Morales), reseña más o menos sistemática (Matamoros, Argote), obra pedagógica (Lorenzo Palmireno), miscelánea (muchas), etc. aparecen estrategias discursivas distintas: por ejemplo, los matices polémicos a los que a menudo da lugar el corte dialógico (Valdés: «he oido dezir que...», «no es posible que vosotros concedáis que...»); o el entusiasmo didáctico en las series exclamativas del Palmireno («¡cuán duras están...! ¡cuán agudamente dice...!»[43]); o la letanía de satisfechos adverbios temporales ya, que en Morales[44] subraya la lista de obras que por fin le están dando honra a España;

b) el mayor o menor compromiso directo del escritor A con respecto a la literatura creativa;

c) la perspectiva, más internacional o bien de tierras adentro;

d) la finalidad, desde el examen crítico (Valdés) a la apología (Morales, Matamoros); etc.

Frente a estas, y otras, variables (las más interesantes a mi parecer porque el plano de la historia de las ideas se interseca con aspectos concretamente textuales), existen, como es sabido, dos grandes invariantes: la orientación didascálica, y la formulación de juicios.

La primera, en forma positiva en el fervor pedagógico de Palmireno, en forma negativa en las muchas condenas de los libros de caballerías, empapa con varios matices todos los textos críticos de la época. En ciertos

---

41. *Palimpsestes* cit., pág. 10.
42. Vid. supra Nota 9.
43. Conozco los textos de Palmireno a través de las páginas de Ruth H. Kossoff, *Lorenzo Palmireno, crítico literario*, en *Actas* del V congreso de la A. I. H., Bordeaux 1974 (Bordeaux 1977), págs. 543-547 [545].
44. Cito el *Discurso sobre la lengua castellana*, de la edición crítica de Valeria Scorpini (en «Studi ispanici» 1977, págs. 177-194); págs. 186-187: «ha *ya* avido algunos en nuestro tiempo...; nuestra lengua veen *ya* mejor inclinada...; hablan *ya* hermosamente... *ya* las cosas antiguas de España...», etc.

casos, en los textos sobre otros textos producidos por la Inquisición (tanto las Aprobaciones como los Indices de libros prohibidos), lo que en el plano de la comunicación es una simple función conativa adquiere, en el plano de la acción, consecuencias decididamente pragmáticas, en un ademán que ya no es cutural sino de efectivo poder.

Por lo que se refiere a la actitud valorativa, punto de empalme entre la crítica práctica y los criterios teóricos, esta época, anterior a las grandes codificaciones de las poéticas y las retóricas, está atravesada por múltiples criterios formales, en circulación fluida. Es un terreno muy estudiado, en donde confluyen historia de la lengua (en las parejas selección / invención, naturalidad / artificio, afectación / cuidado) e historia de las ideas estéticas, con sus tópicos teórico-literarios entre un patrón horaciano (con los tres dualismos: poeta sabio / furioso —y los relativos contrastes entre *ingenio* y *ars*—; finalidad del arte entre enseñanza y deleite; preponderancia de conceptos o de palabras) y un patrón aristotélico (principios de la imitación, verosimilitud, erudición, etc.). [45]

Son cosas muy sabidas; me interesa recordarlas aquí —en una enumeración global que tiene el objeto de presentarlas como remotas—, justamente porque es éste el humus en donde hunde sus raíces y encuentra su motivación cualquier juicio literario de entonces. De entonces, claro está; no necesariamente de hoy. No olvidemos que se trata de criterios fechados; que tenemos que historizarlos y relativizarlos, evitando nosotros siglos después, una intervención valorativa de las valoraciones. Ante los juicios literarios del siglo XVI (o ante juicios de cualquier época), una definición como «agudos» o «modernos», o bien «de mal gusto» [46] los legitima según su posible coincidencia con nuestras actitudes de hoy; mientras su real y única legitimación consiste en la coherencia entre el criterio de entonces y el juicio de entonces. [47]

8.   ¿Cuál es la medida de la novedad de todo esto con respecto a la época anterior? Diría que es éste justamente el terreno en donde resulta

---

45.   Entre la inmensa bibliografía, destaco aquí E. L. Rivers, «L'humanisme linguistique et poétique dans les lettres espagnoles du XVIe siécle», *L'humanisme dans les lettres espagnoles* (XIXe Colloque international d'Etudes humanistes, Tours, 1976, ed. A. Redondo, Vrin, Paris 1979, págs.169-176); y A. García Berrio, los dos libros citados en la nota 3, y además «El "patrón" renacentista de Horacio y los tópicos teórico-literarios del Siglo de Oro español», *Actas* del IV Congreso de la A. I. H. (Salamanca, 1971-1982), págs. 573-588.

46.   La primera es bastante frecuente; para la segunda, vid. C. Barbolani, intervención acerca de la ponencia de F. Rico, en *Doce consideraciones sobre el mundo hispano-italiano en tiempos de A. y J. de Valdés* (Coloquio de Bolonia 1976, Instituto Español de lengua y literatura, Roma 1979), pág. 131.

47.   «No escribieron para nosotros», en M. Chevalier, *Para una historia*, cit., pág. 338. Permítaseme también una auto-cita: mi reseña «Appunti sulla "coscienza linguistica" nella Spagna del Rinascimento e del Secolo d'Oro» (acerca del libro de W. Bahner sobre la «conciencia lingüística»), *Cultura neolatina* XIX, 1959, págs. 69-90, en donde, a propósito de las teorías sobre el origen del castellano, recordaba yo que, más que la posible arbitrariedad de las afirmaciones, interesaba su valor de testimonio histórico y cultural (pág. 87).

máxima, en sus términos generales; es obvio que la búsqueda de dignidad para la escritura vulgar frente al latín y la competición con Italia son justamente las notas intrínsecas del Renacimiento. Mientras la escritura creativa ejerce esta búsqueda en la praxis literaria (Garcilaso, etc.), lo que interesa en la escritura crítica son los niveles en que ésta va trabajando para rescatar el romance y la literatura vulgar de las viejas calificaciones de «ínfimo» (Santillana) y «rudo y desierto» (Mena).

Se percibe un retículo, constituido por la mezcla de problemas lingüísticos y problemas literarios, y por la intersección de valoraciones sincrónicas y diacrónicas. Si en las relaciones sincrónicas el juicio responde a determinados criterios lingüístico-literarios, en las diacrónicas interviene en el juicio un elemento más, el factor tiempo. Funcionando fuera del canon lingüístico-literario, la distancia temporal puede motivar un elemento de diversidad que se deplora, o también destacar una posible fuente de nobleza y prestigio.

Estamos con esto en lo más íntimo de la mentalidad renacentista; y, si no me equivoco, en lo más íntimo de una ambivalencia de la cultura española frente á Italia[48]. El culto quinientista italiano por sus escritores de dos siglos antes (Bembo) rebota en España con, por lo menos, dos soluciones: por un lado, el rechazo del pasado literario nacional, tanto por criterios formales (Valdés y las afectaciones de Mena), como por motivos históricos (Boscán y los orígenes oscuros del verso español); por otro lado, la revaloración de este pasado, aquí también en dos direcciones: una, esporádica, que justamente bajo el estímulo italiano ve la tradición española como antecedente formal (Castillejo); otra, más estable, que la ve como cofre de glorias. Prevalece esta última que, renunciando a la afirmación de una cadena textual, acentúa el reconocimiento de un prestigio añejo. Para el siglo XVI los textos antiguos resultan pues fuera del sistema literario, pero dentro de una continuidad histórico-nacional.

En estas actitudes, la embrionaria crítica literaria del siglo XVI, cuando da lugar a reseñas de varios textos, puede deslizarse en una historia literaria, igualmente embrionaria con respecto a su todavía lejano nacimiento en siglos futuros. Embrionaria desde luego (aunque el término de «historia literaria» se usó alguna vez para el mismo *Prohemio* de Santillana[49]), pero ya portadora de elementos génicos perceptibles; sobre todo, empapada de una perspectiva diferencial con respecto de otras literaturas, que puede ser polémica ya desde el mismo título («De *adserenda...* narratio *apologetica*» de Matamoros y que en el *Discurso* de Argote da lugar a frecuentes reivindicaciones de prioridades. Es una perspectiva nacionalista, por definición

---

48. Para este planteamiento me remito a mi *Lingua come problema* cit., pág. 117 y ss.
49. A. Valbuena Prat, *Historia de la literatura española*, cito de la 9.ª ed. ampliada y puesta al día por A. Prieto, Gili, Barcelona 1981, t.I, pág. 367.

antagónica con otros países; en ella, las fuentes de legitimación, más allá
de aquella correspondencia con las normas lingüístico-literarias que orienta los textos críticos, son esencialmente dos: la peninsularidad y el tiempo.

9.   ¿Hemos encontrado a los fantasmas de los que hablé al comienzo?
Quizá en parte se hayan fugado (las poéticas, las influencias); en parte
todavía están vagando por ahí, exhortándonos sobre todo a abrir las ventanas, para no ver la cultura literaria española del Renacimiento como un
compartimiento estanco. Se trata de las relaciones con Italia, por lo menos
en un doble plano: por un lado el influjo que tienen en España los escritos
teóricos italianos (Valla, Bembo, Castiglione, Speroni, Scalígero, Castelvetro, etc.); por otro lado la crítica que a su vez la cultura italiana ejerce
hacia las obras creativas españolas[50]. Se trata también de imprescindibles
paralelos con otras situaciones europeas, la francesa de Du Bellay, la inglesa, más tarde, con Sidney. Ha quedado del todo afuera también el problema de las traducciones, ya sea como actividad —de texto original a texto
traducido—, ya sea como objeto de reflexión en textos teóricos.

Otros fantasmas quizá se hayan materializado, pero en forma —si se
me consiente la metáfora— esquelética. Esto ha sido deliberado. Así como
deliberadamente me he quedado en los umbrales. En los umbrales de un
edificio muy complejo, consciente de que el deslindar y enumerar problemas sirve sobre todo para armar un andamiaje, y que éste, por esencia, no
es definitivo.

---

50.   Desde el planteamiento clásico de B. Croce, *La Spagna nella vita italiana durante la Rinascenza*, de hace setenta años (1915).

LAS CARTAS EN PROSA

Domingo Ynduráin
Universidad Autónoma de Madrid

A grandes rasgos, de manera provisional, se puede admitir que, en la Edad Media[1], las *artes dictandi* o *artes dictaminis* se ocupaban fundamentalmente de dos tipos de escritos: por una parte, de las cartas cancillerescas y documentos notariales, esto es, instancias y oficios; por otra, de los ejercicios escolares. Unos y otros dan lugar a abundantísimos tratados en los que se exponen las reglas de acuerdo con las cuales deben redactarse. La diferente naturaleza de estos dos tipos de escritos, de cartas, establece una distinción básica que se mantendrá en el Renacimiento y aun mucho después. Me refiero a que unas cartas son documentos públicos, oficiales, en relación directa con la realidad objetiva y civil, mientras que las otras se suponen privadas y sólo aspiran a una verosimilitud literaria, tanto si son ficticias como si no lo son.

---

1. Sobre las cartas medievales, además de las observaciones de Curtius y La recopilación de Lausberg o de Faral, vid. C. V. Langlois, *Formulaires de lettres du XII, du XIII et du XIV sieclés*, Paris, 1890-1897, y, ahora, Carol Dana Lanham, *Salutatio. Formulas in Latin Letters to 1200: Syntax. Style, and Theory*, München. 1975, aunque no se ocupe de autores hispánicos, lo mismo que Pasquele Vasio, *La lettera nella storia e nell'arte*, Roma, 1975, etc. No me ocupo aquí directamente, de los libros que enseñan a redactar contratos y otros documentos jurídicos, sean en forma de carta o no. Señalaré, en cualquier caso, que uno de los primeros textos de este tipo es el *Arte e stil pera scriure a totes persones*, de Tomas de Perpenya, con numerosas ediciones desde 1505, donde se combinan los documentos con las cartas familiares y noticieras. Directamente profesional es *El Relator, Forma libellandi*, o *Forma libelar*, Sevilla, 1497; Toledo, 1510; Salamanca, 1520, etc., del Dr. Juan Infante; las *Notas del relator*, Salamanca, 1520, de Fernando Díaz de Toledo; el *Formularum diversorum contractum et instrumentorum secundum pratiquam et consuetudinem civitatis et regni valentie*, Valencia, 1503; hasta llegar a la *Parte primera del tratado utilissimo y muy general de todos los contractos...*, Valencia, 1582, de Francisco García. Un caso pintoresco, a medio camino entre lo uno y lo otro, son los *Coloquios o Dialogos en Quatro lenguas, Flamenco, Frances, Español y Italiano [...] Obra muy provechosa para todos Mercaderes y otros de qualquier estado que sean*, Amberes, 1582, el capítulo cuarto es «Para es para enseñar a hazer cartas mensageras, conciertos, obligaciones y quitanças», entre los modelos que proporciona, encontramos: «De un hijo a su padre, pidiendole dinero y respuesta»; «Una letra para escrivir a sus deudores»; «Manera de pagar deuda con escusacion»; «Contrato de alquiler de casas»; «Una obligacion por pagamientos»; «Obligación de dinero emprestado».

Como es lógico, el desarrollo y crecimiento de los documentos cancille-
rescos —incluidas las cartas— depende directamente de las necesidades de
la Administración del Estado, en la época de la Corona. De manera que
el aumento en la producción de formularios es resultado de los esfuerzos
por organizar la vida pública desde un determinado centro de poder que
se constituye como tal de manera explícita y directa. A este respecto no
hay más que recordar la burocracia sistematizadora generada en la corte
de Carlomagno o, después, en España, los esfuerzos unificadores de Alfonso X que, en lo que nos ocupa, recurre a los servicios de Galfridus
Anglicus, o Galfrido el Inglés, autor de un *Ars scribendi epistolas*.

Ahora bien, en la Edad Moderna, que es lo que aquí nos interesa, se
produce un notable aumento de los formularios y, sobre todo, se sistemati-
za su uso en la vida pública, coincidiendo con la consolidación de las mo-
narquías, la aparición de aparatos administrativos fuertemente centraliza-
dos y decididos a controlar burocráticamente sus dominios que no sé si
llamar ya naciones. Por otra parte, en esta época, no es sólo la cancillería
real, la monarquía, la que produce (o recibe) esta clase de documentos,
también nobles y señores, o instituciones más o menos dependientes o
independientes (Inquisición, Consejo de Indias o Hacienda, virreinatos,
comunidades eclesiásticas, ayuntamientos, etc.) generan aparatos administrativos mediante los cuales implican a los particulares cuyas relaciones
con el poder o los poderes se establecen mediante textos escritos, escritos
que deben cumplir una serie de condiciones estrictas, por una parte puramente formales, que garanticen su aceptación procesal, por otra alcanzar
un nivel retórico tal que mueva el ánimo del destinatario y permita lograr
los resultados deseados. Parece claro que el elemento central de esta clase
de documentos es la solicitud de una gracia, es decir, la *petitio*. Ahora
bien, la estricta relación administrativa, como expresión de poder político
va acompañada de otras relaciones diferentes que, aun no siendo absolutamente obligatorias, de acuerdo con los preceptos legales, resultan serlo en
la práctica dentro del entramado de dependencias y conexiones propias de
una sociedad centralizada (ya no feudal) y en la que el desarrollo del comercio unido a la extensión de los dominios hace que las comunicaciones
a distancia cobren una importancia fundamental, hasta tal punto que quizá
sea uno de los elementos que sirvan para definir el nuevo orden.

Esta situación, unida a la necesidad política de exhibir prestigio como
expresión de poder no sólo económico o material, lleva a que reyes y
señores, instituciones y grupos echen mano de hombres de letras que se
ocupen y resuelvan tales asuntos. De esta manera, el papel de los secretarios se hace imprescindible: no me refiero, ahora, a los humanistas ni estrictamente a los secretarios de cartas latinas, a pesar de su enorme importancia, sino a los que cumplen labores escuetamente administrativas. No
hay que olvidar, por ejemplo, que los tratamientos (esto es, la *salutatio*)

estaban estrictamente reglamentados en los compendios legales, como se puede ver la *Nueva recopilación* (I, titulo I, Ley XVI) y *Novísima recopilación* (Libro VI, título XII). En consecuencia, quien escriba deberá plegarse a estas —y otras— exigencias legales para que su documento no sea rechazado sin haber sido siquiera leído. Pero como el problema que supone una correcta redacción no solo afecta a quienes pueden disponer de servidores que efectúen ese trabajo, sino que implica también a la baja nobleza y a los particulares, se hace necesario poner al alcance de todos normas y reglas asequibles que ayuden a redactar las cartas. La aparición de manuales de este tipo es, en sí misma, un claro testimonio de la demanda. Y no faltan tampoco los testimonios —normalmente quejas— sobre esta situación. Así, Villalón pone en boca del Maestro Oliva estas palabras:

> Desta mudança y nueva costumbre induçida en la tierra ha nasçido un gran dolor, que nuestro ser sea todo palabras sin verdad: y que nuestra buena criança consista en las grandes salutaçiones de muy adornadas y elegantes palabras de cortesias muy affectadas como veso las manos y pies de vuestra ylusstrisima señoria, soy esclavo de vuestra merçed: y otras semejantes liviandades que nuestra españa usa que corrompen e infaman nuestra buena opinión. Y hallareis que todos los que en otras provinçias escriven cartas a sus amigos y familiares con una mesma palabra escriven el titulo al rey, al duque, al marqués y a cualquier otro señor, y entre nos no sea así: mas queriendo escrivir cosa que tenemos necesidad lo dexamos de hazer porque no sabemos como se intitulara, como se porna la cortesía, si junto a la cruz o abajo, como ya la firma, y junto a ella como pornan. Asi que por no incurrir en mala criança faltando en algunas liviandades dexan de escrevir: por que si alguna destas vanidades no va a fabor del que resçibe la carta luego es tenido el que la escrive por barbaro nesçio: y dizen que no es del palaçio pues no sabe escrevir. A tanto que desde allí hasta que muera pierde el crédito por esta poquedad; aunque en otros negocios de mas sustançia haga cosas muy aventajadas.[2]

texto en el cual podemos ver también cómo la reglamentación ha invadido la carta amistosa o familiar, al tiempo que encontramos una transparente alusión a la sobriedad predicada por Erasmo en este terreno.

Hay, sin embargo, quien sólo se queja de los excesos pero está de acuerdo en la existencia y uso de tratamientos bien diferenciados, cuya exacta utilización es una marca que distingue a los pulidos cortesanos de los bárbaros ignorantes. Esto es lo que ocurre en el *Galeteo español*:

> si en la tierra donde estamos hay costumbre de dezir: —Beso las manos de vuestra merced—, y —Tengame vuesa merced por su servidor—, no hemos de esquivarnos de dezirlo, antes en lo que es saludarnos y espedirnos, y en las cartas missivas o en los villetes que nos escrivimos los devemos usar.[...] Y assi viendo esto la nobleza de cavalleros y gente calificada se han aprovechado de subirse un grado o dos más arriba para poderse diferenciar, especialmente en las cartas, de esta generación robadora de sus ilustres titulos.

---

2. *El Scholastico*, CSIC, Madrid, 1968, pág. 166. Todavía Ríos, en el *Viaje entretenido*, opina: «En tres cosas se conoce el hombre sabio o el necio, que es en saber gobernar su casa, refrenar la ira y escribir una carta»; y Gracián: «Advertid que no hay otro saber en el mundo todo como escribir una carta» (*Criticón*, II, crisi XII).

> Diré, pues a este propósito lo que aconteció a un gentilhombre cortesano, que escriviendo a un particular una carta con el titulo de «muy Magnifico Señor», que era el que le pertenecía según su estado, le respondió, paresciendole poco por no haver puesto «Ilustre», que sabía poco de cortesía pues le ponía aquel título. A lo cual replicando el cortesano con otra carta, le dexó la cortesía en blanco, diziendo: —Ponga V.m. en esse vazio la cortesía que fuere servido, que ya yo se la embio en blanco firmada de mi nombre.

y tras una serie de anécdotas al propósito, concluye, sin embargo:

> tornando pues a nuestro propósito, digo que assi como las cerimonias demasiadas se deven evitar, assi también no se han de dexar tan del todo que nos bolvamos al uso antiguo, pues parecería mal; como algunos rústicos, que querrían que los que escriven a los reyes y grandes señores, pussiesen: —Si tú y tu hijo estais buenos, bien está, también yo lo estoy—, afirmando que assí era el principio de las cartas de los philosophos latinos que escrivían al común de Roma.[3]

Entre estos dos polos teóricos, el del repulido cortesano y el de los ideales humanistas se sitúa la redacción de cartas en el Siglo de Oro. No hay que decir que, en lo público, triunfa la propuesta de Lucas Gracián Dantisco mientras en el uso privado y literario prevalece el parecer de Villalón. Pero, de cualquier manera que esto sea, son más los que protestan y se quejan por el exceso de fórmulas, como Pedro de Medina:

> *Cartas mensajeras: en qué tienen uso vano.*— Mas ya me parece que atino dónde vas. Tú, por ventura, quieres decir lo que se usa en las cartas y sobre escritos, en las cuales hay tanta libertad que no basta hacer sabios los que no lo son, mas aun magnificos y insignes y ilustres. Así que quien escribiendo hace más montón, piensa que acierta más, y aunque conozcan que yerran, quieren ser tenidos por corteses, y los que lo veen piensan que no sólo son verdaderos, mas que aun quedan cortos...[4]

y Santa Teresa: «aun para títulos de cartas ya es menester hay cátedra adonde se lea cómo se ha de hacer [...] Yo no sé en que ha de parar, porque aun no he yo cincuenta años y en lo que he vivido he visto tantas mudanzas que no sé vivir»[5]. Y, en efecto, más de uno piensa en poner cátedra como Godoy, el del *Diálogo de los pajes*: «Yo os digo, señor Guzmán, que si pensara había de aprovechar tratar, aunque a sobrepeine, algo del modo y manera de escribir y de los títulos hinchados que agora se usan».[6]

---

3. *El Galateo español*, CSIC, Madrid, 1968, pág. 134 y 135.
4. *Obras*, Madrid, 1944, *Libro de la verdad*, parte primera, diálogo XII.
5. *Vida*, 37,11. El ms. 1778 de la BNM reúne cartas desde principios del siglo XVI (aproximadamente entre la fecha de la muerte de Fernando el Católico y la época del Emperador), son de negocios, en castellano, no llevan más que el encabezamiento con el nombre de la persona a quien se dirigen, luego entran directamente en materia. M. Morreale en «El superlativo en —issimo y la versión castellana del *Cortesano*», RFE, XXXI (1955), págs. 46-60, no tiene en cuenta la influencia de los tratamientos usados en las cartas y documentos generados por la cancillería real y otros grandes señores, la epistolografía italiana (y latina), etc.
6. *Diálogo de los pajes*, Madrid, 1901, pág. 76; cfr. Figueroa, *El Pasajero*, Madrid, 1917, págs. 57 y 58, donde se atacan los formularios.

Y efectivamente, hay quien se pone a ello.

Sin duda, el caso más conocido y representativo entre los que ponen cátedra es el de Antonio de Torquemada y su *Manual de escribientes*[7] (hacia 1552), obra donde se ocupa de la letra que se ha de utilizar, ortografía, etc. y da una serie de reglas y modelos para redactar documentos oficiales: «De las provisiones hordinarias que que se usan conforme al estilo y orden de esta Illma. Casa de Benavente» (págs.121 y ss.). A este primer tratado, añade otro bien diferenciado en que trata «De las cartas que comúnmente se llaman mensageras, y de la orden y estilo que ha de aver en ellas, con muchas reglas y avisos muy provechosos para que vayan mejor acertadas». (págs.169 y ss.), aspecto del que me ocuparé al tratar de las familiares ya que en este tipo de manuales unas y otras suelen encontrarse juntas y, en ocasiones, formando un único apartado ya que si, por un lado, mantienen las fórmulas y tratamientos de las cancillerescas u oficiales, por otro, tratan de temas o asuntos de lo más variado, desde los anecdóticos y familiares hasta los administrativos.

El *Formulario* (1576) de Jerónimo Pablo de Manzanares[8] es obra menos conocida que la anterior; en ella se exponen los dos tipos de cartas que venimos viendo, lo que confirma esa distinción como básica. En el prólogo a Hieronymo Paulo, secretario de Gaspar de Quiroga, obispo de Cuenca, escribe Manzanares: «Días ha que tratando con V.m. si sería cosa que daría gusto hazer un Formulario de las provisiones que en latín y romance en estos tiempos dan los Prelados conforme alo que cerca dellas esta decretado por el sacro concilio de Trento, me respondió V.m. que no dexaria de parecer bien, y que seria muy util y provechoso, y mucho mas si al fin del, se pusiessen algunas cartas familiares, conforme ala gravedad y estilo que los prelados guardavan en las escrevir...» La primera intención de Manzanares es componer un repertorio estrictamente restringido a los usos

---

7. Sigo la útil edición de M.ª Josefa C. de Zamora y A. Zamora Vicente, Anejos del *BRAE*, Madrid, 1970. Es un texto que parece preparado para la imprenta aunque no llegara a editarse. Para la relación entre Torquemada y su Señor, recordemos lo que se dice en la *Sales españolas*: «El Conde de Benavente, aunque no es hombre sabio ni leído, ha dado, sólo por curiosidad, en hacer librería, y no ha oído decir del libro nuevo cuando le merca y le pone en su librería... (...) D. Rodrigo Pimentel, Conde de Benavente, fue un señor muy temido de sus criados», BAE, CLXXVI, Madrid, 1964, págs. 101a y 113b. Cfr. M. Herrero García «La biblioteca del Conde de Benavente», *Bibliografía hispánica*, 2 (1942).

No parece que tenga razón F. Rodríguez Marín cuando supone (*Quijote*, 1947, vol. II, pág. 206; 1, XXIII) que carta *misiva* se refiere específicamente a las amorosas; más bien parece que es la escrita deprisa y sin cuidado: «espidiose por un simple breve con sello de sera, despachado como se despacha una carta mensajera» (Sebastián de Horozco, *Relaciones históricas toledanas*, Toledo 1981, pág. 72); «Mis cartas mensajeras mal correctas» (don Juan Hurtado de Mendoza, en el *Cancionero* de Montemayor, Madrid, 1932, pág. 354) «escrivolas con tanta facilidad como cartas mensageras» (*Scholástico*, ed. cit. pág.74), etc.

8. *Formulario de las provisiones que en Latin y Romance dan los Prelados, según lo que cerca dellas esta dispuesto por el Sacro Condicio de Trento. Y de cartas familiares que ellos y qualquier Señor de titulo escriven a todo genero de personas, sobre differentes propositos, conforme al estilo de agora. Donde van añadidas otras cartas de diversas personas a otras de differentes estados con sus respuestas. Hecho recopilar por Diego Martinez, mercader de libros vezino de la villa de Alcalá de Henares.* En Medina por Francisco del Canto, MDLXXVI.

oficiales, y es la sugerencia del secretario del obispo lo que le lleva a ampliar el contenido con una segunda parte, hecho que, probablemente le fuerza —o permite— incluir un breve tratado teórico como «Prólogo al lector»[9], interesante, entre otras razones, porque da ahí una relación de autoridades en el género epistolar: Platón, Cicerón, Plinio, Seneca; San Basilio, San Agustín, San Ambrosio, San Jerónimo; Erasmo, Vives, Marino, Vitrubio, Longolio, Manucio, Bruto... que representan la división tripartita

9.   En el Prólogo a Don Gaspar de Quiroga, Obispo de Cuenca, escribe: «Como la diversidad de los ingenios, y mutabilidad de los tiempos, trayga consigo differente trato y uso de las cosas y esto sea más particular en el modo de hablar y explicar los hombres sus conceptos y escrevirlos, guardando cada uno la gravedad que el tiempo les concede usar en los estados en que viven, pareciome no ser cosa fuera de proposito, sino necessaria, hazer recopilar este uso y estilo de bien escrevir, por que aunque desto aya algunos exemplares, demas de estar tan estendidos que para hallar una cosa, de las que en ellos esta puesta, es menester no poco trabajo, son tan differentes dela forma que oy se tiene, que ya casi no sirven ni hazen el uso de agora. Y assi conforme a este se ha recopilado este Formulario de provisiones y cartas misivas, con la gravedad y estilo que las deve dar y escrevir un prelado, y por consiguiente qualquier señor de titulo, enlas que le fueren a proposito. Y añadido otras cartas de differentes personas con sus respuestas, para que de las unas y las otras, cada qual pueda tomar lo que le estuviere bien. Porque en esta recopilacion hallara el curioso lector (si desapasionadamente, y con animo de aprovecharse della la leyere) todo lo que en semejante exercicio le puede ser necessario, por tan buen orden puesto, quanto lo entendera leyendola, y preciandose deste exercicio. El qual es tan loable y honroso a la persona que le tiene, que lo muestra bien la experiencia que dello ay, y lo que ha subido, y el estado en que ha puesto alos hombres que del se han preciado. Platon en sus cartas mostro ser uno de los mas sabios de aquel tiempo. Ciceron enlas que el escrivio descubrio no solo a sus amigos, pero a todos la mayor parte de su eloquencia, y Plinio lo mucho que sabia con la comunicacion de su tio Plinio el mayor. Pues Seneca bien supo dar a entender al mundo en sus epistolas su gran prudencia. Y assi es, que donde bien muestra un hombre tener aviso en toda cosa es en las cartas que a otro escrive, y al fin es tan estimado este arte que los sanctos usaron del muchas vezes, como sant Basilio, sant Agustin, y sant Ambrosio lo muestran en sus obras. Y lo que me admira es que aviendo tan galanos y subidos ingenios en nuestra lengua Española, teniendo como en la Latina tienen preceptos y formas de bien escrevir dados por Erasmo, Vives, Marino, Vezichemo Roscio Vitrubio, Lipo Brandolino Longolio, Manucio, Ioan Michael Bruto, y otros muchos auctores, que escrivieron cartas familiares, ningun Español de los que lo podrian bien hazer, aya querido dar en su lengua para todos, luz dellos, reduziendolos al estilo del tiempo en que se hallava, sabiendo quanto engrandezca y levante la muestra deste honroso exercicio, y quan señalados le hayan tenido. Porque S. Hieronymo [...]

[...]En el qual no se le han recopilado mas provisiones en latin al curioso lector, assi por evitar prolixidad como porque por las que aqui van puestas podra sacar las demas que necessarias fueren. Enlas de romance se ha estendido la pluma, porque dellas no ay formulario alguno impreso apropiado solamente al exercicio de secretarios, ni aun de muchas delas de latin guardando como en ellas se guarda lo decretado que al proposito haze por el sacro concilio de Trento. Las cartas familiares, van breves, porque demas que segun el buen estilo, no han de ser largas ni tener afectacion, ni comparacion, ni acotacion alguna, sino compendiosas, llanas y sin philosofias: (porque estas son mas para escripturas do no solo familiar sino doctamente se pretende enseñar cosas polliticas o espirituales, que para escrivir familiarmente) llevan lo que basta para levantar un buen ingenio a que quite y ponga lo que conviniere a la materia que tratare, segun su intento, que con el modelo, aunque en rascuño facil cosa sera sacar la pintura, añadiendo, o quitando colores, usando gravedad, o no la usando. Tanpoco van aqui puestas las maneras de cortesias y acatamientos, y sobre escriptos de las cartas, porque yendo en cada una el titulo dellas ha parecido dexar lo demas ala persona que las escriviere, para que a su voluntad segun el titulo de la carta ponga la cortesia que le pareciere estar bien, conforme a su estado y ala condicion y calidad dela persona que la embiare, o ala amistad que con el tuviere. Porque dar regla de si en el acatamiento dela carta se ha de tornar a poner el titulo della, y baxo del en uno, o dos renglones besa las manos de V.m. o de V.m. su mayor o menor servidor o si se ha de quitar esto y poner solo el besamanos, o el besa se ha de poner antes, o despues del manos, o si es mas servidor de V.m. que ha servicio de V.m. o alo que V.m. me mandare que alo que V.m. mandare, o alo que a V.m. cumpliere. Que alo que señor ordenare, o poner ad mandata, o ad mandata vester y las demas cortesias que oy se usan en uno, o dos ringlones en medio, o al lado de la carta. Y si tan bien se ha de poner enlos sobre escriptos solo un señor, o si el segundo se ha de poner antes, o

canónica. Por fin, Manzanares trata de las cartas de recomendación, dudas, perdones, pleitos, negocios... pero también incluye otros tipos, como una «A un Obispo que le enbio unos pescados», o «A una señora muger de un grande que le embio unas alorcas». Luego se ocupa de cartas para remitir otras, o para dar enhorabuenas y parabienes, de casamientos, pésames, consolatorias por muertes, etc. y a propósito de las últimas ofrece un ejemplo de carta «De un amigo a otro animandole al bien morir» con la respuesta del amigo.

Ahora bien, antes de llegar a estos repertorios impresos, bien organizados y con sus justificaciones teóricas y ejemplos prácticos, hay que dar cuenta de otros escritos mucho más restringidos y, en ocasiones, elementales. Así, tenemos que lo más sencillo es un repertorio de los tratamientos que se utilizan en la correspondencia, como el m.s. 908 de la B. N. M., «Cortesias. Su formulario y tratamientos escribiendo a reyes», es una lista de títulos y dignidades con el tratamiento correspondiente. Algo más complejo es el ms. 12174, también de la B. N. M., «Formulario para Cartas de Correspondencia en todo género de Materias formado sobre las que escrivieron los principales señores ministros y generales de exercito.», consiste en la recopilación de una serie de cartas para que sirvan de modelo; así, por ejemplo encontramos «Cartas para pedir favor en negocios y pretensiones propias y encomendar también las agenas con sus respuestas» (folio 74), «Misivas de todo género de buenos sucesos y parabienes dellos con sus respuestas» (folio 128), «Cartas de pesames y avisos de malos sucessos con sus respuestas» (folio 184), «Cartas para dar gracias de favores y presentes recibidos y para hazer unos y otros» (folio 216), «Cartas para dar aviso de tratados de Casamientos, Pedir licencia y parecer para concluyrlos, dar parabienes de los efectuados con sus respuestas» (folio 234), «También para dar aviso de preñados de muger y nacimientos de hijos con sus parabienes y respuestas», «Para dar avisos de abortos de muger y muertes de hixos con sus pesames y respuestas», etc. hasta el folio 473 a partir del cual se reunen finales y despedidas de cartas de todo género. El *Formulario* acoge los temas canónicos de cualquier repertorio para necesidades sociales cortesanas, lo cual hace que queden marginadas las cartas humanísticas, incluidas las familiares. Semejante al anterior es el ms. 3824 de la B. N. M.: «Están en este libro muchas cartas originales, y traslados de otras, del emperador Maximiliano, y del Rey don Phelippe nuestro Señor,

despues diziendo el señor, o mi señor o si se porna el nombre dela persona a quien se escrive, o solo el ditado. Demas que seria cosa muy larga querer particularizar esto, y que al cabo no se haria nada, no se si ternia no solo por atrevimiento, por cosa de poco aviso porque ningun otro se puede dar mas cierto de que conforme al titulo superioridad, o ygualdad, estado, amistad y familiaridad y condicion delos que se escriven, se guarde el uso, que es el maestro destas cosas, y no tan escondido que todos no le sepan, especial los secretarios que pretenden hazer este exercicio para quien principal mente se ha hecho esta recopilacion y para los demas que della se aprovechar quisieren, que si no fuere recebida de todos, sucederle ha a ella lo que a las demas obras, que no por falta suya, sino por la del lector lo hazen chaças, por no conocer el juego, ni saber quando se ha de echar por alto ò por baxo».

y de muchos y grandes Príncipes y Señores Cardenales, Arzobispos y Obispos, Duques, Condes, Marqueses, y otras personas de mucho valor, letras, aviso y discreción como podrás ver por la siguiente tabla. Recogidas por Francisco de Hermosilla secretario del Ilmo. S.D.P. de Zúñiga y Avellaneda...», se trata de una colección de cartas escritas, en efecto, por diversidad de manos, fechadas desde mediados de siglo en adelante, cuya utilidad se basa en el hecho de que el buen secretario Hermosilla ha ido señalando ya en la tabla el asunto o tipo de carta, v. gr.: «Arzobispo de Sanctiago-365, consuelo»; las hay de *Fabor, intercesión, fabor y bisita, en horabuena, consuelo*, etc.

Lo mismo encontramos en la colección reunida en el ms. de la B. N. M. 10450[10], volumen que acoge, copiadas por una misma mano, cartas de fines del XVI y principios del XVII. En el encabezamiento, llevan la indicación o guía del tipo de carta, por ejemplo: «El Duque de Monteleón. Al de Saboya en agradecimiento y cumplimiento»; cuando no es así, la clase de carta va señalada directamente sobre el comienzo o al margen: *norabuena, parabién, cumplimiento*, etc. Algunas misivas incluyen la respuesta. Tanto las de este manuscrito como las de los anteriores, en general, entran en materia directamente, sin mayores complicaciones retóricas.

Más aspiraciones tiene la obra de Pedro Juan Núñez, encuadernada en el ms. 9227 de la B. N. M. junto a una copia de las *Guerras de Granada* de Pulgar, lo que no deja de tener sentido. La obra de Núñez lleva este encabezamiento: «Formulae illustrires ad praecipua genera epistolarum conscribenda. Simul cum praeceptis quibus fere uti solet M. T. Cicero.» (folios 97-167), realizado por «Petro Joanne, Nunnesio, Politioris Literature in Barchinonensi et valentina Universitatibus. Iuso Regis Catholici Primario profesore.» Núñez señala, en latín, diez preceptos y, en cada uno de ellos, da un texto en latín que traduce, y una amplia serie de ejemplos en romance, de manera que si la teoría se expone en la lengua clásica la práctica se ofrece en vulgar, así: «Prima est, qua doces te multum debere ei homini quem commendas, ut, hoc homine utor valde familiariter. Yo tengo grande amistad con este hombre»... De esta manera, va avanzando en la exposición, de la que doy sólo el inicio de las partes, es decir el principio general, o regla abstracta, y un ejemplo o fórmula de los muchísimos que Núñez enumera: «Secunda praeceptia que declares dignum esse cum hominem eius amicitia ad quem scribis. Ut est vir tum bonus tum perhumanus. Es un hombre de bien muy humano...», «Tertia, narratio, ut is habet negotium in tua provintia. Este hombre tiene un negocio en su provincia», «Quarta petitio. Ut Peto a et, ut hunc hominem in tuam clientelam recipias.

---

10. Se trata de un volumen fáctico de carácter misceláneo donde, entre otras cosas, aparece una «Instruccion del Conde de Portalegre a su hijo sobre como se ha de governar en su mocedad y en la corte». (fols. 23 v°-38v°).

Yo te suplico que recojas a este hombre debaxo tu amparo», «Quinta obstestatio. Ut Proveretis intus nos necesitudini. Por la antigua amistad que entre nosotros hay», «Sexta, extenuatio petitionis...», «Septima commendatio...», «Octava promissio», «Nona fitudia», «Ultima significatio voluptatis». Continúa después, con el mismo sistema, exponiendo otras reglas, divisiones, etc.

Sin duda, estos manuscritos no son más que una muestra mínima de los que realmente debieron existir; supongo que de la misma manera que los escolares elaboraban sus propias colecciones de sentencias y lugares, los secretarios irían haciendo, con mejor o peor fortuna, sus propios formularios para que sirvieran de inspiración o guía venido el caso. La aparición de reflexiones teóricas o de exposiciones retóricas en los manuscritos parece indicar un empeño divulgativo por parte de los autores o recopiladores. En cualquier caso, la existencia generalizada de este tipo de formularios particulares indica la decidida tendencia hacia la formalización de las epístolas que en la época de Felipe III, a la que pertenece Núñez, se redactan de acuerdo con unas reglas y divisiones estrictas, muy lejos de la libertad humanista, como veremos. Pero, por otra parte, habrá que estudiar las cartas, ficticias o no, literarias u oficiales, teniendo a la vista estos repertorios, manuscritos o impresos: la espontaneidad de billetes, cartas misivas, etc. debería ser siempre objeto de duda o sospecha.

Los secretarios, profesionales de las letras, pueden recopilar por su cuenta los repertorios de cartas y formularios o tratamientos. Sin embargo, los particulares no muy avezados se encuentran mucho más desasistidos cuando se ven en la obligación de establecer relaciones por escrito, cartas o instancias. Como señalé arriba, ese tipo de relaciones se hacen cada día más necesarias, llegan a ser imprescindibles, y para cubrir la demanda se editan obras que proporcionan guías a los particulares o a los dómines encargados de enseñar las letras. Estos impresos —que ya no, lógicamente manuscritos—, van dirigidos a profesionales de la péñola, a oficiales administrativos de poca monta y se ocupan de todo, desde el principio, empezando por lo más elemental, esto con independencia del nivel que alcancen en la elaboración de estos rudimentos que, en ocasiones, resultan excelentes como ocurre con el *Arte Subtilissima por la qual se enseña a escrevir perfectamente. Hecho y experimentado, y agora de nuevo añadido por Juan de Yciar Vizcayno. Imprimiose en Çaragoça en casa de Pedro Bernuz. Año MDL.* En este libro, tras unas consideraciones generales sobre las artes y su aprendizaje, Yciar trata de los diferentes tipos de letra (cancelleresca, cancelleresca formada, llana, bastarda, cruesa romana... aragonesa, etc.), explica cómo se trazan los caracteres de acuerdo con la geometría de Durero y continúa después discurriendo sobre la materialidad de esta arte subtilísima; se ocupa «De los instrumentos necesarios al buen escrivano», «Recepta de tinta para papel», del pergamino como se ha de cortar la pluma, «cómo la péñola se ha de tener en la mano, y menear escriviendo», etc.

Otro vizcaíno, como corresponde, discípulo de Yciar y profesor en la Universidad de Valencia, escribe un *Libro subtilissimo intitulado honra de escrivanos. Compuesto y experimentado por Pedro de Madariaga Vizcayno* (Valencia, Juan de Mey, 1565)[11]. Del mismo año es la obra de Lorenzo de Niebla, *Suma de estilo de Escribanos y de herencias y particiones y escripturas y avisos de Jueces* (Sevilla, Pedro Martínez de Bañares, 1565). Este libro, lo mismo que los anteriores, se ocupa —como se dice ya desde el título— de los aspectos procesales, administrativos, más que de epístolas o misivas literarias; algo semejante tenemos en la obra de Francisco Lucas, *Arte de escrevir*, Madrid, 1577. Pero lo uno no está lejos de lo otro, según vimos al principio, escribanos y secretarios desempeñan el mismo tipo de actividad y aun conectan con la epistolografía literaria.

Buen ejemplo de lo dicho es el caso de Juan de Yciar quien, además del señalado arriba, edita otro manual titulado *Estilo de escribir cartas* (Zaragoza, Agustín Millán, 1552)[12]. Esta obra tuvo una difusión extraordinaria[13]; en ella, tras los inevitables encabezamientos[14] y ejemplos de cartas de recomendación, agradecimiento, etc., aparecen algunas de tipo «familiar»[15] o humanístico, como estas: «A un amigo que se espera y tarda en venir», «A un amigo comunicandole el desatiento que es el pleytear para quien de su natural no es reboltoso», «De un señor a un cavallero muy

11.   El autor advierte: «Va el presente libro dividido en tres partes. La primera contiene siete Diálogos o coloquios en alabança de la buena pluma, y declarando la necessidad que todos tienen de saber escrivir. La segunda parte lleva una arte brevíssima, por la qual cada uno puede salir buen escrivano en menos de dos meses sin materias y sin maestro. En la tercera parte se da arte de Orthografia, para escrivir verdadero en qualquier lenguaje». Y en el prólogo, amén de otras consideraciones, escribe lo siguiente: «Pues Aristóteles dio arte para la Dialectica y Philosophia, Cicerón y Quintiliano para la Rhetorica, Euclides para las Mathematicas, Antonio de Nebrissa y otros muchos para la Grammatica; y al fin en todas las sciencias huvo quien se acordasse dellas con arte y méthodo. Solo esta excellentissima facultad de la pluma vi desechada en un rincon fuera de las artes liberales, y casi puesta ya en desesperación por la gran difficultad que se offrecía a todos de alcançar la sin arte...» Entre otros aspectos, dedica epígrafes a temas más o menos interesantes y pintorescos, como éstos: «Adam sabía escrivir»; «Cavallero descabeçado por no saber escrivir»; «Christo honró la pluma»; «Que todas las letras del mundo salen del triángulo»; «De la orthografía en lengua Vizcayna, lengua que proviene del Caldeo y es la que hablaba Adán; el autor se queja de que, a pesar de este nobilísimo origen, los vascos no la escriban», etc.

12.   BNM, R. 2178, ejemplar igual al catalogado bajo el título *Nuevo estilo de escribir cartas mensajeras* (R. 31491)

13.   En la BNM encontramos varios ejemplares: R. 2178; R. 9074; R. 7354; R. 100-107; R. 8611, etc.

14.   Encabezamientos que da, aunque advierta: «Porque en todas las cosas el buen principio es una de las partes mas necessarias, parece que seria a proposito donde se dan enxemplos de cartas para bien escrivir poner los principios dellas quanto a la cortesia sin la qual todo lo otro se haze desabrido aunque este lleno de aviso y dulçura y para esto havian se de poner los titulos de menor a mayor y de entre yguales y de mayor a menor por sus grados. Mas dexa el author de hazer esto porque en otros libros esta hecho y de cada dia muda el tiempo en esto de las costumbres y tambien cada uno estrecha o alarga la licencia a su opinion. Y si esta escripto lo contrario o tienen por falto al que lo haze o por necio al que escrive dello y por esso no se pondran aqui sino algunas generalidades de las quales el que bien quisiera entenderlo sacara en particular el parecer del author para si quisiere seguirlo o escusarlo».

15.   Dice el autor: «Me esforcé a sacar a la luz este librillo que es como un dechado de cartas familiares» (11).

familiar suyo con quien comunica como quiere asentar casa a su hijo», «Respuesta a la replica en que trata de las calidades que han de tener los officiales de la casa de un señor y de otros officiales que no se usan y seran necesarios»[16], etc. Pero, sobre todo, me parece interesante —por el tema de que se trata, y el rechazo a ocuparse de él— este caso: «A un amigo que le rogó le ordenase una carta de amores y el la comiença y no la quiso acabar»: es la gran tentación en este tipo de repertorios, tentación que, como era de esperar, rechazan explícita y directamente, los humanistas.

Por otra parte, Yciar continúa el sistema de los debates medievales en un conjunto de cartas seriadas y enfrentadas, «Ynvencion de escrivirse: el cuerpo con el alma», donde retoma el conocido tema (ya tratado en la *Disputa*, la *Revelación*, el Diálogo entre la carne y el alma (1588) de Romero de Leper, el soneto que figura en el *Cancionero* de C. Borges, —Braga 1979, pág. 157—, el *Pleito matrimonial*) y, con un cierto tono cancioneril, anuncia la posibilidad de organizar un proceso de cartas, un argumento continuado.

En fin, el autor muestra sus conocimientos y el nuevo nivel en el que se sitúa su obra en la carta «De un amigo del author al lector», en la que teoriza y expone su opinión sobre la retórica:

> Porque las cosas que de nuevo salen a la luz estan sujetas a diversos juyzios. A los que son curiosos de hazellos se suplica con todo el comedimiento que puede consideren que el author destas cartas mensajeras y familiares no ignora que en materias graves y seguidas se ha de guardar la orden que los escriptores antiguos y aun los modernos que bien an escrito llevan en sus obras que es darles lustre con sentencias de muy graves y doctos varones triados [*sic*, por *traidos*] a su proposito y puestas decentemente para authorizar y confirmar la razon de lo que escriven. Y assi mismo con graves y memorables enxemplos que puestos en su lugar dan authoridad a la obra y imprimen mejor en el animo del lector lo que en ella se pretende y con otras partes de rethorica que para mover afectos son necessarias y adornan segun el genero en que se escrive deliberativo o demostrativo o judicial. Mas no le pareció que este genero de escrevir familiar cabia usar de las partes de rethorica tan de proposito ni por terminos tan graves como se haria en una o en muchas oraciones para persuadir o disuadir algo o conducir algun proposito porque este genero de cartas dize se que es un trato y conversacion con los ausentes y en la buena conversacion (aun que no esta mal traer alguna sentencia) quando se ofrece tal sobre la materia de que se trata. Pero mas delicada cosa es dèzir lo que resulta de las sentencias que hazer officio de dezirlas. Porque lo uno solo es hazer officio de obras muertas que dan solamente lo que reciben y lo otro de entendimientos bivos. Que de lo que se acoge en ellos sacan otros nuevos conceptos y designios que hazen razon y razones por si y no estan atendidos siempre a las que hallaron los otros. Como el buen musico que despues de haver fatigado su ingenio en tañer obras compuestas y hondas da en tañer de fantasia y no es menos dulce de oyr. Y assi las razones bivas y bien dichas que fallen de una y de a general

---

16. Cfr. antes; cómo los tratados de cartas se relacionan con frecuencia con otros temas educativos, domésticos. Unas y otros entran en la preocupación pedagógica del Renacimiento.

que queda en el buen entendimiento de las que ha o leydo o oydo de grandes hombres son mas aplazibles y mas de buen juizio que lo otro solo es ser fiel relator quanto a los exemplos no ay que tratar porque en cartas mensageras muy pocas vezes o ninguna quadran las otras partes de rethorica en este genero de escrivir tampoco se sufre tratar a la descubierta y solapadas hallarlas han en cada carta quien bien las quisiere o supiere notar. Que sino las huviesse no serian las cartas tan eficazes que las consolatorias parece que obligan a quedar consolado y por consiguiente las de otras materias concluyen muy bien lo que se proponen. Demanera que endonde ay razones tan bivas que tengan vez de sentencias y artificio no falta aunque va secreto y el estillo es excelente no se que haya mas que pidir al author. Especialmente que en esta compostura mas se precia de lo natural que del arte y tambien como sea respecto al provecho de los que quisieren aprender que para esse fin se han hecho respuestas a todas las cartas por que los que quisieren requerir y los requeridos tengan materia en que aprender para este fin claro esta que si las cartas fueran mas fundadas y con mayor estudio y artificio escriptas los que poco saben desesperaran de poderlas imitar y perdierase este provecho y en estas hallarle han y aun los bien avisados tendran que gustar y en que exercitarse ya que no se llame aprender. Porque es el estilo muy dulce y sustancial y tiene muchos colores rethoricos aunque secretos y esta adornado de muchas metaphoras y similes que son muy principal parte del bien hablar. Por lo qual se suplica al begnino [sic] lector lo sea en recebir el trabajo y buena voluntad del author.

En esta interesante advertencia, encontramos expuesta la teoría canónica de la epístola renacentista: el nivel que le corresponde (dada su proximidad con el diálogo), la libertad y ausencia de normas explícitas y apoyos retóricos, la (in)dependencia progresiva de modelos y autoridades... En una palabra, la creación viva más que la repetición tal cual.

De otro tipo es el interés que suscita el *Primer libro de cartas mensageras, en estilo Cortesano, para diversos fines y propósitos con los títulos y cortesias que se usan en todos los estados. Compuesto por Gaspar de Texeda*, impreso en Valladolid, 1553, aunque la aprobación va firmada por Francisco Ledesma en Valladolid, 7 de Octubre de 1549, fecha que debe de ser la de la primera impresión pues advierte el autor: «Este libro sale agora más enmendado porque su dueño tuvo lugar de trastejar sus faltas, y las de la segunda impresión»; la del 53 es, en consecuencia, la tercera impresión. El *Segundo libro de cartas mensageras, en estilo Cortesano, a infinitos propósitos. Con las diferencias de cortesías y sobre escriptos que se usan* lleva el Privilegio en Cigales a 10 de Octubre de 1549, y el colofón en Valladolid, Sebastián Martínez, 1552. Parece un ejemplar contrahecho; en el texto se excusa por haber tardado tanto en publicar este segundo volumen (y amenaza con un tercero).

Frente a la independencia de Yciar, quien escribe desde su libertad de hombre de letras, Texeda es un secretario y, como le ocurría a Torquemada, depende de un señor. Es este hecho, quizá, lo que le lleva a extenderse más en los tratamientos y cortesías; también puede explicar que conciba su quehacer en relación explícita con el Señor, como cuando dice: el buen Secretario, «Fiel, diligente y experimentado», «A de preciarse de conservar la auctoridad de su amo con estilo grave y amoroso, mezclandolo de manera que sea sobroso para todos los gustos. Como lo podra hazer el que supiere seguirse por la condicion, prudencia y providencia del señor: contrahaciendole su manera de hablar proceder y negociar para que las cartas que no parezcan de palabras agenas,...»[17]

El *Primer libro* contiene 360 cartas; entre ellas, son muy abundantes las de amores, precisamente las que Yciar se negaba a escribir por cuenta de un amigo. Entre las obligaciones de un secretario, sin duda, está esa redacción de cartas y billetes.

El carácter de esas cartas amorosas guarda muy estrecha relación con las que se incluyen en las novelas sentimentales y géneros afines. Es reveladora, en este sentido, esta carta: «De un cavallero moço en poder de

---

17. Y continúa:

«Han de ser adornadas con el estilo cortesano enemigo de la proxilidad y bastardia de vocablos agenos: aviendo los en esta lengua tan dulces, copiosos, graciosos y legitimos como en qualquiera delas mejores del mundo. Aunque me perdonen la Italiana Francesa, con todo lo que presumen de competir con la nuestra.

Yran todo genero de cartas de unos a otros, para diferentes propositos segun quien escrive, y a quien, y sobre que negocio, como lo aprendi de un gran señor con quien me crie: que hordenava por mi mano lo que no queria que fuesse por la del secretario, aunque los tenia muy buenos.

Y si mis cartas no pudieren aprovechar justamente para lo que cada uno las oviere menester, por ser tan imposible hazellas venir a qualquier talle de lo que esta por nacer, no puede dexar de servir con las invenciones y maneras de dezir una misma cosa, por diferentes caminos. Y con la variedad de las materias, y el arte de disponellas a proposito que se entiendan sin rodeos, como los que hazen los que despues de gastado mucho papel en sus negocios, y quitado la honra donde piensan que la hazen, se queda por dezir lo que quieren, Assi que para esto y para gozar de la dulçura de los vocablos y romance cortesano, breve y compendioso, que siempre fue muy loado, parece que naturalmente holgara cada uno de vello pintado en este papel, alo menos tan digesto y apurado que se conozca lo que me cuesta traello tan a proposito de los que son amigos del saber de rayz las cosas que hazen mas illustres las personas, y los officios».

En el *prólogo del Segundo libro de cartas mensageras*, escribe:

«Dizen que en una carta mas que en ninguna otra demostracion, vemos el retrato de lo que alcança el que la escrive. Y por eso parece que este officio de escrevirlas no basta saberse razonablemente, pues a de ser verdadero testimonio del origen de donde sale. Viendo esto querria tener la lengua y la pluma de fuego para quemar un vicio que anda muy recebido especialmente donde le maman en la leche, quiero ponelle en la plaça porque se averguence del mayor herror que se puede cometer en arte de bien escrevir. En el proceso de la carta pone el / le / haga / vea / su / cada cosa destas sin nenguna merced aunque se le deve al que escrive. Y para mayor declaracion del resabio es assi. Que en lugar de dezir: haga v.m. lo que le parecire dizen haga el lo que le pareciere, y donde avia de dezir fulano hijo de v.m. escriven fulano su hijo. Y por dezir el negocio de v.m. dizen su negocio, etc. y deste juez otras cosas que no tienen otro nombre si no una gentil discrecion de mala criança, que bien sabemos que entre vos y v.m. ay un el / le / vea / haga / provea, etc. Que esta muy bien dicho a quien no se le puede dezir merced, mas a quien se le dice dozientas mercedes para que le ponen la otra mezcla de sayal cabo tercio pelo carmesi; yo ternia por mejor que en lugar de aquello pusiessen buenos voses redondos a boca llena, porque en ley de buena criança esto es mayor cortesia que la que se haze de palabras enfermas y afeminadas pues que a Principes y Reyes se escrive vos y lo de mas como palabras amorosas e interiores que representan mucha cosa y con ellas no se les quita punto de acatamiento que se les deve, maxime quando se saben poner en buen lugar. Querria que aprovechase avello descubierto tan desbocadamente, aunque lo tengo por imposible, a lo menos en gente amigos de su parecer y que se huelgan de pasar adelante lo que llevan mal començado». Es, una vez más, el tema de los tratamientos, que continúa en «Lo que se usa en titulos y sobre escriptos» donde, además de ejemplos, hay algunos comentarios.

un rey estraño a su muger estando sentenciado a degollar. Y despidiendo
se della con estos renglones desde el cadahalso»[18], situación poco frecuente
en la vida cotidiana. Pero, exceptuando este caso, el resto de las cartas
amorosas no ofrecen mayores novedades, ni en temas ni en estilo, respecto
a lo que se usa en las llamadas artes de amores. Doy unos ejemplos que
me parecen significativos:

> Amorosa a una señora que escrivio que no la significasen.
> Señora. En viendo la carta de v.m. vila causa de mi perdicion tan armada contra
> mi que no se para que se escrivio tan elegante manera de matar, y no matar el
> bravo fuego que ma abrasa sino de encendelle mucho mas. Pues decirme que me
> quite de quereros no es mas ni menos de mandar a los montes que se baxen a lo
> llano siendo tan dificil de hazer lo uno como lo otro aunque lo saben hazer mas
> ligero las palabras y la dulçura de la carta. Y no siendo vitoria perseguir al afligi-
> do, no se como se muestran las poderosas fuerças de v.m. contra el que no puede
> resistillas, no ganandose honrra de vencer al que no tiene con que se defienda...
> (fol.CXXX).

Y, como corresponde al papel activo que las mujeres juegan en este
tipo de obras, tampoco faltan las iniciativas femeninas:

> Amorosa de una donzella mal herida.
> Ay de mi triste mezquina que la que no resiste a los primeros combates de las
> debiles fuerças del amor pagalo muy a la larga, y tarde halla remedio para su mal,
> y es tan terrible y descomedido este niño ciego y sin razon, que en este caso
> despedaça qualquier freno de azero, de honestidad, o de diamante que sea, y a mi
> por mi desdicha primero me hirio que pudiesse resistille. De suerte que aunque
> dizen que es prontissimo el ingenio de las mugeres nunca puede valerme del mio
> por ser mas terrible la fuerça del fuego cerrado que la del que le dan lugar por
> donde salga: hasta que de muchos que me combatieron, solo vos llevastes la gloria
> y la vitoria de todo mi thesoro. Thesoro mio venid vinid que estoy herida de un
> dolor que no lleva otro remedio su braveza y qualquier muger que oviere provado
> esta bebida tan amarga sera rendida sin poderse valer del valor donde esta su
> fortaleza y ansi como es dificultosa de tener escondida la brasa en los pechos assi
> nunca dexare de tener quexa de mis ojos de la hora que vieron su perdicion y me

---

18.   El texto reza así: «*Señora*. Creedme que me tuviera por bien aventurado sino me lastimara
vuestra pena mas que la mia, ni mi muerte, la qual siendo tan cierta para todos, parece que puede
ser alivio, tomalla por lo que yo la recibo. Quisiera tener espacio para serviros en escrevir algunas
cosas en vuestro consuelo, mas ni me la dan a mi, ni querria mas dilacion en recebir la corona que
reciben los que desta manera sirven a sus principes. Y vos señora llorareys vuestra desdicha y no mi
muerte, porque siendo tan justa, no deve ser llorada de nadie. No tengo que dexar en vuestras manos
sino el alma, hazed con ella como con la cosa que mas os quiso. Y no escrivo a fulano mi señor
acordandome que aunque soy su hijo en osar perder la vida no lo he podido ser en la ventura, que
es la cosa del mundo que mas podra lastimalle. No quiero dilatarme mas por no detener al verdugo,
y porque no aya sospechas de mi que alargo la carta por alargarme la vida, pues que fulano mi criado
como testigo de vista de lo secreto de mi voluntad dira lo demas que dexo de dezir. Y ansi acabo con
que en dexando la pluma de la mano haran su oficio los filos del cuchillo de vuestro dolor y mi
descanso».
      Los secretarios ya sirven para escribir cartas amorosas... como hará Lope de Vega. Vid. A.
González de Amezúa, *Lope de Vega en sus cartas*, Madrid, 1935.

truxeron a tiempo que ningun peligro tengo tan grande como dexar de veros y ansi os suplico que recebida esta, partays a tomar la possession de las llaves y fortazeza [sic] que nunca pudo ser tomada por hambre ni por guerra ni por otro nengun ingenio de quantos intentaron para ello, hasta que el amor le puso un fuego que no se matara sino con veros. (fol. CXXX).

De una donzella traçando de casarse con uno que la siguio mucho tiempo. (fol. CXXX, V.)

Amorosa respuesta de un galan que le escrivio una donzella que queria casarse con el. (fol. CXXXII).

De una señora bien casada y perseguida. (fol. CXXXIV).

De una dama quexandose de la ingratitud de uno. (fol. CXLII).

Amorosa de una señora, respondiendo a una carta enque dezian muchos regalos y consuelos en una partida. (fol. CXXXII), etc.

Como se ve, lo imprescindible para la vida.

Una vez llegados a este tipo de cartas, nos encontramos ante una gran variedad de temas y estilos, desde las administrativas, cancilleresas y sociales, hasta las familiares y amorosas. Esto supone que los manuales han invadido el ámbito de lo (eventualmente) privado pues proporcionan modelos y normas para las relaciones entre particulares. Esto nos obliga a replantearnos el tema y ocuparnos de otro tipo de cartas que, a la postre, confluirán con las que hemos estado viendo.

El aprendizaje escolar en la Edad Media incluía, entre los ejercicios retóricos, la redacción de cartas ficticias dirigidas a personajes célebres, o que se suponen escritas por ellos. Sin necesidad de remontarnos a la antigüedad griega, el modelo más frecuente son las *Heroidas* de Ovidio, lo cual da lugar también a la composición de series de cartas en verso, de temática amorosa o no. Pero lo que me interesa resaltar ahora es la epístola que sirve para caracterizar a un personaje, a un tipo social o a un individuo específico, la que corresponde a la *sermocinatio*. En estas cartas, se busca, fundamentalmente, la coherencia entre el supuesto autor y el texto que se le atribuye, esto es, la verosimilitud y el decoro como ejercicios retóricos. En este sentido, la carta cumple una función semejante a la que desempeñan los discursos ficticios que los historiadores —siguiendo a Tácito— ponen en boca de los personajes. Este recurso será utilizado, entre otros, por Pero López de Ayala que, en ocasiones, también utiliza las cartas para el mismo fin, «principalmente para expresar la aprobación o desaprobación de ciertas medidas políticas»[19]. A este respecto, son revela-

19. Vid. R. B. Tate, *Ensayos sobre la historiografía peninsular del s. XV*. Gredos, Madrid, 1970, pág. 51; vid. además, págs. 230-231. En otro lugar, hablando de la *Historia de los Reyes Católicos* de Andrés Bernáldez, señala que este cronista «inserta una carta de Pulgar dirigida al Rey de Portugal con el objeto de disuadirle de su invasión de Castilla. Esta misma carta aparece no sólo en las dos versiones conocidas de la crónica de Pulgar, sino también en la colección impresa de sus cartas, y no siempre atribuida al mismo hablante. Además, Bernáldez, en su crónica, añade un comentario sobre el puesto de cronista oficial donde se nota explícitamente la asociación del papel de secretario con el del historiador». («El cronista real castellano durante el siglo XV», conferencia pronunciada en 1984 en Dpto. de Literatura Española de la UAM).

doras las conexiones que establece Agustín Redondo: «los historiadores antiguos (Tito Livio, Suetonio, etc.) y los cronicones anteriores a Guevara (Ayala, Hernando del Pulgar) intercalaban en sus narraciones numerosos discursos ficticios. Se había hecho una verdadera norma del género, y Guevara había hecho lo mismo que ellos en su crónica. La epístola ha jugado un papel semejante ya que ha sido considerada, en este caso, como un verdadero discurso escrito y hemos, en efecto, estudiado antes la inserción de un cierto número de estas cartas en la obra histórica del franciscano. Fray Antonio va a utilizar una técnica semejante en la obra seudohistórica que es el *Marco Aurelio*. Por eso, al lado de los *razonamientos*, las cartas van a aparecer desde el principio del *Libro áureo*. Así el capítulo I contiene una carta de Marco Aurelio a su amigo Pollion, lo mismo que el capítulo III, etc.»[20]

Es la aproximación funcional entre *epístola* y *oratio* que ya en las retóricas clásicas se componían según las mismas reglas. Pero Redondo también ha señalado las conexiones que se establecen entre la obra de Guevara y la Novela Sentimental: «Guevara buscó un modelo y lo encontró en el *Tratado de Arnalte y Lucenda* que Alonso de Melgar había publicado en Burgos en 1522»[21]. De manera que las cartas amorosas a Macrina o Libia, que en Guevara presenta como escritas por Marco Aurelio, responden a la misma finalidad que las cartas, también amorosas, incluidas en las novelas sentimentales: sirven —con independencia de la función interna que cumplen en la novela— para proporcionar modelos epistolares, cosa que ya había sucedido con la traducción francesa del *Amadís* y con la francesa e inglesa del *Arnalte*, como recuerdan Whinnom[22] y Redondo.

Sin entrar ahora en la polémica sobre Guevara[23], da la impresión de que Fray Antonio está empeñado en exhibir una cultura humanística que no posee y, sobre todo, está decidido a integrarse y hacerse imprescindible en la Corte mediante el procedimiento de poner al alcance de galanes y damas, sin esfuerzo alguno para ellos, adaptando a las necesidades y conveniencias de sus clientes las nuevas ideas que recorren Europa. Y si el franciscano escribe unas *Epístolas familiares*, humanistas a su peculiar

20. Augustin Redondo, *Guevara et l'Espagne de son temps*, Droz, Ginebra, 1976, pág. 484.
21. Op. cit., págs. 494-495.
22. Diego de San Pedro, *Obras completas* III, ed. D. S. Severin y K. Whinnom, Castalia, Madrid, 1979, pág. 54. Refiriéndose al Arnalte, Whinnom señala: «Por razones que no expondré en detalle aquí, creo que había pensado escribir una novela puramente epistolar; aunque no hay más de cinco cartas en el *Arnalte*, describe la novela en el Desprecio de la *Fortuna*, medio avergonzado pero medio orgulloso, como "aquellas cartas de amores escritas de dos en dos". Se dio cuenta tarde de que había encontrado una forma que sí gustaba». (*Id*. pág. 81). Sobre el influjo de las *Heroidas*, ver la edición y prólogo del *Bursario* realizada por Pilar Saquero y Tomás González Rolán (Madrid, 1984). Cartas, las hay en todas las obras cortesanas, sean caballerescas o sentimentales, desde el *Curial e Guelfa* hasta el *Triunfo de amor*, de Juan de Flores, cuyo prólogo o dedicatoria es una «Carta de J. de F. para las enamoradas dueñas», donde aparece un eco ciceroniano, un tanto contrahecho: «no me atrevo a escribir en presencia». Las cartas se encuentran también en otro tipo de obras, como, por ejemplo, el *Oracional*, en el que Cartagena, por otra parte, advierte: «E por esto en el comienzo de las solepnes fablas o epistolas los que las fazen suelen loar a aquellos a quien se endereçan» (ed. Silvia González Quevedo, Valencia, 1983, pág. 125; cfr. págs. 46, 48, 108, etc.).
23. Vid. Asunción Rallo, *Antonio de Guevara en su contexto renacentista*, Planeta, Madrid, 1979, y el artículo de F. Lázaro Carreter incluido en este mismo volumen.

manera, el hábito que viste no le permite, sin embargo, incluir modelos o ejemplo de cartas amorosas. En el *Marco Aurelio*, obra en la que convierte al filósofo en un caballero castellano de los que leen a Guevara (esperando, sin duda, que se produzca la gratificante identificación inversa) ofrece a los enamorados cortesanos patrones sobre los que cortar sus propias epístolas amorosas.

En cualquier caso, mucho antes de que apareciera el *Primer libro* de Texada, el *Amadís*, las novelas sentimentales o el *Marco Aurelio* de Guevara proporcionaban ya modelos de cartas de amores. Es, sin duda, el elemento subjetivo y personal de las cartas en la nueva cultura sentimental, individualista, lo que las hace especialmente aptas para expresar el nuevo tipo de relaciones amorosas que vienen desarrollándose, en España, desde finales del siglo XV, en cuanto establecen una relación privada. Esto, unido a las condiciones objetivas del XVI, explica que las cartas amorosas pronto se independicen del soporte en el que, en cierto modo, estaban disimuladas, aunque conserven el tono y carácter de las sentimentales como lo conserva las de Texeda. Así aparece el pliego de cordel, hace años reeditados en facsímil por López Estrada, «Cartas y coplas para requerir nuevos amores»[24]. El ejemplar reproducido por López Estrada (BNM, R. 2261) lleva fecha de 1535; A. Redondo, sin embargo, supone que pudo aparecer en 1522, pues él ha «manejado el ejemplar que, en la BNP, va unido a otras obras de amor, como el *Tratado de Arnalte y Lucenda* y la *Cárcel de amor*, publicadas en 1522. Este ejemplar no lleva ninguna indicación de lugar, fecha o impresor. Que el pliego, es sin duda, anterior a 1535 lo demuestra el *Registrum* de la biblioteca de Fernando Colón: «4.085. Cartas y coplas para requerir de amores, en español. Las cartas son seis; la primera: L. "Si por escribiros v.m.". La última: D «y con este fin acabo". Las coplas: I "La carta lleva consigo". D "Quien solo veros cobró". Item se siguen unos loores a una dama: L "Los altos merecimientos". Es en 4 °.—Costó en Medina del Campo 3 blancas, a 23 de Noviembre de 1524»[25]; de manera que si no es del 22, como supone Redondo, cerca le anda. De cualquier forma que esto sea, no deja de ser significativo el hecho de que estas cartas aparezcan en un pliego de cordel, la forma más popular y manejable de impreso, que el pliego vaya en la compañía en que aparece en la BNP y agrupe cartas y coplas: sin duda los enamorados siguen los consejos de Ovidio y de Juan Ruiz.

Otra manera en que las cartas amorosas se independizan del marco narrativo es formando un ámbito propio y exclusivo, me refiero a las series argumentales de cartas que dan lugar a la novela epistolar de carácter sentimental de Juan de Segura, el *Processo de cartas de amores*, primera

---

24. *Revista de Bibliografía Nacional*, VI (1945) págs. 227-239. Norton, en el *Catalogo*, registra ejemplares de Sevilla c. 1516-20, y Toledo c. 1515?
25. Gallardo, *Ensayo...*, II col. 549.

manifestación de un procedimiento que dará lugar a innumerables novelas epistolares, amorosas o documentales, según épocas y autores.[26]

La otra gran corriente de epístolas es la que forman las cartas humanísticas, las específicamente escritas por humanistas a imitación de los clásicos. No son por tanto, las cancillerescas, aunque haya casos, como el de Coluccio Salutati, en que se inserten elementos sabios o eruditos en las de tipo administrativo: las administrativas o cancillerescas, lo mismo que las de cortesía, tienen una utilidad inmediata, haya o no petición expresa, y las redactan los secretarios. La distinción resulta clara en la epístola de Cicerón a Curión, diferencia que retomará Poliziano:

> Ciceron a Curion, Año de la fundación de Roma 700.
> Ya sabes tu que hai muchas maneras de cartas: de las quales la mas cierta es aquella por cuyo respeto se invento el escribir cartas, que es para hacer saber a los ausentes, si algo se ofreciere, que o a nosotros o a ellos nos importe que lo sepan.
> Tal manera de cartas no creo que tu entiendes que la has de recibir de mi. Porque para las cosas que a tu familia tocan, ya tienes escribientes y mensageros. Pues en lo que a las mias toca, no hai cosa de nuevo.
> Restan dos generos de cartas, que a mí me dan mui gran gusto: uno es el familiar, y el otro de cosas de tomo y gravedad.[27]

De manera que —con todos los matices y variantes posibles— hay dos tipos fundamentales de carta: la ociosa y la severa. Ambas establecen una relación personal o, si se quiere, de familiaridad.

El elemento personal se mantiene (teóricamente) tanto si el tema de la carta es subjetivo como si se trata de una exposición objetiva, doctrinal. Esto, unido a las inevitables condiciones materiales, lleva a la utilización de un tipo de cartas que funcionan como prólogos o dedicatorias: sirven para introducir lo mismo un tratado doctrinal que una novela. Es el caso de la carta que Dante envía al Can Grande con el *Paradiso*, o de las que Eneas Silvio coloca al frente de la *Historia duobus amantibus* donde Mariano Sozino le demanda la composición de la historia. Es procedimiento que si, por una parte, enlaza con obras enviadas, sea la *Facienda de Ultramar*, las de Don Juan Manuel, Santillana, el *Cortesano* o el *Enchiridion*, por otra pueden introducir una colección de *novelle*, presentadas también como remedio a determinados males; esto es lo que hace Boccaccio, Eneas

---

26.   Vid. mi artículo sobre el *Processo de cartas de amores*, de próxima aparición; y sobre la valoración sentimental, subjetiva, de la carta personal vid. «Beber cenizas: las cartas de Laureola», *Edad de Oro*, III, Madrid, 1984, págs. 299-309.

27.   Es la traducción de Antonio Agustín. El texto latino dice: «Epistolarum genera multa esse non ignoras: sed unum illud certissimun, cuius causa inventa res ipsa est, ut certoires faceremus absentes, si quid esset, quod eos scire aut nostra aut ipsorum interesset.
Huius generis literas a me prefecto non expetis. Tuarum enim rerum domesticarum habes et scriptores et nuncios. In meis autem rebus nihil est sane novi.
Reliqua sunt epistolarum genera duo, quae me magnopere delectant: unum familiare et iocosum, alterum severum et grave».

Silvio, los autores de novelas sentimentales, etc., y lo que sucede en las obras de Masuccio y Mateo Bandello, entre otros. El recurso viene favorecido por el hecho de que la carta humanística pueda acoger los temas más variados, tanto de tipo misceláneo como de curiosidades naturales (Petrarca o, en verso, Mussato), y porque las cartas consolatorias suelen incluir ejemplos cuyo desarrollo puede llegar a independizarse del soporte, o a ampliar su importancia hasta constituir el núcleo del escrito, como sucede en la *Lettre de Réconfort (1458)* que Antonio de la Salle dirige a Mme. du Fresne.

Pero, volviendo a las cartas cultivadas por los humanistas, hay que dar cuenta también de la epístola ensayística, en la que se mezcla la disertación objetiva de tipo filosófico con observaciones puntuales y reflexiones subjetivas, son del tipo de las de Séneca a Lucilo, de Cicerón o Petrarca, incluyendo la autobiográfica. A partir de Petrarca, el cultivo de esta clase de escritos se generaliza: Poliziano y Bembo escriben ya en vulgar, aunque sin abandonar el latín. En nuestras letras, hay que recordar a Gaspar Salcedo de Aguirre, autor de un *Pliego de cartas* (Baeza, 1594)[28] en el cual, tras un breve y significativo prólogo, ofrece doce cartas que en realidad son ensayos, no modelos utilizables por cualquiera. Salcedo de Aguirre, tras enumerar sus autoridades (Platón, Cicerón, Séneca, San Jerónimo, San Agustín, San Gregorio, San Bernardo, San Pablo y otros apóstoles), explica por qué todos esos autores han escrito precisamente cartas: «La razón desto (a mi juyzio) es porque como las cartas hablan con personas particulares, y en ellas con otras muchas, acomodanse a tratar cosas particulares al talle de la persona con quien hablan[29], las quáles pueden tan bien convenir a otras semejantes; y las platicas particulares mueven mas que la generales. Pues como mi deseo y propósito sea enseñar algunos estados de gente, exortandoles a cumplir lo que deven a su condicion y estado, de suerte que salven sus animas, me determine a hablar en estilo de cartas, entendiendo ser este modo de proceder mas acomodado para mi intento que el de dialogos o qualquiera otro. Los argumentos destas doze Epistolas, o de la mayor parte dellas, son raros y de pocos autores tratados: porque tengo cosa vana, y modo de trasladar antes que de componer, escrevir lo escrito, mudando solamente el estilo y el orden». Las cartas son: A un corregidor; A un Regidor sobre la nobleza, origen della y pleytos de hidalguía; A un labrador; A un estudiante; A un soldado; A un esclavo; al amo deste esclavo; A dos amigos sobre la necessidad y utilidad de la recreacion; A una religiosa; A un sacerdote; A una monja; A un predicador, con un methodo de predicar.

---

28. BNM, R. 2679.
29. En efecto, todos los tratadistas, desde Vives a Erasmo, coinciden en señalar que el estilo de la carta debe adecuarse al destinatario. Aurora Egido lo ha señalado también en las epístolas en verso, concretamente a propósito de la de Garcilaso a Boscán.

En castellano, las primeras colecciones de cartas familiares son las *Letras* (Burgos, 1485) de Hernando de Pulgar, las *Epístolas familiares* (hacia 1537) de fray Francisco Ortiz[30], y las de fray Antonio de Guevara (1539) que alcanzaron el honor de ser parodiadas por D. Diego Hurtado de Mendoza y, quizá, por el autor del Lazarillo.

A partir del 39, las colecciones de cartas, reales o ficticias, proliferan en todos los ámbitos: saber escribir una carta adquiere, también entre nosotros, un gran prestigio. Por ejemplo, ya Furió Ceriol, en el *Consejo y consejeros del príncipe*, propone, para elegir bien al consejero, «Encerrarlo también en una cámara, y como quien hace otro, finja el príncipe que tenía necesidad de escribir el pésame o el parabién o algún otro recaudo para tal parte, y que luego a la hora, allí en su presencia, delante de sus ojos, se lo mande escribir».[31]

Ahora bien, la libertad que caracteriza, según todos los teóricos, a la carta humanística no impide que desde muy pronto aparezcan tratados en los que se dan normas para componerlas, se clasifiquen, etc.

Muy cerca de las prácticas retóricas medievales están los tratados de Erasmo[32] y Vives, donde las clasificaciones, normas y ejemplos no impiden que esos autores rechacen las reglas internas del ordenamiento escolástico, lo mismo que los tratamientos vanos e hinchados, etc. Son sin duda estos dos humanistas, sobre todo Erasmo, quienes sirven de base en España a la epistolografía posterior. Pero, antes de llegar a ellos, hay que referirse, en la península, al *Compendium gramatice brevissimum ac utilissimum thesaurus pauperum et speculum puerorum a devotissimo magistro de pastrana editum* (1485)[33], el libro tercero lo constituye un tratado de Fernando de Manzanares, discípulo de Nebrija, sobre la redacción de cartas: comienza advirtiendo que se escriben por ausencia o por vergüenza (cita a Cicerón, «non erubescit»), señala luego una serie de santos que utilizaron este género y pasa luego a la clasificación de las cartas: «Alie quippe sunt *consolatorie* cum propinqui alicuius vel amici mors aut calamitas intervenerit [...] Sunt et alie *commendatitie* [...] Alie vero sunt *hortatorie* ut cum filios, affines, propinquus [...] ad mores, ad studia, ad laudem [...] cohortamur. Alie quidem sunt *excusatorie*. Alie sunt *amatorie* quem ad poetas magis quem ad oratores pertinere videntur». Otras tratan de cosas familiares y domés-

---

30. Las epístolas familiares remiten, indudablemente, a Cicerón y, luego a su descendencia directa, San Agustín, Petrarca, Aeneas Sylvius, etc.

31. BAE, XXXVI, pág. 325a; cfr. nota 2. Otro caso del mismo tipo puede ser *De la razón y origen de escribir cartas, con los ejemplares en todos los géneros por J. Fernando Albarca. Con un discurso para formar un buen secretario.* Cfr. también *Joannis Jacobi, sive de Santiago, e Societate Jesu. De Arte Rhetorica libri quatuor*, Sevilla, 1595, donde el «De conscribendis epistolis» ocupa las págs. 256-265.

32. Marcelo Bataillon da algunas notas sobre este tratado en *Erasmo y el erasmismo*, Crítica, Barcelona, 1978, págs. 121-122 y 130-132. Por otro lado, Vives rechaza el estilo epistolar de Petrarca, Gasparino, Aretino, Poggio, etc., mientras le parecen dignos de elogio Policiano, Hermolao Barbaro y, sobre todos, Erasmo ... y San Pablo. Baltasar de Céspedes, por su parte, da ya otro modelo en *El Humanista*: «Lo mismo se puede decir de la composición de las Epístolas, que está sujeta a la Oratoria, en que tubo excelencia en nuestros tiempos Paulo Manucio. Y, en relación con Erasmo, ver la *Paraenesis ad Litteras* de Juan Maldonado, ed. Asensio y Alcina, Madrid, 1980, págs. 109, 114 y 118.

33. En la BNM aparece fichado como I-139 pero se encuentra bajo la signatura I-77[1].

ticas, v.gr., de animales, trigo, vino, familia, etc. En cuanto a las jocosas, Manzanares opina que en ellas «scribimus quicquid ii buccam venit». Y, por lo que respecta al estilo, no se deben utilizar términos oscuros, el sentido será claro y la «structura facilis ese debet»; como corresponde al nivel mediocre o ínfimo del género, la lengua «Erit enim levior, facilior, verbisque quotidianis et quasi vernaculis contextus. In quo tamen nichil ineptum nichilque barbarum reperietur»: de ahí a la carta en vulgar no hay más que un paso. El nivel sublime corresponde a temas elevados y divinos, como los que expone Platón, único ejemplo que Manzanares cita. Por último, divide la carta en «Salutatio, exordium, narratio, petitio, conclusio», y da ejemplos. Es la división canónica comunmente aceptada; así, por ejemplo, Diego de Valera escribe: «Para bien entender este vocablo, es de saber que en el escrevir son cinco partes potenciales, segund Oracio dise —potenciales porque no todas las cinco son necesarias en toda escriptura— las quales son: salutación, petición, conclusión. Salutación es aquella primera parte que vulgarmente en nuestras cartas acostumbramos poner; exordio, es exposición de la cosa, fecho o que faser queremos; petición, es requisición de lo que plase al escriviente; conclusión, es el final término de la epístola o trabtado que escrevimos. Agora podría alguno desir que fue superfluo aquí poner introducción o exordio, pues amos a dos una cosa quieren dezir. Al qual respondo yo que éste es un color retórico del cual usaron todos los que escrivieron poniendo vocablos que son unívocos, unos ante otros, donde uno solo podría bastar; esto por alongar la materia cuando conviene, lo qual fase es propiamente oficio de la retórica»[34]. No

---

34. *Tratado*, BAE, CXVI, 1959, págs. 74-75. Para Alonso de Cartagena, la identificación «de la epistola o trabtado que escrevimos», no está tan clara, se distinguen por la extensión y, consecuentemente, por la profundidad: «Dexemos esto que non epistola mas libro requiere, e aquello solo nos baste tomar que a vuestra pregunta responda». (Question, BAE, CVI, 1959, pág. 241b). Y en el *Oracional*: «Mucho derramamos nuestra fabla, inseriendo memoria de tantas virtudes cuyo tractado no digo letra mensajera o epistola ni aun libro mas muchos ocuparia», *ed. cit.*, pág. 73; cfr.: «Para querer tratar materia tan peregrina subtil, inaudita y delgada, como en la lectura y prosecucion de aquesta mi Carta a manera de Tratado expondre y declarare», Laso, *Tratado*, 1550, «Ultílogo». Con frecuencia, como es natural, las cartas sirven para plantear preguntas y formular respuestas. La fórmula «Preguntasme señor...» es muy frecuente en Guevara, por ejemplo, lo mismo que el «Escrivisme... os escriba», próximo al «V.m. escribe se le escriba» del *Lazarillo*.
En cualquier caso, el contenido de estas cartas se acerca a una modalidad típicamente renacentista, las *Questioni* o colecciones de preguntas y respuestas, soluciones de problemas, etc. que tienen como modelo último los *Problemas* de Aristóteles. En castellano, tenemos *Las catorce questiones del Tratado*, los *Problemas* de Villalobos y las de Juan Jarava, las *Quatrocientas respuestas* de Escobar, el *Tratado de las ocho questiones* del Dr. Vergara, las *Trescientas preguntas* de Alonso López de Corella, etc. etc. Y, en carta, desde el *Prohemio* de Santillana hasta las *Quincuagenas* de Escobar.
En parte, hay que relacionar también ese tipo de obras con las adivinanzas (v. gr. el *Libro de las suertes* de Lorenzo Spirito), tan frecuentes en cancioneros y otros libros cortesanos, y con las preguntas sobre temas amorosos, cuyo paradigma puede ser el *Filicoco* de Boccaccio. En este sentido, es revelador que en 1513 (Valencia, Diego Gumiel) se publique la *Question de amor de dos enamorados: al uno era muerta su amiga: el otro sirve sin esperanza de galardón* (un año después de que en Sevilla se publique, traducida, la *Hystoria de Enrialo Franco y Lucrecia Senesa* por Jacobo Cronberger) y que la edición de 1553 (Venecia, Giolito, por A. Ulloa) aparezca ya así: *Question de amor de dos enamorados: al uno era muerta su amiga, el otro sirve sin esperança de galardon. Disputan qual de los dos suffre mayor pena. Entretexense en esta controversia muchas cartas y enamorados razonamientos; y otras cosas muy sabrosas y deleitables. Assimesmo se ha añadido a esta obra en esta ultima addition treze quistiones del philocolo de Juan Boccaccio.*

hará falta señalar las diferencias entre los dos escritores, ni insistir sobre la comprensión que de la retórica tiene Valera, reducida a la *amplificatio*.

Entre Flores, o Negri, y las retóricas humanísticas españolas que tratan de epistolografía hay un amplio período de tiempo en el que casi sólo encontramos los repertorios y colecciones de modelos señalados arriba, que incluye, cuando más, una brevísima exposición teórica en el prólogo. Sin duda, lo que sucede es que la oferta intelectual está dominada por las obras de Erasmo y Vives, verdaderos modelos para la práctica coetánea lo mismo que para la teoría posterior. A mediados del siglo, la consolidación de la epístola humanística como género es un hecho, tanto que puede surgir la parodia, como es el caso del *Lazarillo*: Francisco Rico señala lo siguiente (traduzco de *The Spanish picaresque novel and the point of view*): «Lázaro no olvida nunca a quien se endereza, ni lo que piden los cánones del género: la epístola es la mitad de un coloquio ("velut pars altera dialogi") [Así la define Poliziano], y nuestro relato se entrevera de apelaciones al destinatario; [...] El Renacimiento es sin duda, el período del libre examen y la religión personal, de la reducción *ad hominem* de la relaciones sociales y económicas (incomparablemente más vinculadas, en la Edad Media, a la familia y al grupo), del retrato y el nacimiento del registro civil. Un estudioso poco dado a generalizaciones brillantes y mal documentadas, Paul Oskar Kristeller, ha podido rastrear en la floración del individualismo uno de los factores del éxito ingualado de la literatura epistolar entre los siglos XIV y XVI. La carta se ha prestado siempre a la confidencia y la confesión; a la altura de 1554, estaba además, bien curtida en la autobiografía...»[35]; y, en otro lugar, señala: «Italia y España constituían entonces un espacio cultural único. Aquí llegaban las *messagiere* de allí, y además se les creaban o redescubrían análogos en castellano. No por otro motivo, las *Letras* de Hernando de Pulgar, tras cuatro lustros de olvido, se reimprimían en 1543 y, en seguida, en 1545. Las *Epístolas familiares* de Guevara no son en absoluto ajenas al éxito espectacular del primer tomo del

---

35.   Cambridge Univ. Press, 1984, pág. 3. Rico remite a P. O. Kristeller, *Reanissance Thougth*, II, New York, 1965, págs. 28 y 65; *Eight Philosophers of the Italian Renaissance*, Stanford, 1966, pág. 21; J. E. Gillet, *Torres Naharro and the Drama of the Renaissance*, ed. O. H. Green, Philadelphia, 1961, págs. 228-233, etc. Vid., además, el artículo de F. Rico, «Nuevos apuntes sobre la carta de Lázaro de Tormes», *Serta Philologica F. Lázaro*, II, págs. 413-425, donde relaciona el *Lazarillo* con las cartas noticieras o de relación, lo cual es indudable; a los ejemplos por él aducidos se pueden, sin mucha dificultad, añadir otros, que llevan a la misma conclusión: las denominaciones Noticia, Relación, Suceso, Caso... y Carta funcionan como sinónimos en este contexto. Así, por ejemplo, en las *Relaciones de sucesos, I: Años 1477-1619* (Mercedes Agulló, *Cuadernos bibliográficos*, CSIC, 1966) encontramos: «25. Carta de la gran victoria y presa de Oran [...], Barcelona, 1509», «22. Esta es una relación de dos casos nuevamente acaescidos [...] según da dello testimonio las cartas embiadas [...] 1517»; «31. Relación de las nuevas de Italia: sacadas de las cartas que [...] 1525», etc. (cfr. n.º 45; 50-51; 53-54; 55; 56; 66;... 139-140... 160-164...). Sobre esto, cfr. Francis J. Norton, «Las primeras manifestaciones periodísticas en España: una carta de noticias orientales impresa en Valencia (1517?)», *Homenaje a Pérez Gómez*, II, Cieza, 1979, págs. 107-112.

Aretino (1537) y a su vez, vueltas al toscano, revirtieron —contribuyendo a reorientarlo— al caudal originario de las *lettere volgari*».[36]

Dada esta situación, lo que resulta claro de las fechas dadas por Amadeo Quondam para Italia, es que las colecciones españolas se adelantan a las italianas, al menos en lo que respecta a las de amores y en ese tipo de impresión característico que es el pliego de cordel[37]. De la misma forma se adelantan las letras españolas con el *Lazarillo*, como novela, y con el *Processo de cartas de amores*.

Hay que distinguir, pues, la carta humanística, la carta familiar (del tipo que sea) de las cartas que suponen una continuación de las formas cuatrocentistas y de la sensibilidad cortesana cancioneril, característica tanto de las cartas del *Processo* como de los repertorios de Texeda o del pliego suelto... Es este solapamiento, la convivencia y, en algunos casos, la combinación y mezcla de lo nuevo con lo viejo lo que, probablemente, explica la temprana adaptación a los nuevos modos, y los avances en las letras españolas.

La continuidad en la producción de colecciones y repertorios de cartas no se da, sin embargo, en la teoría, al menos por lo que respecta al surgimiento de retóricas de carácter renacentista en las que se trata el tema que nos ocupa. De los tratados de Flores, o Negri, hay que pasar a 1564, fecha en que aparece el *De conscribendis epistolis liber unus* (Valencia, Juan de Mey, 1564) de Francisco Bajardí[38], obra en la que ya es perceptible el in-

36. Art. cit., pág. 420. Respecto al *Lazarillo* concluye: «Decía antes que la carta del pregonero podía clasificarse a la vez como *iocosa* y como *expurgativa*. La *iocosa* de los manuales humanísticos desemboca en las *facete* o graciosas en lengua vulgar. La *expurgativa* nos conduce a valorar mejor la desvergüenza de Lázaro al presentarse ante el honrado lector», (pág. 420). En cualquier caso, la relación entre la forma epistolar y las narraciones de casos históricos, reales o, simplemente, «realistas» arranca ya de Masuccio Salernitano que expone la teoría (y la práctica) en sus *Novelle*, especialmente en el prólogo a la tercera parte. En cuanto al tipo de carta, para el lector, indudablemente, es *iocosa* pero, para Lázaro, y dentro de la ironía en que se mueve toda la obra, es *hortatoria* en mi opinión, ejemplar.

37. Escribe Rico a este propósito: «Es curioso que los manuales españoles se adelanten a los italinos (excepto al de G. A. Tagliente, *Formulario novo che insegna dittar lettere misive*, de 1538): aquí el "nuevo estilo" llegó más de impriviso, y hubo que ponerse al día quemando etapas» (art. cit., pág. 420, n. 34). Quizá Tagliente no se adelante al *Libro en catalán, del estilo de escribir a qualquier persona, hecho por Tomas de Perpinia, impreso por Jo. Rosembach, anno 1510*. Si recordamos que la novela —también catalana— *Storia del amat Frondino et de Brissona* es, en realidad, un repertorio de cartas (como las de San Pedro, etc.) y de versos (en francés estos) advertiremos que también en el ámbito catalán los repertorios o formularios de cartas van unidos a los presupuestos de la novela sentimental y de caballerías: este es el ámbito en que parecen especializarse y sobresalir los epistológrafos (teóricos y prácticos) en nuestra península. No es de extrañar, pues, la temprana fecha del pliego de cordel citado antes, pliego que, evidentemente, no responde a un nuevo estilo, sino que continúa el cuatrocentista. Si el "nuevo estilo" de Tagliente se refiere a la carta humanística, en España, esa variedad parece depender de Erasmo y Vives. Otra cosa es la amorosa-sentimental. Y otra la actividad epistolar promovida por las necesidades comerciales.

38. Sobre esto, vid. José Rico Verdú, «La epistolografía y el *Arte Nuevo de Hacer Comedias*», *Anuario de Letras*, XIX (1981), págs. 133-162, donde hay excelente material bibliográfico de los siglos XVI y XVII.

flujo de los nuevos conceptos. Todavía harán falta unos años más para que se imprima un tratado de este tipo en lengua vulgar, me refiero al *Arte de Retórica en el qual se contienen tres libros* [...] *El tercero escrivir Epistolas y Dialogos* (Madrid, Guillermo Drouy, 1578), de Rodrigo Espinosa de Santayana, libro en el que se propone una definición de epístola que no se aparta de la tradicional aunque la restrinja: «Epístola es aquel instrumento de que usamos, con el qual por escripto declaramos en ausencia los conceptos de nuestro animo, que en presencia damos a entender por expressas palabras, y propios, y usados terminos». Distingue Espinosa los tres géneros mayores (demostrativo, deliberativo y judicial) y, dentro de cada uno de ellos, establece subdivisiones. Es obra simple, elemental, como un catecismo.[39]

Parece, pues, que, como ocurría en la época anterior, hay dos tipos de repertorios y de tratados teóricos. Unos se dirigen a los romancistas o, si se se quiere, a quienes no saben latín, los otros... los otros sirven de textos en las escuelas.

Las investigaciones de Andrés Gallego Barnes sobre Juan Lorenzo Palmireno[40] nos proporcionan datos muy interesantes y significativos sobre el último aspecto señalado. Señala A. Gallego: «En la Universidad de Valencia, la reforma de las clases de gramática de 1561 introduce oficialmente la enseñanza del arte epistolar en la clase de tercera: la primera hora va dedicada a la recitación de las reglas *De conscribendis epistolis*, la segunda a la explicación por el maestro de los preceptos, y la tercera al ejercicio. Por la tarde se impone el mismo tipo de programa, pero los legisladores señalan que la base de la enseñanza será los *Precepts de Cicero ad familiares* y que se darán reglas particularmente para las cartas de favor. Esta introducción de las *Epístolas ad familiares en el programa patentiza el triunfo de las tesis ciceronianas defendidas por Palmireno, pero la precisión añadida a propósito de la comendatitia* pone de manifiesto otro aspecto de la cuestión: el entrenamiento a la redacción epistolar ya no se concibe sólo como un medio de adquirir el "pulido latín", es un ejercicio con aplicaciones prácticas en relación con la organización social. La importancia concedida a este ejercicio epistolar se hace aun patente con las nuevas ordenaciones de 1563... que señalan la necesidad de llenar una laguna: la ausencia de manuales para facilitar la enseñanza del arte epistolar. No hacen ninguna mención los Jurados de los tratados de Hegendorf, Celtis, Vives o

---

39. En algún caso se puede encontrar algún detalle interesante, valga este como ejemplo: «El que quisiere escrivir bien Epistolas jocosas si fuere Latino, se exercitara en leer los adagios de Erasmo y en el tercero de las oraciones de Ciceron. Y el Romancista en leer los libros que contengan cosas de burlas, assi como todo genero de novelas». (pág. 66); algo así hace el autor del *Lazarillo*. Por otra parte, R. Espinosa de Santayana es recordado por Francisco Robles en *El culto sevillano*: «Esta [retórica] más pequeña, que parece epítone de la pasada [una anónima que escribió un Padre del orden de San Hierónimo]...»

40. *Juan Lorenzo Palmireno (1524-1579). Un humanista aragonés en el Studi General de Valencia*, Institución Fernando el Católico, Zaragoza, 1982.

Erasmo por motivos que no se especifican, pero cabe suponer que no correspondían dichos manuales a la ortodoxia católica y... ciceroniana, por lo menos en opinión de los reformadores. [...] En 1585, o sea seis años después de la muerte de Juan Lorenzo, salió de las prensas de Pedro Huete ese tratado sobre el arte epistolar que esperaban los Jurados Valencianos desde 1563».[41]

Dejando ahora a un lado el hecho de que los libros pedagógicos no sufrieron apenas los rigores de la censura, hay aspectos en las noticas trascritas que merecen un comentario. En primer lugar, quizá, que la falta de mención de los Jurados a los tratados tradicionales es posible que no se deba tanto a la falta de ortodoxia católica de los mismos como a un rasgo de prudencia comercial: dejar campo libre y alejar la competencia de los manuales que al hilo de la reforma se publicasen. Me parece evidente que a llenar esa laguna destina Bardají su *De conscribendis epistolis liber unus* citado arriba y publicado, precisamente, en 1564[42]. Aunque Andrés Gallego no cite a Bardají, es posible que la aparición de su manual explique el retraso en la publicación del de Palmireno.

En segundo lugar, si, como recuerda A. Gallego, Vives[43] y Erasmo rechazaban las artes medievales y Furio y Ceriol en 1554 se negaban a escribir unos preceptos que la codificaran, es claro que esa libertad y amplitud de la epístola humanística se ha perdido y hay una vuelta a las epístolas formularias, más apropiadas, sin duda, para las necesidades comerciales percibidas por los Jurados valencianos. De esta manera, quizá, el tratado erasmista y ciceroniano de Palmireno no sea ya, en esta circunstancia, más que una reliquia de tiempos mejores que pasaron ya[44]. El hecho de que se publique póstumo y por la viuda de Pedro Huete resulta emblemático. En cualquier caso, es revelador que Palmireno, a pesar de su clasicismo humanista[45], dé, en los manuscritos previos a la impresión, ejemplos de cartas no sólo en latín, sino también en castellano. A estas mismas necesidades, puede responder el hecho de que una gran parte de estos tratados y repertorios se impriman o redacten en el Mediterráneo, como las obras de Pedro Juan Nuñez, Pedro de Madariaga (ambos en Valencia) o las *Institutionum Rhetocarum libri quinque*, de Pedro Juan Nuñez, cuya segunda edición contiene ejemplos de cartas y se imprime en 1585, en Barcelona.

41. *Op. cit.*, págs. 134-135.
42. Quizá sea significativo que el único ejemplar completo de la obra de Espinosa de Santayana se conservara en la biblioteca del Marqués de Dosaguas, en la Academia Valentinae, de donde ha pasado a la Biblioteca de la Universidad de Valencia, que es el ejemplar que manejo. Cfr. Braudel, *op. cit.*, M.ª Montañez Matillo, *El correo en la España de los Austrias*, Madrid, 1953, etc.
43. Vives sólo cita el tratado de Rodolfo Agrícola (Venecia, 1488); Erasmo rechaza a Nigro y Carlos Virulo.
44. Cfr. Pedro Simón Abril que simplemente traduce las cartas de Cicerón para ofrecerlas como modelo, lo que considera suficiente; da unas breves —e interesantes— indicaciones teóricas en el prólogo.
45. Vid. *Juan Lorenzo Palmireno*, ed. cit. págs. 136-138.

La época de la epístola humanística, tal como la entienden Vives o Erasmo, ha pasado. Reaparece la rígida reglamentación antigua, la utilidad que gravita sobre la *petitio* y se mantienen todavía las cortesanas de tema amoroso.

La carta, como género, parece compartir la trayectoria del diálogo: ambos ocupan la misma posición en la rota virgiliana y ambos han de liberarse de la estricta formalización representada por los debates medievales. Ambos géneros aparecen relacionados en las retóricas y en la mente de los teóricos —la carta es medio diálogo— y decaen en España junto con las ideas y actitudes que dieron lugar a nuestro renacimiento.

En cualquier caso, la epístola se presta y permite las más variadas formas y contenidos. Dada la variedad de situaciones contextuales en las que puede aparecer, las encontramos dentro de otras obras, teatrales o narrativas, y pueden convertirse en novelas tanto una sola carta como una serie de ellas. Sirven para introducir otras obras, como prólogo[46] o identificarse con un tratado u *oratio*. En la realidad, coinciden con las nuevas o relaciones[47]. Por otra parte, su naturaleza las hace especialmente aptas como vehículo de preguntas y respuestas, lo que las acerca a las *questioni* y, en algunos casos, entran de lleno en esta modalidad literaria tan característica de la misma época en que florece la carta. Por la forma, la epístola coincide y eventualmente adopta los contenidos de la autobiografía y el diálogo, en cuanto esos géneros se sirven también de la primera persona.

---

46.   Vid. A. Porqueras Mayo, *El prólogo como género literario*, Madrid, 1957, *El prólogo en el Renacimiento español*, Madrid, 1965, y J. L. Laurenti, A. Porqueras Mayo, *Ensayo bibliográfico del prólogo en la literatura*, CSIC, Madrid, 1971.

47.   Y, en algunos casos, son vehículo de noticias peligrosas, mercancía no ya de lujo, como señaló Braudel, sino subversiva. Así, J. A. Maravall aduce un texto revelador: En las Cortes de Segovia de 1386, bajo Juan I, se dice que hay muchos que escriben cartas «que se enbian de unas partes a otras por nuestos rregnos, en las quales se enbian dezir algunas veces algunas cosas que son nuestro deserviçio e dapno de nuestros rregnos, con mala entençion; por ende mandamos a todos los conçejos e ofiçiales de las dichas çibdades e villas e logares de los nuestros rregnos e sennorios que pongan de cada dia a las puertas de cada çibdad o villa o logar guardas para que tomen todas las cartas mensajeras que a las dichas çibdades o villas o logares fueren de qualesquier personas que sean, salvo si fueren nuestras cartas o alvales, e que las abrades dos de vos los dichos ofiçiales e si fallaredes que en las dichas cartas van algunas rrazones que non cumplan a nuestro serviçio, que prendades a los que las levaren porque las non den a las personas a quien las levaren», *La oposición política bajo los austrias*, Barcelona, Ariel, 1972, págs. 18 y 19, nota 7. Puedo aducir un testimonio posterior, recogido por B. J. Gallardo, es una «Carta de Bernardino de Escalante, presbítero, administrador del Cardenal de Sevilla, hermano mayor de la cofradía de los familiares del Santo Oficio, fechada en 10 de noviembre de 1604, en que se refiere a la suspensión del auto de inquisición [...]: Ayer, ciertos hombres graves de España, debajo de nombre de gente honrada de ella, compusieron un discurso moderado el ánimo de los estatutos contra los descendientes de confesos: que aun yo escribí contra él, que ya parece que me toca esta obligación; porque la pena de la herejía e infecto nascimiento no ha de tener moderación [...] Fui de opinión, y la di a D. Fernando de Acebedo, que tomasen todas las cartas de esta estafeta hoy 9 de Noviembre y las abriesen, y detuviesen las que menos decentes hablasen deste caso, porque nuestra opinión no anduviese lacerada en las manos de nuestros enemigos, y por ellas podría averiguarse el contenido y esfuerzo de muchos», *Ensayo*, II, col. 937.

Para acabar, la carta es el lugar de cruce entre la vida privada y la pública. En ella, como en la lírica, se objetivan sentimientos subjetivos a la vez que se fija y preserva el tiempo pasado, el tiempo de la escritura. Todo ello hace que el tema del que me he ocupado en estas páginas sea acreedor de estudios más sostenidos y profundos que el realizado por mí.

NUEVOS LECTORES Y NUEVOS GENEROS: APUNTES Y OBSERVACIONES SOBRE LA EPISTOLOGRAFIA EN EL PRIMER RENACIMIENTO ESPAÑOL

J. N. H. LAWRANCE
Universidad de Manchester

Entre las múltiples tesis que procuran explicar el desarrollo histórico del Renacimiento, la que lo relaciona con el inmenso aumento en el número de lectores legos que se efectuó durante los siglos XIV y XV es una de las más sugestivas. La nueva presencia de un número significativo de lectores legos —o sea, lectores que no leían con fines profesionales o prácticos, sino por entretenimiento, o más bien por razones culturales y educativas— se ha descrito como un «re-establecimiento» del público lector de la Antigüedad clásica, una "diferencia estructural" que explica la permanencia del Renacimiento con mayúscula, frente a la transitoriedad de los renacimientos medievales (carolingio, del siglo XII)[1].

Visto a través de inventarios y manuscritos, el perfil de este acontecimiento social en la España del siglo XV es claro. Los nuevos lectores eran en su mayoría nobles; y el predominio de sus gustos literarios daba a la cultura hispánica de ese siglo un sello distintivo. Naturalmente, la participación activa en la vida intelectual de una aristocracia que en 1400 poseía muy pocos libros y que en 1500 los coleccionaba con avidez acarreaba consecuencias muy variadas[2]. Entre éstas, hay que destacar la forja y fija-

---

1. Erich Auerbach, «Das abendländische Publikum und seine Sprache», *Literatursprache und Publikum in der lateinischen Spätantike und im Mittelalter*, Berna, 1958, págs. 177-279; Paul Oskar Kristeller, «Der Gelehrte und sein Publikum im späten Mittelalter und in der Renaissance», *Medium Aevum Vivum: Festschrift für Walther Bulst*, ed. Hans Robert Jauss y Dieter Schaller, Heidelberg, 1960, págs. 212-230.
2. Véase, por ejemplo, J. N. H. Lawrance, «The Spread of Lay Literacy in Late Medieval Castile», *BHS*, 62 (1985), págs. 79-94; y «On Fifteenth-Century Spanish Vernacular Humanism», *Medieval and Renaissance Studies in Honour of Robert Brian Tate*, ed. Ian Michael y Richard A. Cardwell, Oxford, 1986.

ción de una lengua vernácula capaz de competir con el latín como medio de expresión culto y literario; y la curiosa fortuna del Renacimiento en España.

Un indicio concreto de la presencia de estos nuevos lectores en el siglo XV fue la creación de algunos géneros literarios. Cada género nuevo implica la existencia de nuevos hábitos de lectura; siendo axiomática la correlación entre forma y fondo, implica también una nueva sensibilidad. No parece exagerado considerar la invención o reinvención en lengua vernácula de la oda horaciana, la égloga virgiliana o la epístola ciceroniana tan sintomática del Renacimiento como el rescate del latín humanístico y el neoplatonismo petrarquizante.

El siglo XV no ofrece, por supuesto, ni odas ni églogas «clásicas» escritas en lengua española; aunque los términos *égloga, lírica* y también *comedia, tragedia, sátira*, tan traídos y llevados en aquella época, pudieran llevarnos a pensar en cierto renacer de los antiguos géneros. Resulta que estos términos conservaban un significado básicamente medieval, a pesar de algunas innovaciones formales y del oropel mitológico con que solían ataviarse[3]. Hasta las *Bucólicas de Virgilio* «vueltas de latín en nuestra lengua y trobadas en estilo pastoril» por Juan del Encina (antes de 1496) presentan, a base del uso del *arte mayor* y *arte real* tradicionales, junto con el sayagués y las *aplicaciones* y glosas alegóricas y una evidente confusión con la *égloga* teatral de fiestas palaciegas, el aire desconcertante de no haber captado ni remotamente el *decorum* del género virgiliano[4]. El contraste con la poesía neolatina de la época es instructivo. Los *Epigrammata* de Hieronymus Paulus (Jeroni Pau), por ejemplo, revelan una asidua *imitatio* de la métrica, la lengua y las formas de Marcial. Anteriormente, se habla de una oda horaciana en metros sáficos, escrita por el jurista mallorquín Ferdinandus Valentinus (Ferrán Valentí) en el momento en que el Cancionero de Baena representaba el *dernier cri* de la poesía castellana[5]. Hay que concluir que tales ejemplos latinos tenían poco que ver con el

---

3. Miguel A. Pérez Priego, «De Dante a Juan de Mena: sobre el género literario de *comedia*», *1616*, 1 (1978), págs. 151-158, señala cómo, durante el siglo XV, a base del comento de Benvenuto da Imola, la literatura se dividía teóricamente en tres géneros: tragedia, sátira y comedia. Para Diego de Valera, «*lírico* es fablar denostando o loando en metro», o sea el equivalente métrico de la sátira. *Prosistas castellanos del siglo XV, I*, ed. M. Penna, BAE CXVI, Madrid, 1959, pág. 63.

4. Marcial José Bayo, *Virgilio y la pastoral española del Renacimiento*, Madrid, 1959, págs. 23-63.

5. Para Paulus, véase Mariàngela Villalonga i Vives, «Marcial a l'obra de Jeroni Pau», *Los géneros literarios: Actes del VII Simposi d'Etudis Clàssics, 21-24 de març de 1983*, Publicacions de la Universitat Autònoma de Barcelona, Bellaterra, 1985, págs. 199-206. Sobre el epistolario latino de Valentinus, «amb una composició sàfica de cinc estrofes», Josep M. Morato i Thomas, ed., *Ferrán Valentí: Traducció de les Paradoxa de Ciceró*, Barcelona, 1959, pág. 12, nota 5. A juzgar por un *trionfo d'amore* del poeta italiano Francesco Malecarni, presentado al *Certame coronario* de 1441, que habla de «il cortese Ferrando Valentino, / il cui nome in Italia è tanto chiaro», los poemas y epístolas latinos del joven Valentí, que estudió en Florencia, gozaban de cierta fama en Italia (Cecil Grayson, «Four Love Letters attributed to Alberti», *Collected Essays on Italian Language and Literature presented to Kathleen Speight, ed. G. Aquilecchia y otros, Manchester, 1971*, págs. 29-44.

re-establecimiento de un extenso público lego. Productos de la pluma de humanistas profesionales en cancillerías y universidades, llevaban dedicatorias no a los nobles recién alfabetizados, sino a un círculo reducido de letrados y *lletraferits*. La poesía vernácula, en cambio, a pesar de muchas novedades en la métrica y poética, se aferraba a las pautas genéricas tradicionales de los cancioneros.

Hace cuarenta años, Jordi Rubió manifestó su extrañeza ante esta curiosa escisión, este cisma entre el mundo de la poesía vernácula y la poesía neolatina. Para él, el motivo era por un lado cierto exclusivismo del humanismo cuatrocentista, que despreciaba el *volgare*, y por otro la falta de un «nexe professional i potser idiomàtic» que habría podido asimilar el mundo de la Escuela de Tortosa a las nuevas corrientes humanísticas. En otras palabras, Rubió creía que los dos tipos de poesía continuaban encasillados en mundos aislados porque los profesionales desdeñaban el romance vulgar, mientras que los trobadores no sabían el latín[6]. Esta tesis es difícil de rebatir, pero no acaba de convencerme plenamente. Juan del Encina, por ejemplo, era alumno aventajado del propio Nebrija en Salamanca cuando vertía las *Bucólicas* al romance. Y mucho antes, Enrique de Villena, cuyo *Arte de trobar* resumía las reglas de la Escula de Tortosa, había compuesto un vasto comentario vernáculo a la *Eneida*. Conviene recordar también que el éxito deslumbrante de un género tan tradicional como el romance antiguo en la corte de los Reyes Católicos —aquellos «romances e cantares» que Santillana había tildado en 1449 de "ínfimos" porque las gentes de baja y servil condición se alegraban con ellos— fue atribuida por Menéndez Pidal, muy atinadamente, a influencias renacentistas.[7]

Por otra parte, el juicio de Rubió, exacto en el fondo, admite distingos en el detalle. En verdad, a partir de 1440 hay rastros de algunos intentos parciales, titubeantes, de adaptar a la poesía vernácula géneros poéticos que podemos llamar renacentistas. Pienso, por ejemplo, en los cuarenta y dos sonetos de Santillana, hechos «al itálico modo» entre 1438 y 1458. Para Argote de Molina, Herrera y Juan de la Cueva, estos sonetos significaban los primeros rayos de luz «en la sombra y confusión de aquel tiempo», el primer paso hacia la restitución de las Musas desterradas. Nosotros los vemos más bien como esfuerzos frustrados, que apenas «llegaron a traspasar los reductos del propio escritorio» del marqués[8]. El *Laberinto de Fortuna* de Juan de Mena, no menos apreciado por los lectores del Siglo de Oro (testigos son las ediciones del Comendador Griego y del Brocen-

---

6. Jordi Rubió i Balaguer, «Sobre els orígens de l'humanisme a Catalunya», *Bulletin of Spanish Studies* 24 (1947), págs. 88-99, reimp. en su *La cultura catalana del Renaixement a la Decadència*, Barcelona, 1964, págs. 9-25 (especialmente 21-22).
7. Ramón Menéndez Pidal, *Romancero hispánico (hispano-portugués, americano y sefardí): teoría e historia*, Madrid, 1953, II, págs. 3-59 y 80-81.
8. Marqués de Santillana, *Poesías completas, I*, ed. M. A. Pérez Priego, Madrid, 1983, págs. 38-45.

se), se publicó en 1444; la invocación a Caliope los episodios lucanescos y virgilianos, la ἔκφρασις de la *silla* de Juan II (coplas 142-156) y los catálogos y símiles, y hasta el empleo del *arte mayor*, «mas propria para cosas graves y arduas» según el *Arte poética* de Encina (tal vez por su ritmo dactílico, que recuerda el hexámetro más bien que el endecasílabo), demuestran una intención clara de modelar aspectos formales de su poema, a pesar de su entramado pseudo-dantesco, sobre la epopeya clásica.[9]

Pero el *Laberinto* no logró ser una epopeya, ni menos una epopeya clásica. Y en una glosa a su *Coronación*, escrita cinco años antes (fruto, es decir, de su etapa salmantina, y no de su estancia en Florencia en 1441-1442), Mena reveló su incomprensión, sintomática, del esquema de los géneros clásicos:

> *Tragedia* es dicha el escritura que fabla de altos fechos e por bravo e sobervio e alto estilo; la qual manera siguieron Homero, Vergilio, Lucano e Stacio. Por la escriptura tragédica, puesto que comiença en altos principios, su manera es acabar en tristes e desastrados fines.[10]

En 1444, a pesar de sus contactos con el humanismo florentino, Mena seguía denominando «trágicos» a Homero y Virgilio (*Laberinto*, copla 123); los «eroístas» iban mezclados en la misma copla con «escritores de conquistas» y cronistas. Así, el *Laberinto* quedó suspendido entre un anhelo de novedad y el peso de una tradición confusa y entorpecida.

Quizás Garcilaso, al escribir en 1534 que «*apenas* ha nadie escrito en nuestra lengua sino lo que se pudiera muy bien escuchar», introducía esa leve atenuación pensando en su tío bisabuelo o en Juan de Mena. Pero para nosotros, el primer ejemplo de una adaptación lograda al romance vulgar de un género poético clásico es la anónima *Comedia de Calisto y Melibea* (antes de 1496); mientras que las adiciones del bachiller Fernando de Rojas, que la convierten en *Tragicomedia*, desbordan los límites de la *imitatio*, representando en efecto una primera superación renacentista del

9. En la carta «Al lector» de su edición salmantina del poeta (1582), el Brocense escribió: «Dizen algunos que es poeta muy pesado y lleno de antiguallas,... y no advierten que *una poesía heroica como ésta* para su gravedad tiene necessidad de usar de levantar el estilo» (subrayado mío). Dorothy C. Clarke, *Juan de Mena's «Laberinto de Fortuna»: Classic Epic and «mester de clerecía»*, Universidad de Mississippi, 1973, enumera los rasgos épicos, aunque deduce consecuencias falsas. Un primer testimonio de una identificación del *arte mayor* con el hexámetro ocurre en Gonzalo García de Santa María, *El Catón en latín e romance*, Zaragoza, 1493: «según la natura del verso latino, que va a pares e es exametro, no me parecía le respondiese otra specie de coplas, assí como la arte menor conviene al exámetro e penthámetro» (Gallardo, *Ensayo*, III, págs. 28-32); reaparece en la *glosa* de Luis de Aranda: «nadie será parte para quitarle el digno nombre que los antiguos poetas le dieron de "mayor", por ser su verso muy capaz y que comprehende mucho y que paresce y corresponde al verso Heroico latino,... y como tal lo eligió Juan de Mena para su tan larga y señalada obra» (citado de la edición de Granada, 1575, por Louise Vasvari Fainberg, en su edición del *Laberinto*, Madrid, 1976, pág. 70).

10. Juan de Mena, *El Laberinto de Fortuna, o Trescientas*, ed. J. M. Blecua, Madrid, 1943, págs. XXVIII-XXIX, con leves enmiendas sugeridas por Pérez Priego, «De Dante a Juan de Mena» (véase nota 3).

clasicismo. El «primer autor» no veía la *comoedia* terenciana, claro está, con perspectiva moderna; pero sí descartó completamente, y con plena conciencia de las teorías y práctica de los círculos más ilustrados del humanismo contemporáneo, la definición medieval del género. Incluso su empleo de la prosa reflejaba los usos de la *commedia umanistica* y de las ediciones incunables de Terencio, que siempre imprimieron el texto a renglón tirado. [11]

Resumiendo, no es lícito hablar de un pleno renacimiento clásico de los géneros poéticos en España (ni, por cierto, en Italia) hasta el filo de 1500. La prosa, empero, como ya insinuó Jordi Rubió en el estudio citado arriba, ofrece un panorama distinto. Si he tratado el caso de la poesía con detenimiento, ha sido para demostrar la importancia de consideraciones genéricas a estas cuestiones, pero también para desarrollar este contraste significativo con la prosa; y sobre todo, con el género, inexorable e inexplicablemente desatendido en nuestros manuales de historia de la literatura, de la epistolografía.

La carta, desde luego, es una forma de la escritura que se ha practicado en todas las épocas; por ejemplo, cuenta con una larga historia medieval [12]. Si le doy una importancia capital al género epistolar en nuestra discusión del concepto y períodos del Renacimiento español, es por dos razones: primero, porque entre todos los géneros nuevos del siglo XV éste, como veremos en su lugar, parece responder de modo más directo a la presencia de un nuevo círculo de lectores, que se comunican entre sí, y establecen las bases de una nueva cultura; y segundo, porque la epistolografía es el género que caracteriza el cometido distintivo de los *humanistae* [13]. Hay que diferenciar terminantemente, por lo tanto, entre la carta ordinaria (la carta de negocios, que cumple con su oficio según unos formularios trillados y, por decirlo así, extraliterarios), y la «epístola» (o sea, la carta literaria o *mensajera*, como se decía entonces). La epístola puede ser oficial o familiar, como la carta cotidiana, pero se concibe desde el principio como artefacto artístico, público, apto para ser coleccionado en un epistolario literario.

Un catálogo reciente de los materiales existentes para un estudio de la epistolografía española en el siglo XV nos suministra una idea de la rique-

---

11. María Rosa Lida de Malkiel, *La originalidad artística de la Celestina*, Buenos Aires, 1962, págs. 29-50.
12. Como orientación en la vasta bibliografía, es excelente la guía de Giles Constable, *Letters and Letters-Collections*, Typologie des Sources du Moyen Age Occidental Fasc. 17, Turnhout, 1976.
13. Por esta razón, Paul Oskar Kristeller, «Humanism and Scholasticism in the Italian Renaissance» (1944), reimp. en su *Renaissance Thought and its Sources*, Nueva York, 1979, págs. 85-105, propone que los *humanistae* no eran más que los sucesores de los *dictadores*. Kristeller aporta innumerables datos adicionales en ensayos posteriores (por ejemplo, véase el índice, s.v. "letter" en su *Renaissance Thought and the Arts: Collected Essays*, Princeton, 1980; y *Medieval Aspects of Renaissance Learning: Three Essays*, ed. E. P. Mahoney, Durham, N.C., 1974, págs. 11-14, 109-110). Constable, *Letters and Letter-Collections*, págs. 39-41, da algunas indicaciones.

za documental que me induce a prestar tanta importancia a este género. Dicho catálogo incluye tan sólo los textos escritos en dialectos castellanos, y tan sólo los textos impresos. Por consiguiente, representa solamente una fracción del material conservado, excluyendo categorías tan importantes como las cartas inéditas, las latinas de autores españoles, y las catalanas. Sin embargo, llega al número impresionante de 564 asientos[14]. Aun si la mayoría de la cartas inéditas no son epístolas literarias, sino cartas ordinarias —y esto queda por establecer—, no es nada desdeñable la documentación asequible; supongo que es centenares de veces más grande que toda la documentación conservada anterior. Tenemos epistolarios más o menos extensos de Diego de Valera, Fernando de la Torre, Diego Rodríguez de Almela, Fernando del Pulgar, y el doctor Francisco López de Villalobos; y epístolas sueltas, a veces muy importantes, de Enrique de Villena, Santillana, Alonso de Cartagena, Juan Rodríguez del Padrón, Gómez Manrique, Juan de Lucena, Juan Alvarez Gato, Fernando Bolea y Alfonso Ortiz[15]. Todos son precursores, por supuesto, de las *Epístolas familiares* de Guevara, que constituyen el punto culminante de esta etapa de la historia del género epistolar en España. No he enumerado los epistolarios latinos, de acuerdo con las directrices de este estudio, pero veremos que la mención de algunas *epistulae* latinas, como las de Cartagena o de Alfonso de Palencia, es inevitable; no menos inevitable, en un estudio a fondo, una consideración de las traducciones vernáculas de las *Epistulae ad Lucilium* de Séneca o de varias cartas de Leonardo Bruni, o una investigación de la presencia en bibliotecas señoriales de textos latinos o italianos de epístolas de Cicerón o de los humanistas. Desde luego, dentro de los límites de esta ponencia no voy a abordar un estudio de todos estos textos; pero creo preciso establecer un punto primordial: esta masa de textos, por su mera numerosidad, merece el nombre y condición de «género». No se trata de un manojo de ejemplos aislados, sino de un ramo floreciente de la literatura, que debe estudiarse en toda su dimensión. Y esto sin hablar de la fuerte influencia genérica que ejercía el género epistolar sobre otros tipos de literatura, como por ejemplo la novela sentimental (no pienso sólo en el *Processo de cartas de amores* de Juan de Segura, de 1548, sino en todas estas obras, en las que nunca faltan ejemplos de cartas; y en el *Siervo libre de amor* de Juan Rodríguez del Padrón, que se presenta como una epístola a su amigo Gonzalo de Medina).

14. La lista, que se publicará en la serie de manuales bibliográficos de Grant & Cutler, se intitula *Spanish Fifteenth-Century Letters: A Descriptive Checklist of Published Texts*, y forma parte de la tesis doctoral inédita de Carol Anne Copenhagen, «Letters and Letter Writing in Fifteenth-Century Castile: A Study and Catalogue», leída recientemente en la Universidad de California, Davis. Le agradezco a la Srta. Copenhagen la oportunidad de ver este catálogo, y al prof. Alan Deyermond por haber reclamado mi atención sobre tan interesante trabajo.
15. No doy las referencias bibliográficas de estos textos, fácilmente comprobables en los manuales; espero dar un catálogo razonado y completo en otro lugar.

La tesis que quiero aventurar es esta. En aquellas epístolas españolas del siglo XV hay cifrada toda la prehistoria del desarrollo de un género renacentista, que contradice de algún modo la conclusión negativa que sacamos de la historia de los géneros poéticos; y que debilita la teoría de Rubió y de otros, que han visto en la falta de un «nexe profesional i potser idiomàtic» —o sea, en ese «diletantismo» aristocrático de que hablaba Menéndez Pelayo— la gran barrera a la implantación del Renacimiento en suelo hispánico. Al contrario: la adaptación lenta del estilo y *decorum* ciceroniano o senequiano a la tarea de componer epístolas españolas, a lo largo del siglo XV, parece haber sido consecuencia de la participación, no de humanistas profesionales, sino, precisamente, de la de los *dilettanti*, tanto en su calidad de lectores como en la de autores.

Hay un pasaje en la *Letra XXI* de Fernando del Pulgar que me parece, en cierto sentido, un *locus classicus*. La letra pertenece a un tipo muy frecuente durante el siglo XV: la autodefensa de los fueros del escritor no profesional a pronunciarse en cartas personales sobre asuntos políticos. La letra de Pulgar se dirige a un «encubierto amigo», y responde a «una carta que fue echada de noche y tomada entre puertas», llena de injurias contra Pulgar por haber escrito otra epístola sobre las injusticias de la Inquisición de Sevilla (1481). Debemos comparar la *Letra XXI* con la *Epístola III* de Mosén Diego de Valera, de 1447, que también se intitula «A un amigo suyo, porque le reprehendió aver escripto la epístola ante desta» (o sea, *Epístola II*, su célebre reprehensión de Juan II en la crisis de las treguas de Tordesillas) [16]. Valera había reclamado para sí el derecho a publicar sus críticas del rey a pesar «de la baxeza de mi estilo, la graveza de mis conclusiones, la aspereza de mi escrivir, la inhabilidad de mi hábito». ¡Qué de lecciones hay en el balance solemne de ese *tetracolon* ciceroniano, y en el asianismo jugoso de los *homoioteleuta* y del *schema etymologicon*, que algunos creen fueron inventos del obispo de Mondoñedo!

Pero el pasaje de la letra de Pulgar toca un asunto más específico, que concierne a uno de los puntos primordiales de la definición del género epistolar: la cuestión del *decorum* del estilo «familiar». Hay que citarlo *in extenso*:

> Reprehendésme asimismo de «alvardán», porque escrivo algunas vezes cosas jocosas; y ciertamente, señor encubierto, vós decís verdad. Pero yo vi aquellos nobles y magníficos varones marqués de Santillana don Iñigo López de Mendoça y don Diego Hurtado de Mendoça su fijo, duque del Infantadgo, y a Fernand Pérez de Guzmán, señor de Batres, y a otros notables varones escrevir *mensajeras* de mucha dotrina interponiendo en ellas algunas cosas de burlas que davan sal a las veras. Leed, si os plaze las epístolas familiares de Tulio que enbiava a Marco Marcello y a Lelio Lucio y a Ticio y a Lelio Valerio y a Curión y a otros muchos,

16. *Prosistas castellanos del siglo XV*, ed. Penna, págs. 5-8.

y fallarés interpuestas asaz burlas en las veras. Y aun Plauto y Terencio no me paresce que son reprehendidos porque interpusieron cosas jocosas en su escritura. No creáis que traigo yo este enxemplo porque presuma compararme a ninguno de éstos; pero ellos para quien eran y yo para quien só ¿porqué no me dexarés vós, acusador amigo, alvardanear lo que sopiere sin injuria de ninguno, pues dello me fallo bien y vós no mal? Con todo eso os digo que si vós, señor encubierto, fallardes que jamás escriviese un renglón de burlas dó no oviese catorce de veras, quiero yo quedar por el alvardán que vós me juzgáis. [17]

La apelación de Pulgar a la autoridad de Cicerón es importante, aunque poco clara. Resulta que, de las cartas mencionadas, sólo una (*Ep. fam.* I, x, a L. Valerius) es una muestra del estilo jocoso del padre de la elocuencia latina. En cualquier caso, la mención de Cicerón era demasiado previsible. Sin embargo, Pulgar no estaba abusando de una vanidad hueca; las cartas citadas sí hallaron eco en otras *letras* suyas, dejando constancia de largas elucubraciones estilísticas. La famosa *consolatoria* a Marcellus (IV, VIII), por ejemplo, que consuela al amigo de Cicerón con el paradójico recurso de negar la eficacia de cualquier consolación, le dio a Pulgar uno de sus tópicos más característicos; léase, por ejemplo, la *Letra VIII*, que consuela al obispo de Tuy por su encarcelamiento «en jaula e en hierros» en Portugal (1478) con el mismo juego de ingenio, y con un tono chocarrero que parece muy fuera de lugar si no se tiene en cuenta la elegante alusión al maestro romano. Cuando Cicerón reprocha burlonamente a su amigo Valerius por su silencio (I, x), Pulgar no duda en remedar el mismo tono desenfadado en sus propias reprimendas al Prior de Paso, que ni le escribe ni le visita (*Letras XXVIII* y *XVIII*): «Reverendo señor: si soñastes que os havía de escrivir una o dos veces e que vuestra reverencia no me responda a ninguna, no creáis en sueños, porque los más son inciertos». Otra *epistula* ciceroniana que influye hondamente en Pulgar es la II, IV a Curio, que divide los «epistularum genera» en tres especies: la carta de noticias, el «genus familiare et iocosum» y el genus «severum et grave». Cicerón se disculpa por no haber escrito noticias (no tiene nuevas), ni cosas jocosas (los infortunios de la *respublica* le impiden pensar en burlas), ni cosas graves (son peligrosas). Pulgar adapta toda esta ristra de disculpas; la primera, por ejemplo, en *Letra XXVIII* («Me mandáis que os escriva nuevas, e para decir verdad, de lo que yo sé ningunas hay de presente sino guerra de moros...»); la segunda, en *Letra XXVII* («Incrépame V.M. porque no escrivo nuevas de la tierra. Ya, señor, estó cansado de os escrivir generalmente; algunas veces, pero, me he asentado con propósito de escrivir particularmente las muertes, robos, quemas, injurias, asonadas, desa-

---

17. *Letras. Glosa a las coplas de Mingo Revulgo*, ed. Domínguez Bordona, Madrid, 1958, págs. 87-88. A continuación, cito por esta edición, dando sólo el número de la *Letra* correspondiente. Sobre las circunstancias de *Letra XXI*, véase Francisco Cantera Burgos, «Fernando del Pulgar y los conversos», *Sefarad* 4 (1944), págs. 295-348.

fíos, fuerças, juntamientos de gentes, roturas, que cada día se fazen *abundanter* en diversas partes del reino»); la tercera, en *Letra XXVIII* («Menos escrivo nuevas, porque las públicas vós las sabés, y las secretas yo no las sé»).

Salta a la vista lo artificial de estos recursos en las *Letras* de Pulgar. Si escribe una epístola de noticias que no trae noticias, y luego la incluye en una colección impresa, es claro que lo hace porque siente que la presencia de disculpas de este tipo es imprescindible en lo que él concibe en cierto modo como un epistolario ciceroniano. Es un deber «genérico»; parte del *decorum* impuesto por la autoridad de Cicerón. En efecto, se nota un intento de incluir letras representantes de cada uno de los tres *genera* definidos en la *epistula* a Curio: informativo (*Letra XXV*, al obispo de Corio, sobre las guerras intestinas —*bellum civile*— de 1473), jocoso (*Letra I*, refutación burlona de De Senectute de Cicerón) y grave (*Letra XXII*, exhortación al joven Gabriel de Mendoza a estudiar el *De Officiis* de Cicerón; acaba con una cita textual de *Ep. fam.* II, I, a Curio)[18]. El orden de las *Letras* impresas no es cronológico, sino que obedece al principio litereario de la *variatio* azarosa, como el epistolario de Cicerón. Creo bastante notable el hecho de que, al incluir la citada *Letra XXI* «A un encubierto amigo», sobre su famosa epístola en torno a la Inquisición sevillana y los conversos, no se sentía obligado a incluir ésta última; lo que le interesaba, en el momento de preparar su epistolario para el público, no parece haber sido el asunto de los «herejes de Sevilla», sino la oportunidad de lucir su habilidad en la composición de cierto tipo de epístola apologética que ya se sentía, como he señalado arriba, como constitutiva del género epistolar. Incluso podemos ver cierto elemento de burla o parodia genérica en la *salutatio* al «encubierto amigo»; si bien el «amigo» de Valera era (probablemente) un amigo, el destinatario de la *letra* pulgariana estaba muy lejos de serlo, y tampoco creo que era «encubierto»; se refería, sin duda, a algún escándalo bien conocido, delicia de los corrillos de la corte.

Los otros modelos clásicos que alega Pulgar, Terencio y Plauto, son a primera vista inesperados; pero el que Pulgar encuentre parecidos entre el estilo cómico y el *sermo familiaris* de las cartas de Cicerón es menos sorprendente si tenemos en cuenta el hecho de que los humanistas de la época (y, por supuesto, aún más los del siglo XVI) consideraban a Terencio como el segundo gran maestro de la retórica latina, apenas inferior a Cicerón, y sobre todo como patrón y dechado del *sermo humilis*. Un nexo especial entre el estilo «terenciano» y el epistolar (basado en la fama de Terencio como autor amatorio, y el desarrollo de la «carta de amores» como forma

---

18. Estas correspondencias que establezco entre Cicerón y Pulgar son, lo sé bien, demasiado vagas. Sin embargo, no queda duda acerca de la influencia que ejerció el escritor romano sobre Pulgar. Urge estudiarla metódicamente.

independiente durante el siglo) es observable en la curiosa, y hasta la fecha no explicada referencia de Juan Rodríguez del Padrón a sus «epístolas en son de comedia»[19]. Este nexo explica la técnica de la *epistula* latina que el amigo de Pulgar, Alfonso de Palencia, le mandó, tal vez en 1467, describiendo sus aventuras en la ciudad imperial de Toledo mediante un diálogo cómico entre una alcahueta, una vieja borracha y una ramera[20]. Todo el entramado y estilo de esta *epistula* son terencianos; la fuerte influencia de la *dictio* cómica romana es observable, efectivamente, en todas las cartas latinas de Palencia. Por casualidad, existe un testimonio concreto de que la autoridad estilística de Terencio no le era letra muerta al cronista palentino: me refiero a Salamanca, Biblioteca Universitaria MS 78, ejemplar de la propiedad particular de Palencia que contiene dos comedias terencianas (incompleto) con el comento y preámbulo de Donato, y que lleva una serie de breves anotaciones marginales en una letra humanística de la época que trae señas de haber sido la del propio posesor del códice[21]. Muchas de estas anotaciones son de tipo gramatical («*Ades*: pro "*adsis*"») o retórico («Eclipsis», «antitheton», etcétera). Es digno de notar que el texto (como en la mayoría de manuscritos e incunables del siglo XV) está copiado a renglón tirado, como si estuviera escrito en prosa.

Todo esto demuestra que Pulgar modelaba su epistolario sobre Cicerón, y tal vez con atención al estilo de Terencio. Pero en el pasaje de la *Letra XXI* citado arriba, los autores romanos sólo vienen citados en segundo y tercer lugar. El puesto de preferencia se concede a modelos nada convencionales: a Santillana (1398-1458), a Diego Hurtado de Mendoza (1417-1479), a Pérez de Guzmán (c.1378-c.1460) y a «otros notables varones» innombrados.

---

19.   Juan Rodríguez del Padrón, *Siervo libre de amor*, en sus *Obras completas*, ed. César Hernández Alonso, Madrid, 1982, pág. 163. Edwin J. Webber, «The *Celestina* as an *arte de amores*», MPh, 55 (1958), págs. 145-153, propone una hipótesis muy interesante acerca de esta frase, comparándola acertadamente con Pedro Manuel Jiménez de Urrea, *Penitencia de amor*: «Este arte de amores está ya muy usada en esta manera por cartas y por cenas, que dize el Terencio; y naturalmente es estilo del Terencio lo que hablan en ayuntamiento». Es obvio, en esta cita, que la conexión estriba en la vieja definición de la epístola como un tipo de «diálogo *per absentiam*»; véase más abajo, pág. 15. Para Terencio como modelo de estilo en España, véase Edwin J. Webber, «The Literary Reputation of Terence and Plautus in Medieval and Pre-Renaissance Spain», HR, 24 (1956), págs. 191-206; *idem*, «Manuscripts and Early Printed Editions of Terence and Plautus in Spain», *RPh*, 11 (1957), págs. 29-39.

20.   Alfonso de Palencia, *Epístolas latinas*, ed. Robert B. Tate y Rafael Alemany Ferrer, Publicaciones del Seminario de Literatura Medieval y Humanística, Universidad Autónoma de Barcelona, Bellaterra, 1982, págs. 52-56.

21.   El MS Salmanticense (membranáceo, I + 69 fols., letra humanística del siglo XV, foliación antigua 2-69, siete quinterni, faltando la primera hoja del primer cuaderno; encuadernación mudéjar original) es incompleto; termina abruptamente en la mitad del primer acto de la segunda comedia. Proviene de alguna *bottega* italiana: contiene el *Commentum* de Elio Donato ("redescubierto" en Mainz por Aurispa en 1433), con sus *Praefationes* sobre el origen y naturaleza de la *comoedia*, la *Vita Terentii*, y los prólogos y argumentos sobre la *Andria* y un fragmento del *Eunuchus*. En la primera hoja de guarda, en letra humanística semi-cursiva del siglo XV, se lee: «apud valentiam emit Alfonsus palentinus *pro* precio 19 ff. auri aragoniȩ». Las anotaciones son distintas de las del copista, y se parecen mucho a las de la primera hoja de guarda, lo cual me induce a pensar en Palencia (1423-1492) como autor.

Esta alusión directa implica la existencia de todo un mundo de epístolas *mensajeras* castellanas, escritas durante la generación anterior a la de Pulgar, que ya tenían prestigio de modelos a finales del siglo. Al hablar de esas «mensajeras de mucha dotrina», Pulgar expresa una autoconciencia genérica muy significativa. Se apoya en las reglas de un género que él concibe como una tradición establecida. Y, como hemos visto, Pulgar comparte con sus lectores esta conciencia de una tradición, con su alusión implícita a la *Epístola III* de Valera, precursor y maestro reconocido.

La nómina de autores nobles enumerados por Pulgar tiene, por supuesto, un fin sociológico; el autor, atacado como *albardán* o «truhán profesional», se apresura a asociarse con el estamento aristocrático[22]. Pero para nosotros, tiene otro interés. Refleja la cultura de ese círculo de lectores de que hablaba al principio de esta ponencia. Al parecer, aquellos magnates no sólo se divertían leyendo traducciones de obras latinas, sino también se carteaban entre sí con epístolas familiares en estilo jocoso. Lo apasionante de la noticia de Pulgar estriba en el hecho de que no se conocen epístolas de Diego Hurtado de Mendoza, sólo una de Fernán Pérez de Guzmán, y una media docena de Santillana. Se trata, por lo tanto, de una etapa floreciente pero hoy casi completamente perdida de la trayectoria del género epistolar castellano.[23]

Casi perdida; pero no totalmente. Porque los pocos textos conservados dan atisbos preciosos de lo que pudo haber sido el ambiente de aquel período. El testimonio más valioso son los dos epistolarios del caballero burgalés Fernando de la Torre (c.1416-1475): el *Libro de las veinte cartas e quistiones* mandado a la Condesa de Foix doña Leonor, infanta de Navarra, alrededor de 1455, y una colección más corta, mandada a Pero López de Ayala en 1456. Entre los dos, conservan una cuarentena de epístolas,

---

22. El sentido preciso de la palabra *albardán* se desprende de un pasaje de Alfonso de Cartagena (*Declinationes*, en A. Birkenmajer, «Der Streit des Alfonso von Cartagena mit Leonardo Bruni Aretino», *Beiträge zur Geschichte der Philosphie des Mittelalters* XX, Heft 5 (1922), págs. 169-170): «*Scurra* proprie est qui curiam sequens per mensas alienas discurrit et risum excitat ac aliis solacium, sibi utilitatem procurat; hi tamen sunt, quos nos *alvardanos* dicimus.» Cartagena distingue enfáticamente entre este bufón profesional y el *bomolochus*, o «importunus trufator», que profiere «facetias, etiam si ad turpiloquia declinent»; el *albardán* «lucri causa iocis insistit», mientras que los truhanes o *trufadores* son «plerique nobilium et infractae fortunae virorum... qui tamen alvardanis nulla connexione iunguntur». Escondido bajo este ataque del «amigo encubierto» va una alusión patente a la sangre judía de Pulgar, como demuestra con mucho tino Francisco Márquez Villanueva, «Jewish "Fools" of the Spanish Fifteenth Century», *HR* 50 (1982), págs. 385-409.

23. Por cierto, no causa sorpresa esta pérdida de textos, ya por la naturaleza deleznable y precaria de la carta suelta como objeto material (piénsese en algunos descubrimientos recientes de cartas: envuelta en el forro de una encuadernación antigua, extraviada entre las hojas de algún tomo de «varios» o cancionero mal catalogado, o conservada entre la masa de documentos de algún genealogista dieciochesco), ya por nuestra ignorancia y la falta de investigaciones monográficas sobre el tema. Del primer duque del Infantado, sólo sabemos que heredó la afición de su padre a los libros (Schiff, *Bibliothèque du Marquis de Santillane*, págs. xc, 392-393, 460-464), y que era «bien instruto en las letras latinas» (Fernando del Pulgar, *Claros varones de Castilla*, ed. R. B. Tate, Oxford, 1971, págs. 43); sus obras han desaparecido, al menos temporalmente (quizás, como las 6.000 cartas de su sobrino el segundo conde de Tendilla, yacen olvidadas en la sección Osuna del Archivo Histórico Nacional).

obra de un círculo de unos quince correspondientes en total, cubriendo un período de cinco o seis años (la fecha más antigua es de 1449)[24]. En varias epístolas se desprenden noticias de la vida ajetreada de Fernando, soldado y cortesano: un viaje a Basilea (1434?), correrías por Francias en 1453, largos años pasados en el servicio de la Corona de Castilla como regidor y alcalde, meses de inactividad forzada durante el sitio de Benavente, la pérdida del brazo derecho en la escaramuza de Briones. Pero Fernando era también un hombre literato, con la cultura típica de los miembros de su estamento. Una epístola recuerda su estancia juvenil «en una escuela de Florencia», y en todas aparece como devoto de los autores clásicos e italianos en boga —Séneca, Cicerón, Valerio Máximo, Aristóteles (la *Etica*), Dante (o al menos Benvenuto), Boccaccio; todos asequibles en castellano. Era además fino conocedor de la literatura castellana de su día —su héroe, Santillana— y coplero incansable, que emborronaba cuartillas a cada momento.

La lista de sus correspondientes es notable: va desde el rey don Enrique IV y los nobles encumbrados en el poder (Santillana, el conde de Haro, Pero López de Ayala, señor de Fuensalida y alcalde mayor de Toledo) hasta los caballeros, secretarios y gente menuda del palacio (Per Arias de Avila, Alvaro de Villarreal, Pedro de Porras y Sancho de Torres); desde letrados y religiosos (Alfonso de Madrigal el Tostado, a la sazón Maestrescuela de Salamanca, el maestro fray García, confesor de la reina, cierto Pedro «abad de San Quirze», y el entrañable amigo fray Alvaro de Zamora, mayordomo del monasterio de San Juan de Ortega de Burgos) hasta las grandes damas (doña Lieta de Castro, las condesas de Foix y Castañeda) y varias señoras y damas anónimas —no faltando más de dos por las que Fernando expresa una pasión amorosa.

No menos notable es la variedad temática de su epistolario. Practica algunos tipos formales y formularios, como la *consolatoria* (por ejemplo, «A una discreta señora», XV-XVIII en la edición de Díez Garretas; o CXCVI, que cita largamente de una *consolatoria*, ahora perdida, sobre la muerte de Alonso de Cartagena, dirigida a su hermano don Pedro de Cartagena); la *recuesta* o *questión* de amores («A Diego Gómez de Toledo», XXXI-XXXIII), la inevitable carta «al amigo que se metió fraile», que

---

24. *La obra literaria de Fernando de la Torre*, ed. M.ª Jesús Díez Garretas, Valladolid, 1933, edita el primer epistolario a base de Madrid, Biblioteca nacional MS. 18041 (procedente de la biblioteca de la Condesa), y el segundo a base del MS Res. -35. Deduzco las fechas provisionalmente de los datos siguientes: el primer epistolario tiene que ser anterior al segundo, fechado en enero de 1456 (pág. 338 de la edición), porque en éste La Torre cita textualmente a aquél (pág. 341). Ahora bien, el *terminus a quo* para el primer epistolario es 1455, año en que Leonor de Aragón, condesa de Foix, fue proclamada Infanta de Navarra por primera vez, título con que se nombra en la dedicatoria. Sólo hay otra epístola fechada, la XLVI, escrita durante el sitio de Benavente en 1449 (*Crónica de Juan II*, B.A.E., LXVIII, pág. 663). Pero hay que admitir un *terminus ante quem* posterior en algunos casos, ya que la última carta (CXCVI) refiere a la muerte reciente de Alfonso de Cartagena, acaecida en marzo de 1456.

Pulgar iba a transformar en documento de honda emoción humana al escribir su famosa *Letra XXIII* «A su fija monja» («A Alvaro de Zamora», XXI-XXV);[25] la *exhortatoria a las letras*, practicada, como hemos visto, por Pulgar, y también por Juan de Lucena («A un su sobrino», XL); la carta *apologética* sobre «la causa que osado me faze para escrivir tantos desvaríos» («Respuesta al abad de San Quirze», XLII); la carta política o «abierta» («A Enrique IV», CXCi-CXCV); y, por supuesto, las *dedicatorias, comendaticias* y otras «lisonjeras salutaciones» anejas al género (Prólogo, XXXVIII, CXCI, etc.). Otras epístolas, sin embargo, siguen derroteros menos tradicionales. Partiendo de circunstancias personales, la Torre escribía pequeños ensayos senequianos sobre la filosofía moral (léanse las epístolas XXIV-XXVI, a una de sus enamoradas que había entrado en religión, o las XXIII-XXIV, de fray Alvaro «cuando le ferieron en Briones»); sobre los estudios y la literatura («A ota señora», XX); y sobre varias cuestiones eruditas («A Iñigo de Mendoza, de las deesas», II-III; «A García el Negro, de la diferencia que hay entre emperador y rey», I). Junto con la lista de correspondientes dada más arriba, estas series —casi siempre vienen en la forma de *preguntas* y *respuestas*— nos pintan un cuadro vivaz de una sociedad culta e inteligente, en la que la vida intelectual se alimentaba de un constante vaivén de «mensajeras de mucha dotrina». Cultura cortesana y, si se quiere, diletantesca, cuya expresión exacta correspondía a la forma amena y elegante de la epístola, precursora en esto, como ha señalado el profesor Marichal, del ensayo.[26]

Pero lo que más interesa en el epistolario de la Torre es el estilo. Capaz de escribir a la manera «palanciana» cuando le incumbía, con esa prosa ampulosa y latiniparla cargada de citas pedantescas y esquemas retóricos rimbombantes tan grata a los *dictadores* (véanse las misivas oficiales, como el Prólogo, XXXVIII, CXCII, etc.), Fernando prefería emplear un estilo distinto cuando hablaba con sus amigos. Nos ha dejado constancia en muchas epístolas de lo que significaba el ideal del estilo familiar entre el círculo de sus correspondientes. Escribiendo al caballero Iñigo de Mendoza, se pregunta si «el dulce comercio e pasatiempo por escriptura» que le da tanto placer, que incluso le mueve a cartearse con personas desconocidas «sin debdo nin conocimiento», debe considerarse una especie del «amor» o de la «amistad» (IV). Captando el leve tono de burla de esta

---

25. Sobre este tipo de carta, practicado también por Juan Alvarez Gato, véase Constable, *Letters and Letter-Collections*, pág. 15, nota 23. Fritz Neubert, «Einführung in die französische und italienische Epistolarliteratur der Renaissance und ihre Probleme», *RJ* 12 (1961), págs. 67-93, menciona una carta a un «nouveau réligieux» escrito por Antoine de la Salle, autor de la *Histoire du petit Jehan le Saintré*, en c. 1455, como ejemplo temprano de la epistolografía vernácula en Francia.

26. Juan Marichal, *La voluntad de estilo: teoría e historia del ensayismo hispánico*, Barcelona, 1957, págs. 21-52. Marichal opina que las *Letras* de Pulgar marcan el «comienzo efectivo del Renacimiento castellano» por su «individualidad personal y el afán sociable». Para Fernando de la Torre, págs. 39-42.

aplicación de los métodos de una *quaestio* escolástica a tal nonada, Iñigo responde, con argumentación ingeniosa y deliberadamente aparente, que debe ser «amor» (*amour lontain*). Los dos amigos esgrimen, a sabiendas, un viejo tópico; San Agustín definió la epístola como una forma de *amicitia* («sermo amicorum absentium»), y esto, atribuido a la figura fantástica y exótica del *cómico* Turpilianus, se convirtió en muletilla y lema inevitable de las *artes dictaminis*, sin duda pretexto para unos comentarios polvorosos e innecesarios en las clases escolares de retórica[27]. Por consiguiente, el tono de ambas cartas es finamente socarrón: «reirés un rato con este desvarío», concluye Mendoza, disculpándose por lo insustancial de su respuesta con frase corta y graciosa: «Nuevas de acá sería enbiar pescado a Laredo».

En efecto, la énfasis que la Torre pone en el carácter de «pasatiempo» de estas epístolas, y su rechazo de la «retórica frairiega» (XXVIII), está muy lejos de ser un tópico de falsa modestia[28]. Buena prueba de su consciente empleo del estilo familiar es su manejo del refranero. Dichos y proverbios de castizo sabor popular salpican su prosa a cada instante, aligerando el tono y dando un sello inconfundible de gracia e ironía incluso a los

---

27. Constable, *Letters and Letter-Collections*, pág. 15. Por supuesto, el mismo tópico reaparece en los primeros *Briefsteller* humanísticos, que en esto como en tantas cosas demuestran su «Traditionsgebundenheit»: véanse los ensayos de Helene Harth, «Poggio Bracciolini und die Brieftheorie des 15. Jahrhunderts: Zur Gattungsform des humanistischen Briefs», y Barbara Marx, «Zur Typologie lateinischer Briefsammlungen in Venedig vom 15. zum 16. Jahrhundert», en *Der Brief im Zeitalter der Renaissance*, ed. Franz Josef Worstbrock, Mitteilungen IX der Kommission für Humanismusforschung, Deutsche Forschungsgemeinschaft, Weinheim, 1983, págs. 81-99 y 118-154. Así, Francesco Negri (véase nota 33) escribía en 1488: «in Turpilianis fabulis vetustissimis memoria traditum accipimus non alia scilicet de causa epistolam fuisse repertam, nisi ut absentes amicos praesentes redderemus, eorumque litteras intuentes intervallo locorum ac temporum interpolatam aliquantisper amicitiam instauraremus». En la *letra* de Fernando de la Torre no falta la alusión al *intervallo locorum* («por una quarentena de leguas que en medio están non consiente a que por palabra me lo digáes».

28. Lo apunta muy bien Marichal, *La voluntad de estilo*, *loc. cit.*, atribuyendo el nuevo estilo familiar a la «irrupción» de un auditorio femenino (41-42). Cuando Fernando de la Torre llama a su correspondencia un «dulce comercio», piensa en la famosa frase de Cartagena sobre Leonardo Bruni, «mi muy especial amigo con quien por epístolas ove dulce comercio» (en la *Respuesta* a Santillana, 1444: *Prosistas castellanos del siglo XV*, I, pág. 239). Sus propias cartas, sin embargo, merecen los apelativos de «malatados desvaríos» (XVI), «rudos e desabridos manjares» y «pasatiempo» (Prólogo); sólo sirven para hacer reír, las aprecia en un par de «calças para la fiesta» (XL) o de «peras tempranas —aunque no sean de tanta sustancia—» (XXVIII); van destinadas al «sacreficio» del fuego, al rincón de retrete, o para «capa o envoltorio de otras cartas (*ibid.*). Característicamente, reduce el tópico a risa con un refrán: «quien para sí no tiene fartura de vaca mal puede dar a otro abasto de faisanes» (CXCIII). En dos importantísimas cartas a damas de la corte, Fernando expone sus ideas estilísticas con más detalle. En XX, compara los méritos de la ciencia y «theórica, que es lo más alto e artificial», frente a la sabiduría innata, que «sin actoridades agenas», pero con «agudo ingenio natural fantasiando», alcanza «algunos primores que a algunos letrados difíciles parescerían». La preferencia de la Torre es clara: admira la espontaneidad y naturalidad de los que «tienen en la mano» lo que quieren decir, cuya pluma es «una apresurada e limpia gotera de notables razones». Concluye: «Y aun en nuestros tiempos ¡quán polidas cosas de ombres sin letras avemos visto! así como de Francisco Imperial, Alfonso Alvarez, Ferrand Manuel, Ferrand Pérez de Guzmán y otros infenitos... desviados de aquellas letras aun para leer una ramançada letra». Y otra vez, como más tarde en Pulgar, sale el nombre de Santillana como sumo ejemplo de «alteza de ingenio e industria sotil e *natural*». Asimismo, en *Letra XXVIII, aunque defiende las letras y la erudición contra sus detractorres, se niega a «borrar lo blanco de tres pliegos» con «proverbios e retórica frairiega» por no fastidiar a la señora.*

pasajes más eruditos. En una epístola de «requerimiento» amoroso a una dama, llega a componer una suerte de precursor de la *carta por refranes*; la carta, que él califica de «grosera» —o sea, lasciva—, prescindiendo de rodeos cortesanos y «dexadas las otras viejas e usadas maneras de requerir e actoridades ajenas», demanda un *galardón* francamente carnal mediante el viejo apotegma: «la tardança del tienpo daña la graciosidad del beneficio». Termina con un par de refranes con doble sentido erótico fácilmente deducible (XXXV).

En efecto, el epistolario de Fernando de la Torre muestra las señas de un nuevo concepto del género epistolar: ya no se practica exclusivamente como ejercicio retórico, según los esquemas estilizados de las cinco *patitiones* y el *cursus*, sino como diálogo amistoso, libre e íntimo. A este respecto, el contraste con las epístolas de don Enrique de Villena, tan importantes históricamente, es tajante. Villena, amigo y preceptor en un momento del joven Santillana, fue el responsable, sin duda alguna, de la introducción de la forma epistolar como ejercicio literario entre los círculos ilustrados de la nobleza castellana; pero sus propias epístolas, como han demostrado Carr, Cátedra y otros, se aferraban formal y estilísticamente al *ars dictaminis*[29]. Por lo contrario, las pocas epístolas conservadas de Santillana acusan el mismo desarrollo estilístico de las de la Torre. Su *Questión* a Alfonso de Catagena (1444), por ejemplo, refleja su voluntad de evitar la estructura formal y la retórica escolástica. Partiendo de una circunstancia personal («Leyendo yo este otro día, reverendo señor e mi mucho especial e grande amigo, una pequeña obra de Leonardo de Arecio...»)[30], procede primero a la *petitio* —orden inversa de la prescrita— sobre un punto de erudición histórica; no olvida acentuar el motivo de la *amicitia* («¿Adónde iré yo agora, señor, a fartar e satisfacer esta sed e deseo en nuestros reinos, o fuera dellos, así por grandíssimo estoriógrapho e investigador de las tales e muy altas cosas como por magna, por antigua, verdadera e non corrompida en algunt tiempo amistad, mejor nin tan bien que a vós, señor

---

29. Enrique de Villena, *Tratado de la consolación*, ed. Derek C. Carr, Madrid, 1976, págs. LXVI-XCVI, Pedro Manuel Cátedra, «Algunas obras perdidas de Enrique de Villena, con consideraciones sobre su obra y su biblioteca», *Anuario de Filología Española* 2, (1985), págs. 317-339, estudio pionero que releva «la predisposición de Villena por el arte epitolográfica» (nótese la referencia a «obras menores de epístolas e arengas e propusiciones e principios de la lengua latina, de que fue rogado por diversas personas», en la *Glosa a la Eneida*, c. 1428).

30. *Prosistas castellanos del siglo XV, I*, págs. 235-236 (la *Respuesta* de Cartagena, 236-245). Tales exordios, que ponen la *salutatio* (contra todas las prescripciones del *dictamen*) en frase subordinada, raros en Santillana (*cf.* el exordio regular del *Carta-prohemio*: «Al illustre señor don Pedro, muy magnífico condestable de Portugal, el marqués de Santillana, conde del Real, etc., salut paz e devida recomendación: En estos días passados...»), aparecen por primera vez, si no me equivoco, en Cartagena (*vid.* la *Epistula ad comitem de Haro*, de c. 1440: «Una dierum, inclyte Comes, ex his quae in mense paene proximo transierunt, cum spatiosius solito negotiis solutus vacarem...», en J. N. H. Lawrance, *Un tratado de Alonso de Cartagena sobre la educación y los estudios literarios*, Publicaciones del Seminario de Literatura Medieval y Humanística, Universidad Autónoma de Barcelona, Bellaterra, 1979, pág. 29, con nota ahora desechable); señal de la nueva «libertad» familiar, este rasgo de estilo se hace general durante la segunda mitad del siglo.

mío?»). Después, pasa artificiosamente a un pasaje, no menos largo, en que lamenta las «más que dibdadanas batallas» de Castilla. Como expresión de una *saeva indignatio* templada con estoica resignación, la prosa de Santillana alcanza aquí un equilibrio notable; reminiscencias bíblicas y clásicas, combinadas en cláusulas de ritmo calculado, dan una *amplificatio* muy efectiva. No parecen exageradas las alabanzas de Cartagena por su «linda eloqüencia en nuestra lengua vulgar, donde menos acostumbrarse suele que en la latina en que escrivieron los oradores pasados». Desafortunadamente, no tenemos ejemplos de la vena jocosa del marqués, las *mensajeras* en las que interponía «cosas de burlas que davan sal a las veras» según Pulgar. No dudo, sin embargo, que existieran, cuando un escritor tan poco dado a las burlas como el Tostado puedo incluir, incluso en una consolatoria por la muerte de su padre dirigida al conde de Alba, frases de sabor popular y ligereza inesperada («a vós dé vida cumplida con que muy bien governéis vuestra persona y casa... que en verdad, maldito el otro bien verdadero ay en él»; y, más adelante, «verdad es que tiene haz todo este enbés, sino que se usa más y es más cierto el enbés que la haz»).[31]

Ahora bien: en todo esto, los escritores castellanos parecen anticiparse a ciertos preceptos de los humanistas. Estos vinieron a elaborar, a lo largo del siglo, una teoría de la *epistula familiaris* en términos aplicables a la práctica de Fernando de la Torre y sus contemporáneos, si bien los preceptistas italianos pensaban sólo en «la prudente lengua de los theóricos», como decía la Torre (XXVIII). Por ejemplo, Guarino, en sus primeros cursos veroneses sobre las *Epistulae ad Familiares* de Cicerón, atacaba el *aulicum dictamen* por sus «dificillimas orationes» y «asperos artificii locos», contrastándolo con el «facile quoddam et planissimum dicendi genus» del maestro romano[32]. Otro preceptista anónimo, ya promediado el siglo, escribía que, «ut igitur epistola ex omnibus suis partibus levis, festiva, equabiliter fluens, perbella et scita sit, familiare aliquid et domesticum sapiat necesse est». El anónimo recomendaba el uso de *facetiae, proverbia*, versos poéticos y *fabulae*; la epístola, decía, «ingenia hominum et mores effingat» (alusión al famoso «epitafio» de Terencio conservado en los *accessus* medievales, que hace pensar otra vez en la conexión entre el estilo familiar y el cómico). Son ideas que se venían repitiendo en los manuales de Niccolò Perotti (*Rudimenta*, c. 1468, impreso 1478) y Francesco Negri (*Opusculum Epistolarum Familiarum*, 1488) que tan larga difusión tuvieron en suelo

---

31. La *consolatoria* de Madrigal al duque de Alba, conservada junto con otra al protonotario de Sigüenza y su respuesta «trasladadas de latín en romance por Diego de Cañizares», ha sido descubierta por Pedro Manuel Cátedra, que prepara una edición.

32. Marx, «Zur Typologie lateinischer Briefsammlungen in Venedig vom 15. zum 16. Jahrhundert» (véase nota 28). La vieja tesis que atribuía a Erasmo la reinvención de la teoría del estilo familiar (por ejemplo, Marc Fumaroli, «Genèse de l'épistolographie classique: rhétorique humaniste de la lettre de Pétrarque a Juste Lipse», *Revue d'Histoire Littéraire de la France* 78 (1978), págs. 886-905) no resiste a la investigación.

hispánico a finales del siglo[33]. Perotti admitía el uso del *stylus mediocris* «cum de maioribus, de rebus gestis, de bellos, de pace, consilio capiendo aut rebus aliis severis et gravibus tractabimus», pero añadía que este *stylus mediocris* epistolar equivalía al *stylus infimus* de la oratoria forense, mientras que el *stylus infimus epistolaris* «quo in familiaribus utimur» debía ser «omnino diversus» del estilo humilde de las oraciones: «hoc est levis, facilis, verbis quotidianis et quasi vernaculis contextus». Todos los preceptistas —Valla, Poggio, Poliziano, Perotti, Negri, hasta Erasmo— rechazaban la erudición pedantesca, los *Zitatennester* o acumulación de *sententiae*, la hinchazón retórica: «qui vero sententias venatur, quique adhortationibus utitur nimiis, iam non epistolam sed artificiosam orationem imitatur», afirmaba Poliziano; el buen epistológrafo desecharía tales atrocidades, buscando en su lugar «multam festivitatem, multa proverbia, ut quae communia sunt atque ipsi multitudini accomodata»; entreveraría las citas y alusiones de modo asociativo, evitaría la división quíntuple.[34]

Pero la preceptiva italiana no llegó a implantarse en España hasta finales del siglo. Las obras de los venecianos Perotti y Negri, con las de Agostino Dati y de Stephanus Fliscus, aparecieron en ediciones españolas, al lado de las *artes*, generalmente más conservadoras, de Tomás de Perpenyà, Fernando Manzanares Flores y otros maestros hispánicos, sólo a partir de los 1480[35]. Por consiguiente, aunque la adopción posterior de ideas humanísticas en torno al estilo familiar latino por teóricos españoles tiene su propia significación para la historia del Renacimiento español, es claro que tal adopción se realizó demasiado tarde como para influir en el desarrollo práctico de la epistolografía vernácula.

Por otro lado, tampoco encontramos testimonios de la presencia en bibliotecas españolas de epistolarios humanísticos italianos que pudieron haber servido de modelos vivos o fuentes para escritores españoles[36]. A

33. Hubo ediciones de la obra de Negri en Burgos (1494), Salamanca (1502) y Barcelona (1494, 1495); de la Perotti, en Barcelona (1475) y Tortosa (1477).

34. Las citas de este párrafo vienen del estudio de Harth, «Poggio Bracciolini und die Brieftheorie» (véase nota 28), *passim*.

35. Los datos sobre estas ediciones están asequibles en Haebler, Vindel y Norton; los incluiré en el estudio mencionado en nota 15. Las *Elegatiolae* de Dati vieron la luz en Valencia (c. 1480) y Lérida (1488); los *Synonyma* de Stefano Fieschi da Soncino, con las frases toscanas vertidas al castellano por Lucas de Torre, en Salamanca (1490), y al valenciano por Jeroni Amiguet, en Valencia (1502; se mencionan también dos incunables). La preceptiva latina española, con la figura de Nebrija en su centro, empieza a suscitar estudios de relieve (por ejemplo, Francisco Rico, *Nebrija frente a los bárbaros: el canon de gramáticos nefastos en las polémicas del humanismo*, Salamanca, 1979); no menos interesante sería una investigación de la preceptiva en torno al estilo vulgar anterior al *Diálogo de la lengua* de Juan de Valdés (en el que el ideal del *sermo familiaris* llega a su apogeo).

36. Aparte de la traducción castellana de siete cartas de Leonardo Bruni (Schiff, *Bibliothèque du marquis de Santillane*, págs. 361-363), y de largos trozos de una famosa *epistula* de Guarino («De Linguae Latinae Differentiis», 1449) en un curioso comentario al *Inferno* de Dante (debo este dato a la amabilidad de Lucia Binotti, de la Universidad de Pisa, que prepara un estudio; el texto fue editado por Edwin J. Webber, «A Spanish Linguistic Treatise of the Fifteenth Century», *RPh* 16 [1962-1963], págs. 32-40), no conozco testimonios directos de un interés por los epistolarios de humanistas italianos en la literatura del siglo XV. Pero sin una investigación minuciosa de los fondos MSS, todo esto queda en la nebulosa de lo desconocido.

falta de investigaciones más completas, los pocos datos dispersos no permiten afirmar que la influencia italiana desempeñara un papel sobresaliente en la evolución del estilo de un Pulgar (aun si este argumento *e silentio* tampoco nos justifica para suponer lo contrario).

¿Cuáles son las fuentes del estilo epistolar castellano en el siglo XV, entonces? A juzgar por las citas, los epistolarios de la Antigüedad —Cicerón y Séneca, pero también San Agustín y San Jerónimo—; junto con cierto rechazo, más o menos innato e instintivo, del *modus epistolandi* de los dictadores boloñeses, tan favorecidos por Villena, pero progresivamente abandonados al avanzar la centuria. Y el motivo de este rechazo sólo podía ser el aumento en el número de lectores legos, la creación (o «re-establecimiento», como decía Auerbach) de un público literato, culto, imbuido con un sentimiento de *elegancia* literaria que no sufría la pedantería ni el didactismo machacón de los memorialistas y chupatintas profesionales.

Sobre todo, hay que recalcar la importancia de esa «autoconciencia» genérica de que hablaba al considerar la *Letra XXI* de Pulgar. Este es el factor que distingue el caso de la epistolografía del caso del *Laberinto* de Mena; como vimos al hablar de él, Mena trabajaba en un vacío, sin las directrices de una tradición arraigada. Por lo contrario, los autores contemporáneos aludidos con más frecuencia en epístolas españolas, ora con citas explícitas, ora en alusiones veladas, son los mismos españoles; así podemos ahablar de una *tradición*, que vivía y crecía de boca en boca. Ciertos pasajes de Cartagena, de Santillana, de Valera se convierten en tópicos; Fernando de la Torre cita las epístolas de Santillana; sus correspondientes recogen las citas, y las citan a su vez. La carta amatoria, cuyo estilo conceptuoso ejerce su atracción con fuerza cada vez más preponderante, está compenetrada por una suerte de osmosis estilística con el lenguaje de la novela sentimental, con el de los cancioneros, y también (como las «cartas de desafío» estudiadas por Riquer) con el de los libros de caballerías. En otras palabras, la historia del estilo epistolar forma parte integral, e integrante, de la historia de la prosa castellana cuatrocentista[37]. Tan importante es esta historia, por ejemplo, para resolver el viejo problema, que tnato ha desvelado a la crítica, del milagroso logro artístico de las *Generaciones y semblanzas* de Pérez de Guzmán y de los *Claros varones de Castilla* de Pulgar, como los supuestos y tal vez quiméricos modelos historiográficos italianos.

Hemos visto que la tradición epistolar se creó y se practicó, en primer lugar, entre un círculo privilegiado en algunos palacios nobles. A finales

---

37.   Para las relaciones entre el estilo epistolar y la poesía cancioneril, y de ambas con la novela sentimental, hay aportaciones recientes (y un texto inédito de Gómez Manrique) en Carmen Parilla García, «Dos cartas inéditas en la Biblioteca Colombiana», *Epos* (en prensa); F. Vigier, «Fiction épistolaire et novela sentimental en Espagne aux XVe et XVIe siècles», *Mélanges de la Casa de Velázquez*, 20 (1984), págs. 229-259.

del siglo, a juzgar por el incunable de las *Letras* de Pulgar —primer epistolario impreso en lengua moderna, apareció en segunda edición algunos años más tarde— el género ya contaba con un público más extenso. Y con las *Epístolas familiares* de Antonio de Guevara, la epístola alcanzó su plena madurez. Guevara fue el escritor más leído (o al menos más editado) de su época. Guevara practicaba todas las formas de la tradición anterior; su estilo, sus temas, su pretendida actuación política son recursos cariñosamente imitados de sus precursores cuatrocentistas. Incluso su falsa erudición es una consciente alusión, me parece, a la erudición insegura pero insistente de aquellos precursores, que a la edad más pulida de Guevara debían provocar en igual medida la risa y la incredulidad.

Por todas estas razones, tengo que discrepar terminantemente de la opinión de María Rosa Lida de Malkiel cuando define a Guevara, en un artículo famoso, como escritor irremediablemente «medieval»[38]. Cuando dice que las *Epístolas familiares*, «pese al título ciceroniano... no son sino reaparición tardía de un género medieval bien conocido, la carta retórica de asidua ejercitación escolar»; cuando declara que las epístolas de Valera, Lucena y Pulgar son ejemplos de este género «medieval»; cuando atribuye el tono familiar (que ella tacha de «desenfadado», de acuerdo con su juicio negativo, e impertinente, del carácter del obispo) no al modelo humanístico del *stylus familiaris*, sino a la «risa palaciega» de un truhán como Francesillo de Zúñiga, la eminente crítica argentina emite juicios demasiado fáciles. El género epistolar, naturalmente, no es menos renacentista que medieval. En realidad, no se trata de ninguna «reaparición tardía» (sombra, ésta, de la vieja teoría del «retraso cultural» de España, que parece especialmente inconveniente en esta ocasión); sino, al contrario, de la culminación de un proceso, de un desarrollo evidente. En conclusión, propongo que en nustras discusiones sobre el concepto y períodos del Renacimiento español nos guardemos del error de juzgar todo según unas ideas preconcebidas derivadas de la analogía italiana, y que en cambio demos más atención al carácter muy especial, y siempre apasionante, del siglo XV español.

---

38. María Rosa Lida, «Fray Antonio de Guevara: Edad Media y Siglo de Oro español», *RFH* 7 (1945), págs. 346-388.

LA PROSA DE FRAY ANTONIO DE GUEVARA

Fernando Lázaro Carreter
Universidad Complutense

Será difícil hallar en la historia de nuestra literatura un caso más provocativo que el de fray Antonio de Guevara. Sigue siendo hoy prenda de discordia para los filólogos que, ante su figura, gigantesca en su momento y hoy disminuida, nos sentimos desconcertados. Investigadores muy prestigiosos se manifiestan polarmente en la valoración de la obra guevariana. María Rosa Lida, por ejemplo, al empezar el examen de sus obras, marca ya el tono de su interpretación: una lectura atenta, dice, descubre en ellas «una estructura esencial que no corresponde a las formas literarias del Siglo de Oro, y encuadra de suyo dentro de la tradición medieval que en España la respalda. Son las obras de Guevara —continúa— estructuras anticuadas sobre las cuales se superponen elementos del ideario en boga que les prestan su efímero aire de modernidad»[1]. En los antípodas, don Ramón Menéndez Pidal, sentencia que la prosa de Guevara «es como el brillante traje de la corte imperial, mezcla de ceñida sobriedad y desbordado ornato»; y que, «respondía tan bien al espíritu de su tiempo, que halló repercusión y éxito en todas partes»[2]. Una solución de síntesis ofrece Juan Marichal: «La gran originalidad de Guevara consiste precisamente en la creación de una obra literaria de estricto carácter renacentista sin romper la continuidad medieval»[3]. Leo Spitzer, en una ágil cabriola hacia adelan-

---

1. María Rosa Lida de Malkiel, «Fray Antonio de Guevara. Edad Media y Siglo de Oro español», *RFH*, VII (1945), pág. 351.
2. Ramón Menéndez Pidal, «El lenguaje del siglo XVI» (1933), *La lengua de Cristóbal Colón*, Madrid, Austral, 1942, págs. 77-78.
3. Juan Marichal, *La voluntad de estilo*, Barcelona, Seix Barral, 1957, pág. 81.

te, hablará de su «retórica barroca»[4]. Por último, Francisco Márquez Villanueva afirma que la actitud de Guevara, buscando lectores, admiración, y compradores de sus libros, no es «ni medieval ni renacentista. Es *moderna* con todas sus consecuencias, y en ello reside su importancia dentro de la coyuntura europea de su tiempo».[5]

Esbozado así este panorama crítico, las disensiones parecen mayores de lo que son, porque cada uno de estos autores afirma su interpretación en supuestos diferentes. Sin embargo, y aun concediendo ese fundamento a las divergencias, éstas son demasiado amplias, sus ángulos se abren demasiado, para que no produzcan perplejidad en el lector que busca orientación.

Está muy clara esta vez la frontera del período cultural que se toma como referencia. Se desea saber si fray Antonio de Guevara fue renacentista o no, y con ello no cedemos a uno de estos rótulos o hitos demarcadores que fuerzan el curso de la historia y enmascaran su fluir verdadero. Hubo una conciencia nítida de que era preciso empezar, en la literatura y en tantas otras cosas; de que algo, efectivamente, comenzaba, y es lícito preguntarse si Guevara participó de esa conciencia tan difundida, o si nadó aguas arriba contra la mejor corriente intelectual de su época; si fue, en suma, un enclave superviviente de actitudes estéticas del pasado, que, con formulación de moda, podíamos llamar reaccionarias. Interesa a efectos historiográficos, porque la línea divisoria, insisto, fue clara, y porque, de esa instalación dependerá una comprensión más uniforme del extraño «caso Guevara».

Lo malo es que no existe un conjunto único de rasgos, un canon indiscutible que nos permita aislar lo renacentista como concepto unívoco. Si tomamos la pulcritud de los humanistas en su tratamiento de las letras grecolatinas —que, en algunos, no fue tanta— la inmensa desfachatez guevariana se opone a que lo llamemos renacentista. Pero muy bien pudiera ocurrir —mejor dicho: ocurrió— que su designio de escritor no coincidiera con la de otros humanistas. Si tomamos como criterio la ruptura más de bulto con lo medieval, la que aconteció en la lírica, está claro que Guevara no guarda con ella la menor homología. Y que si, con Garcilaso en la cabeza queremos aislar en nuestro análisis el renacentismo del franciscano, obtenemos un cero de resultado. En cambio, si adoptamos como pauta renacentista el cultivo de la prosa espiritual en la dirección marcada por Cisneros, no podrá dudarse de que Guevara actúa codo con codo, aunque de manera aparentemente atípica, con sus hermanos de religión más preclaramente comprometidos con aquella empresa. He calificado de aparente su

---

4. Leo Spitzer, «Sobre las ideas de Américo Castro a propósito de *El villano del Danubio*», *BICC*, VI (1950), págs. 11-12.
5. Juan Marichal, *Espiritualidad y literatura en el siglo XVI*, Madrid-Barcelona, Alfaguara, 1968, págs. 58-59. Plata, J. C.

extravagancia, porque su proceder es rabiosamente personal, y no coincide con las formas habituales de presentarse el estilo en ese tipo de escritos; pero sí participa de un idéntico afán por alzar su imagen de artista, a la misma altura, por lo menos, que su rigor de asceta. El que lo hiciera de modo tan ostentoso, es lo que nos hace creer que nuestro insigne mixtificador era distinto.

Que sea o no un hombre del Renacimiento, es algo, por tanto, que no puede decidirse con facilidad, si atendemos a géneros literarios diferentes, porque, entre ellos, los planos de comparación son, a veces, muy tenues si existen. Hemos de ver cuál fue su grado de satisfacción o de insatisfacción dentro del género que cultivó, porque es en el interior de cada uno de los géneros, donde se libra la pugna entre lo viejo y lo nuevo, y, por tanto, donde un cambio significativo y describible puede ser índole de un cambio de postura. Si eso nuevo se produce, en el siglo XVI, tutelado por la clasicidad, será difícil que podamos regatear a aquella innovación el dictado de renacentista. Insisto: aunque comparada con las novedades en otros géneros, no comparta o no sea perceptible el aire de familia.

Lo inadmisible, metodológicamente, es creer que ya tenemos cerrado y delimitado el concepto de Renacimiento, y negar a un escritor —a Guevara en este caso— la cédula de residencia porque resulta raro. Es la historiografía la que debe servir a la literatura, y no al revés. A mí siempre me ha apenado contemplar al pobre y fatuo fray Antonio deambulando por fuera de las murallas de su tiempo, con austeros críticos y vedándole la entrada.

Veamos algunas muestras del modo de razonar de algunos de estos críticos. Sea la eminente María Rosa Lida de Malkiel, como he dicho, del medievalismo del franciscano. Para empezar, no puede negar que los títulos y subtítulos de las obras de Guevara «despliegan abundantemente los temas del ideario erasmista»; pero esta afirmación, que apoyaría poco lo medievalizante, se neutraliza en seguida con la aseveración de que fray Antonio fue personalmente antierasmista. De donde se deduce que si Erasmo era un ejemplar de la nueva edad, nuestro obispo no podía serlo por opinar de modo diferente sobre los mismos temas. Señala a continuación que se ha asignado a Guevara el mérito de «precursor del ensayo moderno». Algo más que precursor, podemos añadir: Marichal lo ha llamado «iniciador colombino del género en España y hasta en toda la Europa Occidental»[7]. La señora Lida menciona este hecho como uno más, mal interpretado, según ella por los críticos; y puede tener razón en los restantes: hacerlo precursor de la novela picaresca o del barroquismo, pica en dislate. Pero ese, el de Guevara fundador del ensayo, es algo que no puede despacharse con una simple mención.

7. Juan Marichal, *Op. cit.*, pág. 81.

La señal más neta de la inflexión en la historia literaria es el cambio de géneros, la inactividad de unos y la puja de otros. Para cerciorarnos de que en el siglo XVI comienza una nueva edad, basta con comprobar los intensos cambios que se producen en el mapa genérico de la literatura.

No conocemos aún con qué elementos clásicos, si los hubo, pudo formar Guevara su estructura morfológica más característica; pero tal vez puede asegurarse con certeza que, aquí, no «prolongaba» nada, no trasbordaba vieja mercancía del nuevo siglo. Se han dado muchas razones para explicar el éxito europeo de las obras guevarianas: ¿no es lícito pensar que, entre las cosas que en ellas parecieron seductoras, estaba precisamente aquel molde nuevo, aquel género inédito, como habían seducido la tragicomedia de Rojas, el *Amadís*, y seducirán el *Lazarillo* y, en última instancia el *Quijote*? No solemos darnos cuenta de la importancia que posee la configuración de un género; de la inmensa dificultad de su invención; de la demanda que suele acompañarle si satisface expectativas de novedad y adecuación a su época. Montaigne, en opinión muy citada, disentía de quienes concedían a las *Cartas familiares* un mérito que él no les otorgaba[8]. No manifiesta la causa de su disensión pero sí testimonia de la acogida favorable que Guevara había tenido. ¿Se debía esto a que Francia, en pleno siglo XVI, había recibido como expresión de los nuevos tiempos la «tradición medieval» española? Por otra parte, se menciona poco la posterior apuntación autógrafa que Montaigne hizo en su ejemplar de la traducción francesa de las *Cartas*, de 1588: «Ce livre plein de ruaison est de ceus que le plus ma fait plaisir de mes plais lui recognoitre cet advantage»; y para que no haya duda escribe su nombre al pie de la nota[9]. Esta confesión privada, más que de palidonia, tiene el carácter de una restitución que hace de su gran deuda, ante su conciencia, el autor de los *Essais*. Nada menos que el esbozo de un molde genérico nuevo le debía, que él habría de configurar y llenar original y genialmente; pero aquel débito no era una nimiedad, ni Guevara lo había prestado tomándolo del repertorio de formas de la Edad Media; lo había delineado, en función de necesidades nuevas: las que exigía la recepción a la materia doctrinal.

María Rosa Lida se refiere, por ejemplo, al *Aviso de privados y doctrina de cortesanos*; «Impone por su título —dice— el cotejo con el *Cortegiano* de Castiglione, traducido hacía cinco años por Juan Boscán; pero en vano se buscaría en su contenido el ideal que se forjaba la sociedad culta del siglo XVI». He aquí un modo típico de su razonamiento para negar al franciscanismo la sal renacentista: se hermana con la *Disciplina clericalis* y

---

8. «... les lettres de Guevara, desquelles ceux qui les ont appelés *dorées*, faisaient jugement bien autre que celui que j'en fais», *Oeuvres completes*, Paris, Seuil, 1967, pág. 130 a.
9. Apud. Augustín Redondo, *Antonio de Guevara (1480?-1545) et l'Espagne de son temps*, Genéve, Droz, 1976, pág. 10.

con las *Partidas*, porque no está en la onda italiana de Castiglione, como si fuera esta la única posible en una sociedad como la castellana; y se omite que la obra guevariana, con el título de *Aviso de favoriti et doctrina de cortigiani*, se editó en Italia tres veces entre 1544 y 1554[10]. Si del contenido de esta obra ofrece una caricatura para alejarla de los tiempos modernos, más cruel es aún la versión del *Menosprecio de corte y alabanza de aldea*. No está en la línea del *Beatus ille* horaciano, «no es el abrazarse con la *dulce soledad* ni el *manso ruido* de las fuentes de Garcilaso y fray Luis lo añora», sino... la variedad de las carnes aldeanas: palominos, pichones, pollos, patos, lechones, gazapos...» He aquí toda la doctrina guevariana, según la eminente crítica argentina. Pero no parece que se aleja mucho del ideal horaciano el capítulo III del *Menosprecio*. Aduce la señora Lida párrafos que le parecen chuscos, referidos a aquellas ventajas alimenticias; pero olvida otros en que fray Antonio, en el fondo, no parece distante de Fray Luis. Estos, por ejemplo: «Dé (el cortesano) la corte a Dios, y váyase a retraer a su casa y allí verá y conocerá que nunca supo qué cosa era el vivir, sino después que se vino a retraer». En la aldea, «hay tiempo [...] para irse a la caza de los campos, para holgarse con los amigos, para pasearse por las eras, para ir a ver el ganado...»[11]. Por otra parte, ¿no figuran entre los ideales campestres de Alfio los rústicos y sanos alimentos? ¿O es que esto es menos horaciano que el rumor de las fuentes? ¿No se ajusta al famoso epodo esta tirada?: «El que mora en la aldea toma también muy gran gusto en gozar la brasa de las cepas, en escalentarse a la llama de los manojos [...], en comer de las uvas tempranas, en hacer arrope para casa, en colgar uvas para el invierno...»[12]. Y si de sentimiento de la naturaleza se trata, tampoco deja fray Antonio de acudir al señuelo horaciano: «Oh, cuán apacible es la morada del aldea, a do el sol es más prolijo, la mañana más temprana, la tarde más perezosa, la noche más quieta, la tierra menos húmeda, el agua más limpia, el aire más libre, los lodos más enjutos, y los campos más alegres [...]. Allí el día es más claro; es más desembarazado, es más largo, es más alegre, es más limpio...» «Oh felice vida la de la aldea»[13]. Nada de esto es medieval. Cuando Santillana parece hacerse eco de Horacio, en conocidos versos de la *Comedieta de Ponza*, ninguno de estos maravillosos placeres —que Petrarca había difundido y aumentado— se recuerdan. Y Rafael Lapesa comenta, con su habitual tino: «No esperemos que el ricohombre del siglo XV se complazca como Horacio, en los deleites del labrador: la poda, el injerto, el murmullo del agua en los regatos, la colmena o los frutos en sazón no le dicen lo que

---

10. Cfr. J. Cejador y Fracua, *Historia de la lengua y literatura castellana*, II, Madrid, Nano Herrera, 1928, pág. 101.
11. Ed. de M. Martínez de Burgos, Madrid, Clásicos Castellanos, 1942, págs. 53 y 71.
12. *Ed. cit.*, pág. 72.
13. *Ed. cit.*, págs. 53 y 71.

al venusino; ni los menciona siquiera. Los campesinos son dichosos porque sufren *paçientes las lluvias o vientos*, y en la dureza de su vida no temen los cambios de Fortuna».[14]

Vengamos, para no hacer más extensa esta refutación, a la más importante de sus obras, el *Libro áureo de Marco Aurelio*, amplificada en el *Relox de príncipes*. ¿Qué significan estos libros para María Rosa Lida? Mientras que la *Utopía* de Moro y la *Institutio principis christiani* de Erasmo sostienen ideologías de ruptura, el *Marco Aurelio* «no aporta nada nuevo al pensamiento político del siglo XVI: la teoría que se infiere de sus páginas se atiene fielmente al contenido tomista fijado en el siglo XIII [...]. La originalidad de su pensamiento político consiste precisamente en aferrarse a las modalidades medievales, sobre todo a las españolas, cuando Europa las había abandonado para orientarse hacia el absolutismo monárquico y desarrollo de las nacionalidades». No es éste asunto de mi competencia; por ello, me limito a ceder la palabra a quien más profundamente ha estudiado el pensamiento político de Guevara; me refiero a Augustín Redondo, en su gran libro de 1976. Aduciré sólo unos pocos párrafos pertinentes, que parecen positivar el negativo de la señora Lida: «Bebiendo de fuentes diversas que llegan hasta él desde el fondo de la Antigüedad y de la Edad Media, inspirándose en ocasiones tanto en Platón como en Aristóteles, lo mismo en Plutarco que en Cicerón o en Séneca, utilizando a San Pablo, a San Agustín y a Santo Tomás (la renovación de la autoridad de estos dos autores es sensible en la primera mitad del siglo XVI), Gilles de Roma (o Fray Juan García de Oustrogeriz), lo mismo que a Jean de Salisbury o a la tradición castellana de las *Partidas* —parecido en esto a la inmensa mayoría de sus contemporáneos— manteniendo a veces contacto con el pensamiento de un Erasmo o de un Vives, fray Antonio aparece sobre todo como un teórico que no pierde de vista las realidades y los problemas de su tiempo, lo cual le permite trascender frecuentemente las influencias recibidas para adaptar sus concepciones a las exigencias de una época rica en cambios diversos», «Admirador de Platón, y habiendo vivido las turbulencias de las Comunidades [...], defiende, de acuerdo con sus sentimientos "nacionalistas", los principios unitarios que se encarnan en la monarquía de derecho divino y que conducen al Estado moderno y centralizado que se constituye en el Renacimiento. Magnífica, pues, la figura del príncipe, cabeza de la república». El pensamiento político de Guevara «tiene numerosos puntos de contacto con el de Erasmo o el de Vives, así como con el de ciertos defensores de los indios como el P. Las Casas». «Guevara proporciona a Carlos V [...] el primer tratado de este género escrito en Castilla tras el principio de su reinado, y le proponía una imagen

---

14.   Rafael Lapesa, *La obra literaria del marqués de Santillana*, Madrid, Insula, 1957, pág. 145.

del monarca con la cual podía identificarse muy bien el joven príncipe»[15]. ¿Hablan del mismo personaje María Rosa Lida y Augustín Redondo? Leyéndolos, nos topamos con dos rótulos, que, apuntando a caminos opuestos, anuncian el mismo destino. Y esto produce perplejidad.

Emprendida la ruta del medievalismo, la ilustre investigadora argentina buscó y halló para el estilo de Guevara un origen bien rancio. Nada menos que la tradición iniciada por San Ildenfonso de Toledo, el obispo toledano del siglo VII, autor, como es sabido, del tratado *De perpetua virginitate sanctae Mariae contra tres infideles*, el famoso libro de los «dichos colorados», como lo llamó Berceo. Para establecer esta filiación, hubo de desembarazarse de otras interpretaciones anteriores, como la de Américo Castro[16] —a quien se limita a mencionar, sin discutirlo—, o la de Menéndez Pidal; de ésta, con razones de peso: no, no puede ser el estilo guevariano «el de la lengua hablada entonces, la hablada por un cortesano de extremada facilidad verbal»; no es posible que el predicador escribiera «como entonces se conversaba»; no es fácil acceder a que su escritura carezca de «poda, lima, brevedad y cálculo», cualidades, según don Ramón, del lenguaje escrito[17]. Lo que un lector sin prejuicios percibe ante una página de nuestro autor es un enorme artificio, la ausencia de rasgos espontáneos, su antioralidad, si no es que tomamos como canon de la oralidad el discurso retórico, y no el de la conversación. María Rosa Lida de Malkiel acertaba, creemos, en su disensión de Menéndez Pidal, pero no en su particular diagnóstico: «Ni es estilo de de la conversación —asegura—, ni siquiera de verdadera oratoria: es pura retórica» sea términos incompatibles. Michel Camprubi define, en su estudio de 1968, la originalidad guevariana precisamente por la «predominace absolue, "totalitaire", d'une structure rhétorique».[18]

Resulta muy persuasiva la idea de esa tradición ildefonsina actuando por toda la Edad Media española. La abundancia de copias del tratado en bibliotecas nacionales y europeas —hasta veinticuatro manuscritos utilizó el P. Blanco García[19] en su edición crítica— testimonia su éxito. La señora

---

15. Augustín Redondo, *Op. cit.*, págs. 690-693.
16. «Antonio de Guevara. Un hombre y un estilo del siglo XVI», *Hacia Cervantes*, Madrid, Taurus, 1957, pág. 64, n. 5, donde, remitiendo a un estudio anterior, sugiere que Guevara «pudo tomar como modelo de su estilo a León Battista Alberti (1404-1472) que usa y abusa de las parejas de sinónimos (crudelissimi e inmanissime, elevati e divini)»; y frases plurimenibres, que son también habituales en Salustio. «Eduard Norden dedicó especial atención al estilo de Guevara en *Die atike Kumstprosa* (págs. 788 y ss.), pero no vio el evidente enlace entre el autor español y Alberti y Salustio; por mi parte, no puede determinar ahora si Guevara tuvo como inmediato modelo autores italinos o latinos, aunque es evidente que alguno tuvo».
17. *Op. cit.*, págs. 76 y 77.
18. «Ls style de Fray Antonio de Guevara à travers les *Epístolas familiares*», *Caravelle*, 11 (1968), pág. 150.
19. San Ildelfonso. *De virginitate Beatae Mariae*, Madrid, Centro de Estudios Históricos, 1937, págs. 7-54 y 175-180.

Lida lo explica muy razonablemente: el artificio del libro deslumbra en
una época en que lo natural no podía ser sentido como valor estético, en
que, por el contrario, este sólo podía surgir del alejamiento de toda llaneza. Y San Ildefonso se había remontado a alturas de complicación estilística memorable. Su ejemplo, aún más eminente por su calidad de santo
español, decidieron su perduración a lo largo de los siglos entre nosotros;
hasta el punto de que, aún en el XV, el arcipreste de Talavera tradujo el
De perpetua virginitate al castellano, y redactó una biografía de su autor.[20]

Las claves formales del tratado ildefonsino, perfectamente respetadas
por su admirable traductor, son el paralelismo y la sinonimia. Ambos recursos se fundamentan en la *Lamentatio* de San Isidoro, «quem ipse Syno-
nima uocabit» recuerda el Arzobispo toledano en su *De viris illustribus*[21].
Ejemplos de este procedimiento pueden ser estos:

> «Mas porque *conoscas* e *sepas* en *miraglo* e en *señal* aver *seydo llena de fructo*, e
> non en *carnal ayuntamiento*; en novedat de *miraglo* aver *concebido* e parido, e
> non en *vegedat conyugal o maridable*; en *incorrupcion virginal* aver *seydo preñada*
> e non en *amor e ayuntamiento de bodas...*» (págs. 111-8).
> «Agora con mucha *alegría*, con mucho *gozo*, mucho *enxalçado*, mucho *clarificado*,
> mudado el *asentamiento* e *región*, *afeytaré* las cosas que son *afirmadas*; *apostaré*
> las cosas *firmes*; *componé* las cosas *fundadas...*» (pág. 153).

El santo prelado confía, pues, la sublimidad de su estilo —especialmente alzado en esta obra por ser de loar a la Virgen— a este artificio que va
alineando oraciones o miembros de oraciones, enteramente paralelos, y
colocando sinónimos en las posiciones homólogas de dichas unidades.

Esta es la clave formal, repito, del *De virginitate*, y las variaciones se
refieren al modo de organizar los miembros así relacionados entre sí o en
su interior. El P. Blanco García registra trescientos diecisiete casos de
anáfora; lo que es gran proporción en escrito tan breve. Otro modo de
interrelación pero mucho menos frecuente, es la rima entre palabras próxi-
mas (por *homoioteleuton* u *homoioptoton*). He aquí un ejemplo, en la traducción de Talavera:

> «Fueste turbada en la su palabra e *sermón*; maravillada en el tu pensamiento e
> *cogitación*: espantada en la mensajería e *saludaçion*» (pág. 107).

Pero aun en el caso de que entren artificios como la anáfora y la rima,
parece claro que las dominantes del estilo son siempre el paralelismo y la
sinonimia: siginificados equivalentes se engastan en estructuras gramaticales

---

20. Véase ambas obras en José Madoz, S.I., *San Ildefonso de Toledo a través de la pluma del
Arcipestre de Talavera*, Madrid C.S.I.C., 1943, por donde citamos.
21. Vid. Carmen Codoñer, *El «De viris illustribus» de Ildefonso de Toledo, Estudio y edición crítica*, Universidad de Salamanca, 1972, pág. 128.

equivalentes. La evidencia del fenómeno hace que varios manuscritos adviertan en el encabezamiento del tratado: *ordine* o *more Synonymorum conscriptus*[23]. Un párrafo, siempre en la traducción de Talavera, que resume a la perfección el estilo de Ildefonso, con una densa presencia de estructuras paralelísticas, sinónimos, anáfora y rima, podría ser el siguiente:

> «Más porque non seas tú solo enlazado en las espinas de la ceguedat, porque non seas tú solo çercado en las espinas de la tu locura, porque non seas tú solo constreñido de las espinas de tu artería, porque non seas tú solo muerto e llagado de la espada del tu defendimiento, enlazaré contigo otro tal, juntaré contigo otro tu par, e acompañaré contigo otro tu parigual, ataré contigo otro tu semejable, encadenaré contigo otro a las tus blasfemias non desacordable» (pág. 111).

En gran medida, ya lo hemos dicho, esto es de raíz isidoriana; pero la sinonimia fue artificio usado por la latinidad clásica. Cicerón, *Tusc.* 2, 20, 46, dice «Nihil (natura) habet praestantius quam honestatem, quam laudem, quam dignitatem, quam decus». Y pronunciados estos sinónimos (con paralelimo y anáfora), se ve en la precisión de aclarar: «Hisce ego nominibus unam rem declarari uolo, sed utor, ut quam maxime significen pluribus». A mayor abundancia de palabras análogas, mayor significado. San Ildefonso, de seguro, lo hacía más por deslumbrar que por significar más. Por supuesto, otras varias violencias sistemáticas de lenguaje realizó el Arzobispo, pero esas las dominantes.

Pues bien, según señalé, es en esa tradición que arranca de San Ildefonso donde María Rosa Lida sitúa, como culminación medievalizante, el arte de fray Antonio. Pero no argumenta con una demostración de su tesis, sino con una aproximación intuitiva de las respectivas prosas, de la que el lector deberá concluir su estrecha relación. Sin embargo, ninguno de los breves textos que aporta es necesariamente dependiente del *De virginitate*: todos ellos abundan en figuras absolutamente triviales en los elencos de las retóricas antiguas, y son, por supuesto, mucho más complejos que aquellos ingenuos alardes del Santo. Más bien servirían las muestras ofrecidas para probar la familiaridad de Guevara con las artes oratorias romanas, y como indicio de su renaciente humanismo. Claro que hay paralelismos y sinónimos; pero ¿es que no los había inventariado Quintiliano, por ejemplo, en *Inst.Or.*, IX, 3, 30 y ss.? Al igual que las grabaciones, las anáforas, las epíforas, el *homoioteleuton* y el *homoioptoton*. Puede haber coincidencia: al fin, ambos escritores proceden de una única fuente retórica; y San Ildefonso había tenido la ocurrencia de la ornamentación prolija ocho o nueve siglos antes. Pero, aceptando que una tradición ildefonsina medieval corre por toda la serie literaria en que habrá de instalarse la prosa doctrinal de Guevara, resulta inaceptable engarzar a este en aquella

---

23. *Ibid*, pág. 246.

tradición como un eslabón más, sin observar su ruptura, su verdadera originalidad, que le valdrá tan amplia recepción en los nuevos tiempos de España y de Europa.

Voy a limitarme al *Menosprecio de corte y alabanza de aldea*. Luisa López Grigera ha hecho ver, muy convincentemente, cómo Guevara constituye lo que llamamos «su estilo», en un proceso de consciente elaboración, hacia 1527, ya en la corte del Emperador. Será la escritura que corresponde al *Menosprecio*, al *Arte de Marear*, al *Oratorio de religiosos*...[25]. Pero, antes de intentar definir su clave, convendrá adelantar algunas consideraciones. La constitución de un modelo de prosa literaria en cualquier lengua es un problema de enorme dificultad incomparablemente mayor que los planteados por el verso; en este, hay ciertas pautas en cierto modo mecánicas, las procedentes de su matriz convencional, que le procuran las cualidades primariamente diferenciales de la lengua literaria: el ritmo, la armonía, la «musicalidad». Desde los orígenes históricos del arte verbal de Occidente —Grecia y Roma—, se han sentido como evidentes estos dos hechos: que también la prosa había de tener aquellas propiedades; y que, sin embargo, en ningún momento debía ser confundida con el verso, ya que tal vecindad la dañaría gravemente. «La forma del estilo —enseña Aristóteles— es preciso que no sea ni en verso ni sin ritmo [...]. Es preciso que el discurso tenga ritmo, pero no metro, pues resultaría un poema»[26]. Los artistas advirtieron siempre esta necesidad de lograr el ritmo evitando el metro, y los rétores repitieron como dogma la prescripción aristotélica; y esto, en todas las literaturas. Pero, ¿cómo lograrlo? Ya en Grecia —lo veremos enseguida— contendieron dos soluciones, que Cicerón batinizó. San Ildefonso de Toledo, en época de barbarie literaria, hace un intento elemental y chocante para restituir a la prosa latina los colores retóricos que le devuelven el ritmo. Y su método no es otro que el de empaparla de los pocos artificios repetitivos que hemos visto. Porque, obvio es decirlo, se entiende que el discurso rítmico sólo puede lograrse repitiendo ostensiblemente; y él echa mano de lo más superficialmente repetible: estructuras oracionales paralelas y sinónimos (o, en algún caso, parejas de antónimos, de efectos iguales). Esto se itera hasta la saciedd en el discurso, sin cierre previsto: la repetición durará mientras al autor se le sigan ocurriendo sumandos.

25. «Algunas precisiones sobre el estilo de Guevara», *Studia Hispanica in honorem R. Lapesa*, III, Madrid, Gredos, 1972, págs. 314 y 315. También Frida Weber de Kurlat, «El arte de Fray Antonio de Guevara en el *Menosprecio de corte y alabanza de aldea*», *Studia Iberica. Festschrift für Hans Flasche*, Berna, Francke, 1973, dice: «En general, se suele hablar del estilo de Guevara como de una unidad, y es cierto que en todas sus obras ofrece rasgos comunes y de tipo muy evidente, pero con todo no es lo mismo el del *Marco Aurelio*, el de las *Epistolas* o el del *Menosprecio*», pág. 677.

26. *Retórica*, III, 8, ed. y trad. de A. Tovar, Madrid, Instituto de Estudios Políticos, págs. 193-194.

Dado que las posibilidades de producir iteraciones no son indefinidas, que las combinaciones imaginables son limitadas, no hay —ni podrá haber— invención de fórmulas nuevas: todas las usadas por Ildefonso habían sido ya descritas por las retóricas clásicas. El estilo personal había de formarse mediante la preferencia por alguna o algunas de esas fórmulas, y por el modo de insertarlas en el discurso: es lo que hemos visto en el *De virginitate*. Pero cualquier escritor que se propusiera literarizar su prosa dotándola de ritmo por repetición —único modo de hacerlo, en esa concepción multisecular— tenía que acudir a los recursos ya consagrados, porque, insisto, no sólo se había descubierto ya, sino que andaban inventariados en las artes retóricas. La existencia de una tradición directamente nacida en San Ildefonso, en la que figuren Alfonso X, don Juan Manuel, Juan de Lucena y Fernando de Rojas, postulada por María Rosa Lida, sólo podrá ser demostrada si se prueba que sus figuras de repetición dominantes son sustancialmente las mismas empleadas en *De virginitate*. Yo no he realizado tal comprobación, pero la idea de esa inmovilidad, de esa fijación en los mismos artificios, pugna con la experiencia histórica: no son posibles setecientos u ochocientos años de parálisis. Ha de tratarse de un efecto superficial: el que resulta de que todos esos autores repitan estructuras sintácticas y maniobren análogamente con los vocablos, porque esto era aún lo único posible para dotar armonía perceptible a la prosa, para hacerla artística, para alejarla máximemente del discurso utilitario. Cuando los procedimientos reiterantes aparezcan en autores posteriores, hasta hoy mismo, no cabe referirlos a una línea concreta de la tradición sino al hecho objetivo, y no teórico —la teorización ha sido posterior— de que el lenguaje adquiere armonía y llama la atención sobre sí mismo, repitiendo. Muchos siglos antes que Jakobson, Quintiliano, *Inst. Or.*, IX, 1, 27, había escrito: «Nam et commoratio una in re permultum monet»; y es sabido que la *commoratio* procede de la acumulación de oraciones, de miembros de oración o de palabras[27]. Que en fray Antonio de Guevara reine la *commoratio*, la repetición, como en San Ildefonso no revela dependencia ni casualidad: es necesidad, dictada por el hecho natural de que la prosa ha de hacerse artificial para ser artística.

Pero aún se presenta al escritor —o al orador— otro problema grave, además del de la armonía; es el de la distribución de la sustancia argumental en el discurso, junto con el de la amplitud de las unidades sintácticas. Ya dijimos que, en Talavera, las oraciones, los miembros de oración y las palabras se multiplican y corren idefinidamente hasta que se le acaba la ocurrencia. Algo así parece observarse en Guevara:

---

27. Cfr. Quintiliano, *Inst. Or.*, ed. de Jean Cousin, Paris, Les Belles Lettres, 1978, vol. V, pág. 324.

«Oh cuán bienaventurado es aquel a quien cupo en suerte de tener que comer en el aldea; porque el tal no andará por tierras extrañas, no mudará posadas todos los días, no conocerá condiciones nuevas, no sacará cédula para que le aposenten, no trabajará que le pongan en nómina, no terná que servir aposentadores, no buscará posada cabe palacio, no reñirá sobre el partir la casa, no dará prendas para que el fíen ropa, no alquilará camas para los criados, no adobará pesebres para las bestias, ni dará estrenas a sus huéspedas» (p. 68).

Es una charla que parece inextinguible, un sucederse de la misma estructura oracional que podría prolongarse indefinidamente, Y, sin embargo, está tan sólidamente encuadrada como los ramajes, ajaracas y almocarbes dentro de cada tablero de una fachada plateresca; porque este es el símil que evoca la prosa madura de Guevara: el de una construcción por «tableros» trabajados con autonomía. Désmosles el nombre de períodos. En el que acabo de leerles se ve clara su estructura: una aserción inicial, aquí exclamativa: «Oh cuán bienaventurado es aquel a quien cupo en suerte de tener qué comer en el aldea»; lo llamaremos prótasis: quien tiene que comer en la aldea es dichoso «*porque* el tal no andará por tierras extrañas, no mudará posadas todos los días», etc., etc.

El período siguiente —nuevo tablero añadido al retablo— tendrá la misma organización:

«No sabe lo que tiene el que casa de suyo tiene; *porque* mudar cada año regiones y cada día condiciones es un trabajo intolerable y un atributo insufrible».

Pero es el caso que el anterior se articulaba de igual modo:

«No gozan de este privilegio los que andan en las cortes y viven en grandes pueblos; *porque* allí les toman las cosas, parten los aposentos, dividen la ropa, escogen huéspedes, hacen atajos, hurtan la leña, talan la huerta, derruecan los pesebres, levantan los suelos, ensucian el pozo, quiebran las pilas, pierden las llaves, pintan las paredes y aun les sosacan las hijas».

Si apartamos la hojarasca enumerativa, hallamos que estos tres períodos obedecen a un mismo proyecto constructivo: el que Cicerón, *De inventione* 72, 40, llamaba «argumentatio bipertita». Es la fundamental figura argumentativa de Guevara: (afirmo) *A porque B*. No es, realmente, un hallazgo deslumbrante. Pero en vano lo buscaríamos en San Ildefonso, como procedimiento constructivo. Y, sin embargo, es la estructura más simple del razonamiento, la *figura del rigor*. Alfonso X, por ejemplo, la emplea abundantemente en las *Partidas*:

«Confessarse deuen los christianos de sus pecados a los clérigos missacantanos. *Ca* ellos han poder de oyr las confessiones por el poder que reciben de los obispos que tienen logar de los apóstoles en la orden que les dan de missa. Pero este poder no lo han los otros omnes religosos maguer sean missacantanos, ca no pueden dar penedencias...».[28]

Este párrafo representa lo normal en la prosa alfonsí: aunque haya estructuras causales, no se sienten los períodos como bloques autónomos, no están cerrados, sino abiertos a relaciones con el período siguiente —en la muestra anterior, adversativa—, conforme a las necesidades de la argumentación y no de la retórica. Es lo normal en la prosa preguevariana. Mayor autonomía presenta la «argumentatio bipertita» con organización causal en la estrofa del arte real, según ya tuve ocasión de exponer en esta Academia hace años[29]. Pero, aunque abunden, ni de lejos llegan al número que tales ordenaciones alcanzan en Guevara. En éste, se trata de una decisión adoptada con plena conciencia de que así sellaba su personal estilo argumentativo.

Los períodos construidos conforme a este modelo rondan la mitad de los que componen el *Menosprecio de corte*. Son indicio de una actitud mental del franciscano que no permite la menor disensión al lector: lanzada la sentencia, sigue la causa de haberla establecido. Y vendrá enseguida otra, y otra, y más, con un apabullamiento de razones:

> «No debe el cortesano rescebir servicios ni aun fácilmente hacer mercedes; *porque* dar a quien no lo meresçe es livandad, y recibir de quien no debe es poquedad. El que quiere hacer merced de alguna cosa ha de mirar y tantear lo que da, *porque* es muy gran locura dar uno lo que no puede dar, o dar lo que ha menester. Es también necessario que conozca y aun reconozca a la persona a quien lo da, *porque* dar a quien no lo meresce es muy grande affrenta, y quitarlo a quien lo meresce es gran consciencia...»

¿Parece un estilo mental abusivo? Pues sigue:

> «Es también necesario que mire mucho en el tiempo que lo da, *porque* el bien que se hace al amigo no abasta que se funde sobre la razón, sino que se haga en el tiempo y sazón. Es también necesario mire mucho el fin por que lo da; *porque* si da...» (117).[30]

La otra mitad aproximada de períodos presenta los argumentos de otro modo dentro del consabido esquema bipartito; a gran distancia de los cau-

---

28. *Primera Partida*, ed. de J.A. Arias Bonet, Universidad de Valladolid, 1975, pág.30.

29. Vid. «La estrofa en el arte real» *Homenaje a José Manuel Blecua*, Madrid, Gredos, 1983, págs. 330 y ss.

30. Guevara subraya a veces la intención probatoria de esta organización argumentativa causal: «En la corte, si leen una carta que da placer, se resciben otras veinte que dan pesar. *Y porque no parezcan hablar de gracia*, hallará cada uno por verdad que, si la carta habla de la mujer, es que se tarda mucho; si da las hijas, quieren que las case...» (102); «En la corte, muchas cosas hace un cortesano por necesidad que nos las haría en su tierra de voluntad. *Que sea esto verdad, paresce claro* en que como con quien no le ama, habla a quien no conosce...» (103).

sales, hallamos las apódosis consecutivas; a mayor distancia aún, las adversativas. Ello suele ocurrir cuando la prótasis es axiemática y no necesita prueba:

> «El hombre ocupado y laborioso siempre anda sano, gordo, regocijado, colorado y contento; de manera que el honesto exercicio es causa de buena complexión y de sana condición» (pág. 62).

> «Propiedad es de vicios que, por muy sabrosos que sean, al fin emapalagan; mas los cuidados de la honra siempre atormentan» (pág. 152).

Quizá supere a las adversativas otro tipo de estructura: una condicional en la prótasis, y una adversativa negativa (*no...sino*) en la apódosis, que fortifica el carácter antitético de este estilo:

> «Si la fortuna sublima a algunos cortesanos, *no* piensen que lo hace por honrarlos, *sino* porque más de alto despeñarlos» (pág. 147).

No es mi intención —no puedo aquí— hacer el inventario de los recursos argumentativos de Guevara, aunque son perfectamente inventariables. Los señorea a todos, como he dicho, la organización causal. Y encerrado dentro de cada período bimembre, siembra muy meditadamente el autor las flores de la retórica, los recursos de la repetición, que los investigadores de su estilo se han ocupado en describir: enumeraciones, ejemplos, anáforas, antítesis, paralelismos, sinonimias, similicadencias, vocablos en rima...: saltan a los ojos. Si sólo se tiene en cuenta su abundancia, si nos limitamos a enumerar al buen tuntún tales figuras, parece un escritor medieval. Pero haciendo un esfuerzo para buscar su causa e interpretar su sentido, habrá de caerse en la cuenta de que Guevara está haciendo un esfuerzo inmenso —aunque no por el buen camino— para infundir a la lengua castellana dignidad clásica, no indefinidamente artística. Justo, lo que aún seguían pidiendo Ambrosio de Morales o Fray Luis de León, vencido ya el siglo. Concretamente, lo que Guevara intenta es implantar el castellano la *concinnitas* ciceroniana.

Ya apenas dispongo de tiempo para exponer este asunto, que habré de tratar demoradamente en otro lugar. Explica Cicerón, *Orator*, 49, 164, como las palabras que componen el discurso fluirán con delimitaciones perceptibles. Y esto se conseguirá de modo espontáneo o mediante *concinnitas*, esto es, simetría, bien porque las palabras tengan parecidas terminaciones causales, bien porque haya correspondencia entre miembros iguales u opuestos. Ello contribuirá a producir ritmo, o, dicho con el término latino preciso, número. Habrá, pues, un troceamiento del discurso en períodos, cuya frontera será delimitada por tales simetrías. Las figuras especialmente destinadas a esa función delimitativa —las llamadas *figuras gorgianas*— son el *homoioteleuton* y el *homoiopton* (que producen rima); el isocolon o apareamiento de miembros iguales, que comunica equilibrio al discurso; la sinonimia y la antítesis, que hacen percibir bien la simetría. Otras figuras, como la paronomasia, pueden procurar también ese efecto de cierre armonioso. [31]

Pero no es sólo al final del período donde esos geometrismos tendrán que producirse. He aquí la perfecta descripción de la concinidad hecha por el propio Cicerón, que parece estar describiendo los procedimientos de fray Antonio de Guevara:

> «Datur etiam uenia concinnitati sententiarum et arguti certique et circumscripti uerborum ambitus conceduntur, de industriaque non ex insidiis sed aperte ac palam elaboratur et uerba uerbis quasi demensa et paria respondeant, ut crebo conferantur pugnantia comparenturque contraria et ut pariter extrema terminentur eundemque referant in cadenco sonum» (*Orator*, 11, 38). [32]

Atribuye Cicerón el invento de esta prosa *numerosa*, es decir, rítmica e inconfundible con el verso —porque de eso se trataba— a Gorgias Leontinus (*ibid*, 49, 165), y ejemplifica el sistema con un fragmento de su *Pro Milone* («Est enim, iudices, haec non scripta...»). El lo usó, pues; empleó las figuras gorgianas, aunque sin caer, piensa en las exageraciones del sofista. En el Renacimiento, fue considerado el más eminente representante de ese estilo. Quintiliano ya lo había señalado así, cuando asegura que los antiguos se complacieron en emplear correspondencias y antítesis: Gorgias, «inmodicus»; Isócrates, «copiosus»; los siguió, continúa Marco Tulio, pero con moderación, porque el exceso de tales recursos desagrada (*Inst. Or.* IX, 3, 74).

Muchos humanistas consideraron la *concinnitas* método fecundo para generar la prosa artística: Doletus la elogia en 1535; Ramus, en 1559 (de Cicerón, dice: «frequentibus verborum figuris totum corpus exornat»); Sanctius, en 1573; los jesuitas fomentan su cultivo en sus *Rationes studiorum*; hasta un Justo Lipsio, encarnizado enemigo de la concinidad, elogia el citado fragmento del *Pro Milone.*, y él mismo forja simetrías en sus escritos. En cuanto a Guevara en particular, Juan Luis Vives, tres años después de la aparición del *Marco Aurelio* se refiere a él, sin nombrarlo, en su *De ratione dicendi*, II, 114, cuando describe un tipo de «oratio deliciosa lasciva ludibunda, cum semper ludit omnibus translationum generibus et figuris et schematis et periodis contortis et comparatis, tum senten-

---

31. Cfr. Albert Yon, ed., Cicerón, *Orator*, Paris, Les Belles Lettres, 1964, págs. CXVI-CXXXI.
32. «Se admite, sin embargo, la simetría de las oraciones; y se concede la disposición ingeniosa de las palabras en un ámbito (= período) determinado y delimitado; se trabaja adrede y no por azar, sino abierta y francamente, para que las palabras se correspondan en cierto modo medidas e iguales, para que vocablos de significado opuesto se pongan en relación frecuente, para que los contrarios se emparejen, para que los finales acaben del mismo modo y produzcan en su caída el mismo son».

tiolis argutis concinnisque, molli structura et delicata, salibus, allusionibus ad fabellas, ad historiolas, ad carmina, ad dicta in scriptoribus celebria»[33]. Y Alfonso García de Matamoros, que escribe contra el «repugnantem libellus vulgatus a Petro Rhua Soriensi», alaba su «culte et splendide dicere», y juzga que si fray Antonio reprimiera la abundancia de artificios, quizá no surgiera en España alguien que pudiera igualarle en elocuencia.

Todos estos datos relativos al ambiente humanístico que rodeó a Guevara fueron aportados, hace casi un siglo, por Eduard Norden, en su libro famosísimo *Die Antike Kunstprosa*[34]; allí afirma con toda resolución que el estilo de nuestro autor no se explica si no se educó en una escuela humanística[35]; no le cabe duda de que forjó su prosa en la imitación de sus modelos antiguos. Y lo sitúa en el centro del interés renacentista por el estilo de las antítesis formales. Norden sabía distinguir muy bien lo medieval de lo renacentista, y es hora de que su opinión vuelva a ser oída, si es que alguna vez fue atendida entre nosotros; porque no lo parece, a juzgar por el empecinamiento con que se sigue discutiendo a Guevara el derecho a ser un hombre de su tiempo.

Esta fue su proeza. En aquella aurora de la Edad Moderna, en que prácticamente todos los géneros literarios de la edad anterior son declarados inservibles, se hace preciso el inmenso esfuerzo de crear los nuevos. Naturalmente que mucha sustancia medieval atraviesa las fronteras de esta época; pero para ser sometida a otras formas mentales y artísticas. Y como la literatura no conoce la creación *ex nihilo* —se ha dicho con razón, que, en ella, lo nuevo es siempre lo viejo reelaborado— se acude al mundo antiguo o a Italia, en busca de estructuras morfológicas y elocutivas. Fray Antonio, precisamente para ser moderno y para hallar su voz en la serie de la prosa doctrinal, fija sus ojos en la *concinnitas* clásica, y cumple al pie de la letra el programa definido por Cicerón, y defendido por muchos humanistas. Divide el discurso en ámbitos, como los había llamado Marco Tulio, esto es en períodos; para organizarlos, se inclina por la ordenación bipartita, tan mesurada como monótona; dentro de ella, adopta la relación causal de sus miembros, dominante sobre otras pocas más. Los delimita en su final, sobre todo con las figuras gorgianas exigidas por Cicerón. Y, además, tiñe, tanto la prótasis como la apódosis, con los colores repetitivos de la retórica. Todo queda así, sobresaturado de artificio. El hecho de que algunos contemporáneos —lo hemos visto en el caso de Matamoros— le reprocharan esa sobre saturación, no supone descalificación por arcaísmo sino por

---

33. «Un estilo delicioso, retozón, lúdico, que, de una parte, juega siempre con toda suerte de trasposiciones, figuras, *schemata*, períodos complicados y relacionados; de otro, con sentencias brillantes y simétricas, con suave y delicada ordenación de vocablos, con agudezas, alusiones y anécdotas, historietas, versos y dichos célebres de escritores».

34. Publicado en 1889. Eduard Norden, *Die Atike Kunsprosa*, ed. Teubner, Sttutgart, 1958, págs. 792 y ss.

35. Sobre el ambiente humanístico que rodeó a Guevara en sus años de formación, vid. A. Redondo, *op. cit.*, págs. 72-82.

falta de medida: fray Antonio era un desmesurado, un fanático de su invención, no un sobreviviente del remoto pasado. ¿Cómo si no hubiera satisfecho expectativas nuevas —y repito un argumento anterior— hubiera podido obtener en España y en Europa tan fulminante triunfo? A fines del siglo pasado, Norden consideraba a los anglistas completamente acordes con la opinión de Landmann, según la cual, el *Euphues* de John Lyly (1579) derivaba directamente del *Marco Aurelio*, y señalaba la persistencia de ese estilo de Inglaterra hasta el siglo XVIII (Young, Pope), pasando por toda la época de Shakespeare[36]. Hoy, esto se pone en duda: creo que los anglistas españoles tendrían algo que decir sobre tal asunto, no carente de importancia para nosotros. En cualquier caso, ¿coincidían Guevara y Lyly en su anclaje medieval? A esta conclusión disparatada lleva el no considerar el Renacimiento con miras más amplias, con horizontes cerrados por lo italiano. La clasicidad y le humanismo han de servirnos también como puntos de referencia.

He dicho antes que Guevara emprendió una marcha equivocada; no: la historia no se equivoca, y aquella marcha dejó estela. Simplemente, ocurre que la concinidad es sólo uno de los métodos posibles para lograr la prosa artística, y que, por su naturaleza, conduce al tedio. En Cicerón, no dejó de ser subalterno; por que no es a Gorgias a quien admiraba sino a Isócrates, «qui [..] laudatur semper a nobis» (*Orator*, XII, 40). Y ello, porque, aunque Trasímaco le había precedido, él había llevado a la perfección el artificio del *numerus* (*ibid*. LI, 175). Marco Tulio consagró muchos desvelos al estudio del sistema isocrático, tan distinto al gorgiano, para lograr una prosa armoniosa. Dicho sistema se funda en el entretejimiento de pies métricos en el discurso, con tino al combinarlos para que jamás produzcan el indeseable efecto de ser verso. Páginas y páginas del *Orator* y del *De oratore* se consagran al *numeros*; muchísimas le dedicó Quintiliano (*Inst. Or.*, IX, 4, 45 y ss.). *Concinnitas* y *numerus* son las dos posibilidades rítmicas; la una, de geometría externa; la otra, con ritmo fluyente de una organización interior, más delicada. Guevara optó por la primera; la misión de hispanizar el *numerus* le estaba reservada al genio de Fray Luis de León, como él mismo declaró: «Yo confieso que es nuevo y camino no usado por los que escriben en esta lengua *poner en ella número*, levantándola del descaimiento ordinario. El cual camino quise yo abrir...»[37]. Ese era el buen rumbo, el que definitivamente tomaría la historia de nuestra prosa, aunque sin olvidar nunca la conciniedad, aquel conjunto de artificios con que el precidador de Carlos V provocó la sorpresa, admirada o reticente, de propios y extraños.

---

36. E. Norden, *Op. cit.*, págs. 786-788.
37. Cfr. mi trabajo, Fray Luis de León: «El cual camino quise yo abrir (el número en la prosa)», *NRFH*, XXIX (1980), págs. 262-270.

EL GENERO CELESTINESCO: ORIGEN Y DESARROLLO

KEITH WHINNOM
Universidad de Exeter

Todavía siguen apareciendo, si bien ahora con menos frecuencia, trabajos que quieren debatir la cuestión de si la *Tragicomedia de Calisto y Melibea* pertenece a la historia de la novela más bien que a la del drama[1]; pero, en cuanto al problema del género al que debemos asignar la obra, desde la aparición de la obra maestra de María Rosa Lida de Malkiel, nadie ha puesto seriamente en duda el que se trate de una imitación de la comedia humanística italiana[2]. Y sobre la mayor parte de las obras que pertenecen claramente al «género celestinesco», o sea, sobre las que constituyen la «descendencia directa» de la *Celestina*, Pierre Heugas ha escrito un libro tan sustancioso que a quien le siga, a no ser que se limite a resumir lo ya expuesto, no le quedan que comentar más que los pocos temas no tratados por él[3]. Según su marido, María Rosa Lida siempre aludía a *La originalidad artística* como al «gordo», y frente a dos tomos tan gordos que representan varias semanas de lectura, parecerá bastante atrevido el que

---

1. El estudio más reciente de esta índole es el de Dorothy Sherman Severin, «Is *La Celestina* the First Modern Novel?», *Revista de Estudios Hispánicos*, IV (*Homenaje a Stephen Gilman*, 1982), págs. 205-209. Para el debate anterior véanse los resúmenes en la sección 3, «Sources and Tradition», especialmente págs. 71-86, en Adrienne Schizzano Mandel, *«La Celestina* Studies: A Thematic Survey and Bibliography, 1824-1970» (Netuchen, New Jersey, 1971, más los trabajos registrados por Joseph Snow, Jane Schneider y Cecilia Lee, «Un cuarto de siglo de interés en "La Celestina", 1949-74: documento bibliográfico», *Hispania*, LIX (1976), págs. 610-660, y los suplementos por Joseph Snow que han ido apareciendo en la revista *Celestinesca*.
2. María Rosa Lida de Malkiel, *La originalidad artística de «La Celestina»*, Buenos Aires, 1962, reimpreso 1970, especialmente págs. 37-50; resumen del debate ¿novela dramática? en las págs. 50-78.
3. Pierre Heugas, *«La Célestine» et sa descendance directe*, Burdeos, 1973.

pretenda decir algo nuevo sobre el género celestinesco. Sin embargo, creo que algo queda por decir. El extensísimo trabajo de Heugas no estudia la descendencia «indirecta» de la *Tragicomedia*, es decir, las obras celestinescas como la *Comedia thebaida*, en las que no aparecen ni personajes de la obra original (Areúsa, Elicia, una Celestina resucitada) ni personajes explícitamente relacionados o emparentados con ellos (como una hija de Celestina). Por eso, como intentaré demostrar, queda algo ofuscada la verdadera historia del género, pues se efectuaron unos importantes cambios de orientación en el género celestinesco, pero antes, cronológicamente, en la descendencia «indirecta» que en la «directa»[4]. Y mientras María Rosa Lida estudia una extensa gama de «antecedentes» para realzar la originalidad de la obra española, no intenta precisar el modelo de los autores de la *Tragicomedia*.

Para remontarnos a las fuentes más remotas del género celestinesco tendríamos que acudir a la antigua comedia griega —la llamada «nueva comedia»— pero ya que en la Europa Occidental cayó muy pronto el telón casi impenetrable de la ignorancia lingüística, sobreviviendo tan sólo la reputación de un comediógrafo como Filemón o Menandro, podemos fijar el origen del género en la comedia clásica latina, es decir, en la veintena de comedias atribuidas a Plauto y en las seis terencianas. De estas derivarán, directa o indirectamente, los centenares de comedias compuestas en Italia, en latín y en italiano, durante los siglos XV y XVI[5]. Pero conviene precisar: en la época más temprana se trata de la libre imitación de distintos modelos dramáticos —imitación, como suele suceder con la imitación, fácilmente distinguible del original por los expertos, o sea, por los que se aperciben de los verdaderos límites de una convención; pero luego, en el quinientos, esta imitación está controlada por la teoría, por los críticos renacentistas cuyas ideas provienen del *Ars poetica* de Horacio y, a partir de 1498, de la traducción latina hecha por Giorgio Valla, de la *Poética* de Aristóteles. Si se quiere, se pueden distinguir una «comedia humanística» —la temprana— y una «comedia erudita», posterior[6]. Dejando a un lado, por ahora, toda la teoría de la comedia —la verosimilitud, el decoro, el propósito moral, etcétera— vemos en la comedia erudita del dieciséis una

---

4. Lo indiqué muy brevemente en una reseña del libro de Heugas publicada en el *Bulletin of Hispanic Studies*, LIII (1976), págs. 139-141.

5. No ignoro que en el siglo XIV Petrarca compuso una comedia (o tal vez dos) ahora perdida (para las carta y textos pertinentes véase Ireneo Sanesi, *La commedia*, edición revisada, Milán, 1954, I, págs. 98-100) ni que el *Paulus* de Pedro Paulo Vergerio (1370-1445) fue escrito en su «juventud», o sea, con toda probabilidad en el trescientos.

6. La crítica siempre ha reconocido las «dos etapas» evolutivas en la historia de la comedia italiana, pero en general ha preferido la sencilla distinción entre «cuatrocientos» y «quinientos». Véase lo que dice al propósito Douglas Radcliff-Umstead, *The Birth of Comedy in renaissance Italy*, Chicago, 1969, págs. 1-22. Para los conflictos entre los conceptos de Horacio y los de Aristóteles y cómo se reconciliaron y solucionaron, véase Bernard Weinberg, *A History of Literary Cristicism in the Italian Renaissance*, Chicago, 1961, I, págs. 349 y ss.

forma bastante rígida: la pieza está en verso, consta de cinco actos no excesivamente largos y suele tener cierta unidad de tiempo. Pero en el siglo anterior, en la época de la pura imitación no controlada por la teoría, encontramos muchísima más libertad.

María Rosa Lida, quizás un poco paradójicamente, insiste en que la comedia humanística es un género bien definido (pág. 42) y, a la vez, en que se distingue por su notable variedad (pág. 38). La define como una imitación superficial de Plauto y Terencio, modificada por una concepción dramática medieval y un realismo humorístico; y para demostrar que la *Celestina* pertenece claramente a este género, redacta una lista de las características coincidentes, citando las apropiadas comedias italianas. La comedia latina así como la *Celestina* no son necesariamente para representar; emplean la prosa; son más realistas y verosímiles que la comedia romana; ricas y difusas, no tienen forma definida y pueden llegar a ser informes; no obedecen a las reglas clásicas de unidad, ni de tiempo ni de espacio; constan de muchas escenas; los autores no suelen valorar en mucho la economía ni la concisión («su modalidad es acoger más bien que escoger». pág. 39); el tema central es el amor ilícito o adúltero; hay más variedad de personajes y tipos que en la comedia latina clásica; los móviles de los personajes suelen ser mezquinos; los nombres de los personajes están tomados de la antigua comedia; y hallamos una mezcla de estilos que van desde el altisonante hasta el grosero.

Nos habrá convencido a todos, por lo menos de que, con tales antecedentes, la *Celestina* no se puede considerar como una obra agenérica (ni tampoco, diría yo, de una originalidad tan pasmosa como quieren ciertos críticos). Sin embargo, conviene reconocer que María Rosa Lida es de los pocos que ven en la comedia humanística italiana un género independiente. Por una parte algunos eruditos han insistido en que se debe considerar como sólo una parte de un movimiento europeo[7]; y por otra, hay los que no ven en el cuatrocientos italiano más que distintos experimentos dramáticos y seudo-dramáticos en los que se percibe la influencia de la comedia elegíaca, el drama vernáculo medieval y, progresivamente, de la comedia romana[8]. La verdad es que la «notable variedad» a la que alude María Rosa Lida abarca tanta variación que el uso del término «género» llega a ser un poco forzado. El género formal tendría que incluir obras parecidas a la *Celestina* (como la *Poliscena* antes atribuida a Leonardo Bruni[9]) y las

---

7.   Véase, p. ej., Alessandro Perosa, *Teatro umanistico*, Milán, 1965; que estudia, edita y traduce ejemplos del drama humanístico compuesto en Inglaterra, Francia, Alemania, los Países Bajos e Italia.

8.   Véase, p. ej., Vito Pandolfi, «Le spurie origini del nostro teatro drammatico», introducción a *Teatro goliardico dell'Umanesimo*, editado por Vito Pandolfi y Erminia Artese, Milán, 1965.

9.   Sanesi, obra citada, I, pág. 142, no acepta esta atribución, que es, desde luego, harto discutible. Escrita, según Sanesi, hacia 1433, bajo la influencia de la *Philogenia*, se imprimió por primera vez en 1478.

fieles imitaciones de comedias plautinas (como la *Chrysis* de Piccolomini[10]), mientras si nos atenemos al contenido, encontramos que la comedia cuatrocentista trata, además del tema del amor ilícito, cualquier situación cómica: por ejemplo, la anónima *Comedia Bile*[11] cuenta cómo un estudiante hambriento idea una absurda estratagema para que una pareja tacaña le dé para cenar un pez más gordo que el que le han invitado a comer; la *Catinia* de Sicco Polenton[12] no es más que unas discusiones en una taberna, quizás una sátira de los debates académicos contemporáneos; y la *Repetitio Zanini* (o *De coquinaria confabulatione*) de Ugolino Pisani[13] es otra sátira de la vida universitaria, en la que se otorga el título de *magister* a un cocinero y se alaba el arte de cocinar como al supremo arte. En resumidas cuentas, en la comedia italiana del cuatrocientos no es fácil ver tanta uniformidad ni formal ni temática como para hablar de un género. Se trata de un fenómeno nada raro de innovación o de renovación, es decir, de experimentación e inseguridad cuando, durante una temporada, rivalizan las soluciones alternativas, fenómeno que se observa repetidas veces no sólo en la literatura sino en la historia de la lengua.

Si la comedia en latín del siglo XV en Italia es o no es un «género» es un problema que preferiría pasar por alto; para nuestro propósito actual lo más importante es reconocer que la *Celestina* remeda, necesariamente, sólo algunas de las múltiples posibilidades formales y temáticas del drama del cuatrocientos italiano, lo cual nos permite preguntar si tuvo un solo modelo o muchos.

Pero primero nos cumple recordar que la *Celestina* representa el producto final de distintos actos creadores, los que produjeron, sucesivamente, el primer auto, la *Comedia*, la *Tragicomedia* y finalmente la *Tragicomedia* más el «auto de Traso». Por consiguiente nos queda por juzgar si Fernando de Rojas, autor de la *Comedia*, necesitó más modelo que el trabajo del primer autor. Como ya sabemos, la diferencia formal más importante entre el primer auto y los demás es que aquél, aunque se puede dividir en muchas escenas cortas —en distintos escenarios—, quedó sin dividir, igual que la *Poliscena*[14]. Por difícil que sea demostrarlo, no creo que al primer autor (¿Rodrigo Cota?) le hiciese falta conocer más que la *Poliscena*. Formalmente no se distingue la técnica del primer auto de la de la *Poliscena*, y en la España de las últimas décadas del cuatrocientos no hubo comedia humanística más accesible. Y en cuanto al contenido, ahí en la *Poliscena*

---

10. Editada por Ireneo Sanesi, *Chrysis, commedia*, Florencia, 1941.
11. Editada por Johannes Bolte, «Eine Humanistenkomödie», *Hermes*, XXI (1886), págs. 316-318.
12. Editada por A. Segarizzi, *La Catinia, le orazioni e le epistole de Sicco Polenton, umanista trentino del seccolo XV*, Bergamo, 1899.
13. Editada por Pandolfi y Artese, obra citada.
14. Adviértase que la *Poliscena* se halla dividida en actos sólo en ediciones realizadas después de 1510: véase Marvin T. Herrick, *Italian Comedy*, Urbana, Jacky, Illinois, 1960, pág. 18.

están en el argumento del *Pamphilus de amore* y la alcahueta Tharatanta-ra. Para que Rojas pensase en prolongar y «acabar» la narración dramática en distintos actos, necesitaba saber tan sólo que las comedias se dividían en actos (y no, por ejemplo, en libros o capítulos). Es evidente que si conocía de veras «obras terencianas» —lo cual no sería nada difícil— no apreció bien en qué se diferenciaban del invento de su amistoso mentor. Ciertas coincidencias (ya notadas por los eruditos) entre el último soliloquio de Melibea y el de Philogenia tal vez nos llevarían a conjeturar que Rojas también tendría cierta familiaridad con la comedia de Ugolino del mismo título, pero tenemos otra explicación: si aparecen, en el texto de la *Comedia* y de la *Tragicomedia*, reminiscencias verbales de otras «comedias humanísticas» italianas, será que se deben a la lectura de la *Margarita poética* de Alberto de Eyb.[15]

He aludido a los centenares de comedias humanísticas y eruditas que, según los peritos en la materia, yacen sin estudiar en archivos y bibliotecas; y es evidente que no es lícito descartar por completo la posibilidad de que una copia manuscrita de una de estas comedias desconocidas llegase a manos del primer autor. Pero parece poco probable y es una hipótesis innecesaria. Entre las comedias humanísticas editadas y conocidas, son muy contadas las que en todo particular se corresponden con la comedia «típica» descrita por María Rosa Lida. Si nos olvidamos de las compuestas en verso, de las que carecen de intriga amorosa y de las breves farsas en que no salen más de dos o tres personajes, habrá quizás cuatro: el medio-alegórico *Philodoxus* de León Bautista Alberti, escrito hacia 1426[16], más, de los años treinta, la *Philogenia* y la *Poliscena* ya mencionadas, y el *Poliodorus* de 1444; y si descartamos también las divididas en actos o escenas, no queda más que la *Poliscena*, comedia que, además, tiene una celestina como personaje y estaba difundida por la imprenta.

15.   He manejado la edición de Roma, impresa por «Udaldricus Gallus alias Han Alamanus ex Ingelstat» (Ulrich Hahn) en diciembre de 1475, de la Biblioteca de la Universidad de Cambridge, Inc. 2.B.2.2 (1139). Sabemos que Rojas adquirió (sin que sepamos cuándo) su propio ejemplar de la obra: véase Fernando del Valle Lersundi, «Testamento de Fernando de Rojas, autor de *La Celestina*», *RFE*, XVI (1929), págs. 366-388. Llamó nuestra atención sobre la obra de M. Menéndez Pelayo, *Orígenes de la novela* (reimp. Madrid, 1943 y luego 1962), III, págs. 326-327, nota 1; volvió a insistir en su importancia María Rosa Lida de Malkiel en su reseña de la edición de Juan de Vallata, *Poliodorus*, hecha por José María Casas Homs, Madrid, 1953, *NRFH*, X (1956), pág. 423; y la ha intentado negar Stephen Gilman, *The Spain of Fernando de Rojas*, Princeton, 1972, págs. 431-432. En un reciente ensayo Ivy A. Corfis, «Fernando de Rojas and Albrecht von Eyb's *Margarita poetica*», *Neophilologus*, LXVII (1984), págs. 206-213, cita varios trozos paralelos e indica que el anónimo jurista autor de la «Celestina comentada» empleó a menudo el manual de Von Eyb para identificar las «flores» de los filósofos tomadas prestadas por Rojas y por el primer autor. Queda bastante que decir sobre la *Margarita* y pienso publicar en otro lugar unas cuantas apostillas al trabajo de Corfis.

16.   De esta comedia no he encontrado edición más reciente que la que se halla en *Opere volgari di L. B. Alberti per la più parte inedite e tratte dagli autografi*, ed. por A. Bonucci, Florencia, 1843. Para un comentario sobre Alberti y su comedia se puede consultar George E. Ducworth, *The Nature of Roman Comedy*, Princeton, 1952, págs. 397 y ss.

No se puede dudar de la enorme importancia que tiene la *Celestina* en la historia literaria europea y aún más en la española, en la que representa el punto de partida del nuevo género celestinesco. Pero entre los distintos actos de creación original que produjeron la obra que tenemos, conviene distinguir cuidadosamente los actos y los accidentes que crearon un género nuevo. Mientras ingleses, franceses, holandeses, alemanes e italianos se dedicaban a componer comedias en latín, durante el siglo XV ningún español lo intentó, lo cual tiene dos explicaciones, no mutuamente exclusivas. La maravillosa novedad de la *Celestina* se debe, paradójicamente, a cierto atraso cultural. Si, por una parte, la *Poliscena* era el modelo del primer autor, éste pasó por alto la comedia humanística italiana contemporánea, que había vuelto a modelarse en las obras de Plauto[17] y Terencio, y que en Venecia y otras ciudades italianas ya salía a las tablas en los nuevos teatros[18]. El primer autor imitó una pieza no representable y escrita medio siglo antes. Y por otra parte, fue precisamente la «barbarie» de la que se quejó Nebrija, la falta de dominio del latín clásico, lo que obligó a nuestro genial autor a escribir su comedia en español. La consecuencia inmediata de usar la lengua viva —lengua dominada a la perfección tanto por el primer autor como por Fernando de Rojas— fue la riqueza y la sutileza verbales que los críticos no se cansan de comentar y elogiar.

De los méritos literarios de la *Celestina* no hará falta hablar aquí más que para hacer notar que debemos suponer que fue en gran parte la calidad de la obra lo que hizo que llegase a ser la ficción más leída de la España del quinientos[19]. Pero la *Tragicomedia de Calisto y Melibea* —y no sirve de nada negarlo— es una mezcla singular de novedades y antiguallas, y el producto de por lo menos un malentendido. Pesa sobre la obra un propósito moral no muy claramente definido: aunque se dice que se compuso, como el *Paulus*, «ad iuvenes corrigendo mores», se ve que sus autores también sentían la obligación de esparcir «flores» por toda la obra. Son las sentencias que Alberto de Eyb llama, sin distinción, «flores», «familiares locutiones» y «autoritates». Este entró a saco en las veinte comedias plautinas y las seis terencianas, pero la lectura de todas aquellas páginas de la *Margarita* no revelaría a nadie que se trata de comedias com-

---

17. No hay que olvidar el tremendo efecto del descubrimiento en Alemania, en 1428, por Nicolás Cusano (Niccolò di Treviri, Nicholas Cusanus), de catorce comedias desconocidas de Plauto. Papas, cardenales, reyes y eruditos lucharon por apoderarse del precioso manuscrito: véase Sanesi, *La commedia*, I, pág. 180.

18. Véase la introducción a la edición de las comedias de Tito Livio Frulovisi, *Opera hactenus inedita*, hecha por C. W. Previté-Orton, Cambridge, 1932. En un artículo reciente Theodore S. Beardsley Jr., «*Celestina*, Act I, Scene 1: "Ubi sunt"?» *Hispanic Review*, LII (1984), págs. 335-341, sostiene que hubiera sido posible la representación de la *Celestina* y que tanto el primer autor como Rojas tenían en la mente un posible escenario, hipótesis nada fácil de refutar de una manera terminante.

19. Para cifras comparativas véase «The Problem of the "Best-seller" in Spanish Golden-Age Literature», *Bulletin of Hispanic Studies*, LVII (1980), págs. 189-198.

puestas en verso, ni tampoco que son comedias. Cualquiera creería que para von Eyb, moralista medieval a pesar de todos sus contactos y pretensiones humanísticos[20], lo más importante de Plauto, de Terencio, del *Philodoxus*, del *Falsus ypocrita* de cierto Mercurio Ronzio, de la *Philogenia* y de las tragedias de Séneca son precisamente aquellas «flores», las ideas quintaesenciales de los oradores y filósofos[21]. En esto los autores de la *Celestina* eran también «moralistas medievales» o, al menos, estaban convencidos de que lo debían ser.

Sabemos, por el testimonio del mismo Rojas, que el primer autor quiso componer una «comedia», y apenas cabe duda de que estaba pensando hacer una obra parecida a las tempranas comedias italianas y, lo que más importa, darle un desenlace feliz. Pero a Fernando de Rojas le debió parecer que dentro de las convenciones de la comedia estaba permitido matar no sólo a una alcahueta y un par de criados sino también a una pareja de amantes de más alta categoría social. No es preciso intentar explicar aquí esta ceguera[22]. Conviene recordar tan sólo que el testarudo Rojas, al ampliar la *Comedia*, se negó a confesar que había cometido ningún error e inventó (o tomó prestada) la jocosa etiqueta de «tragicomedia» para la obra[23]. Apenas importa en sí el marbete: ello es que por otro curioso accidente Rojas creó un nuevo género anti-clásico que, frente al desprecio de los franceses[24], iba a conquistar el teatro isabelino de Inglaterra igual que la posterior comedia española.[25]

La *Celestina*, pues, era única, no sólo por ser la única comedia humanística española, sino también por haberse compuesto en la lengua vernácula (las comedias italianas escritas en italiano son del siglo XVI[26]) y por haber confundido completamente los tradicionales géneros clásicos de comedia y tragedia. Se constituyó en modelo —pero no modelo servilmente imitado— para varios autores del dieciséis y es principalmente porque se

20. Es el título y el tema del estudio de Joseph Anthony Hiller, *Albrecht von Eyb, Medieval Moralist*, Washington, D. C., 1939. Alberto, primero secretario del obispo Juan del Palatinado y de Baviera, llegó a ser Chambelán del Papa Pío II (Eneas Silvio Piccolomini).

21. El título completo de la *Margarita* es: «Summa oratorum omnium: poetarum ac philosophorum autoritates in unum collecte per clarissimum virum Albertum de Eiib utriusque iuris doctorem eximium que margarita poetica dicitur».

22. He intentado ofrecer una explicación en «Interpreting *La Celestina*: The Motives and the Personality of Fernando de Rojas», *Medieval and Renaissance Studies on Spain and Portugal in Honour of P. E. Russell*, ed. F. W. Hodcroft *et al.*, Oxford, 1981, págs. 53-68.

23. Para la *tragicomoedia* de Plauto, la *tragicomoedia* de Verardi, etcétera, véase M. R. Lida, *ob. cit.*, págs. 51-52. Tanto en Plauto como en Verardi el término implica un desenlace feliz.

24. Véase René Bray, *La Formation de la doctrine classique en France*, París, 1951, especialmente, págs. 28-33, la sección sobre el «Mépris des Français pur l'irregularité de la poésie espagnole et l'ignorance de ses théoriciens».

25. Para la tragicomedia del Renacimiento se puede consultar Marvin T. Herrick, *Tragicomedy: Its Origin and Development in Italy, France and England*, Urbana, Illinois, 1955.

26. En el siglo anterior, en la Ferrara del duque Ercole I, se representaron en traducción italiana varias comedias de Plauto. véanse Duckworth, *ob. cit.*, pág. 339; Radcliff-Umstead, *ob. cit.*, págs. 62-63; y Antonio Piromalli, *La cultura a Ferrara al tempo di Ludovico Ariosto*, Florencia, 1953, citado por Radcliff-Umstead.

ve en éstos la clara conciencia de estar escribiendo dentro de la tradición celestinesca, por reciente que fuese, por lo que podemos hablar de un «género» celestinesco.

Las obras que pertenecen a la «descendencia directa» de la *Celestina* son: la *Segunda comedia Celestina* de Feliciano de Silva, de 1534[27], la *Tercera parte de la tragicomedia de Celestina* de Gaspar Gómez, de 1536[28], la *Tragicomedia de Lisandro y Roselia* o *Cuarta obra y tercera Celestina* de Sancho de Muñón, de 1542, la *Tragedia policiana* de Sebastián Fernández, de 1547, la *Comedia florinea* de Juan Rodríguez Florián, de 1554, y, del mismo año, la *Comedia selvagia* de Alonso de Villegas Selvago[29]. No deja de ser curioso el que estas seis continuaciones de la *Tragicomedia de Calisto y Melibea* apareciesen todas en las dos décadas que median entre 1534 y 1554. Y la uniformidad del nuevo género es impresionante: en todas estas obras vuelven a salir personajes de la *Celestina* (aunque a veces no sean más que personajes mencionados allí, como Claudina) o descendientes de ellos; el argumento básico es siempre el mismo: la antigua historia de la conquista amorosa de una doncella o dama mediante las maquinaciones de una tercera, o sea, la historia del *Pamphilus de amore*, del *Paulus*, de la *Poliscena*, del *Poliodorus*, etcétera; y muchas veces estas continuaciones imitan hasta los distintos episodios y etapas de la seducción de Melibea; en todas abundan reminiscencias verbales del modelo (por ejemplo, «Paz sea en esta casa»), y todas emplean la misma forma, el diálogo en prosa, presentado en distintos actos o escenas en distintos escenarios. Dicho esto, se echa de ver que muchas veces estas obras se asemejan entre sí pero no al modelo y que —para ahorrar palabras— en muchos rasgos se parecen a la *Comedia thebaida*[30]. La definición de Heugas excluye la *Thebaida* y se comprende fácilmente que, al ensancharla para que abarcase todas las obras en las que se percata alguna influencia de la *Celestina*, tendríamos un catálogo casi interminable. El «género» se puede ampliar o reducir según admitamos o excluyamos las obras en verso, las cortas, las que carecen de alcahueta, etcétera. Ello es que la influencia de la *Tragicomedia* se manifestó de mil maneras. Aun cuando dejamos a un lado todas las reminiscencias verbales que nos confirman la ya sospechada lectura de la *Celestina*

27. He usado la edición de la obra contenida en la tesis doctoral (Ph.D., Exeter, 1973) de mi alumna, Isabel A. Monk.

28. La mejor edición es la de Mac. E. Barrick, Philadelphia, 1973. Quizás valga la pena volver a advertir que, si bien Barrick mismo usa en la portada de su libro el nombre de «Gaspar Gómez de Toledo», en la introducción demuestra que la forma es errónea y proviene de la abreviación de «Gaspar Gómez, natural de la muy insigne ciudad de Toledo».

29. Salieron en la Colección de Libros Españoles Raros o Curiosos (Madrid) las obras de Muñón (1872), Villegas (1873) y Silva (1874). Las obras de Sebastián Fernández y Rodríguez Florián se pueden leer en la edición original (NBAE) de *Orígenes de la novela*.

30. Esta comedia también se halla en la Colección de Libros Españoles Raros o Curiosos (1894). Algo más fidedigna es la edición de G. D. Trotter y mía (Londres, 1969).

(y ¿hubo escritor del dieciséis en España que no la hubiese leído?), hallamos que de la *Tragicomedia* se imitaron la forma y la técnica, el argumento, los personajes y el estilo (o estilos), si bien en muchísimas obras no se imitaron a la vez todas las características celestinescas. Pero, como ya he indicado, aun en la tradición central, en el «género celestinesco» más estrictamente definido, se ve que ha pasado algo: lo celestinesco ya no es lo que era.

Fuera de la corta *Comedia seraphina* de 1521, que concluye con una fórmula de despedida a los espectadores imitada de la comedia romana[31], no se halla en los dramas en prosa ni el más mínimo esfuerzo por pretender que la pieza fuese para representar, pues, como conviene recordar, este drama para leer es obra de autores que ya sabían lo que es el teatro. Sin embargo, estos escritores, empezando con el anónimo de *Thebaida*, introducen en la comedia celestinesca cierta unidad de tiempo, concepto claramente ajeno al rojano. La acción de la *Comedia thebaida* transcurre en tres días y noches —y se cuentan cuidadosamente las horas— mientras la de la *Segunda Celestina* de Silva ocupa una semana. No encontramos ninguna aserción teórica, pero podríamos creer que los autores del género celestinesco, sabiendo que la acción de una comedia clásica debía contenerse en doce o veinticuatro horas[32] y que para la epopeya se toleraba un año, habían llegado a la conclusión de que en este nuevo género más sustancioso les sería permitido otra unidad más grande que un día, o sea, una semana o un mes. Se nota a la vez, además de la nueva unidad de tiempo, cierta unidad de espacio y de acción dentro de cada escena.[33]

Ya en 1524, Pedro Manuel de Urrea, en su *Penitencia de amor*, había mezclado elementos celestinescos con otros sentimentales o cortesanos[34], y a partir de la *Thebaida* hallamos en las obras celestinescas el uso de las

---

31. La *Seraphina* salió impresa junto con la *Thebaida* y la *Hipólita* (*Ypolita*) en Valencia en 1521. Salió en Libros Raros o Curiosos en 1873. La *Seraphina*, como se lee en el colofón, es el producto de la oficina de Jorge Costilla, pero la *Theibada* y la *Hipólita* son de Juan Viñao. Para más detalles y explicaciones (suministrados por F. J. Norton) véase mi introducción a la edición de la *Thebaida* ya citada, págs. XV-XVIII. Para la *Seraphina*, que se ha estudiado muy poco, se puede consultar ahora José Luis Canet Vallés, «La *Comedia Thebayda* y la *Seraphina*», en *Teatros y prácticas escénicas, I: El quinientos valenciano*, ed. Joan Oleza Simó, Valencia, 1984, págs. 283-300; se discute el significado del *envoi* en las págs. 299-300.

32. Como sabe todo el mundo, Aristóteles dijo «un día», pero ya que la gente duerma por la noche... Para la disputa sobre 12 o 24 entre (principalmente) Francesco Robortello y Bernardo Segni véanse los estudios citados por Radcliff-Umstead, págs. 4-5. La controversia académica, iniciada en Italia sólo en 1548 con el trabajo de Robortello, sigue a varias décadas de inseguridad en la interpretación de «un día».

33. Véase, además de los trabajos de M. R. Lida y Heugas, el ensayo de J. L. Canet citado en la nota 30, págs. 291-92.

34. Impresa por Fadrique Alemán de Basilea en Burgos, 1514; editada por R. Foulché-Delbosc (Barcelona, 1902). Fue el mismo Foulché-Delbosc quien en «La *Pentencia de amor* de Pedro Manuel Urrea», *Revue Hispanique*, IX (1902), págs. 200-215, primero sugirió que, mientras seguía la tradición de la novela sentimental de San Pedro, Urrea debía mucho a la *Celestina*. Canet Vallés, *ob. cit.*, ve en el uso de las cartas la influencia de Terencio.

cartas, cartas amorosas, desde luego, retóricas, conceptistas, elaboradas, y citadas por extenso. Es posible que la obra de Urrea influyese en el trabajo del anónimo autor de la *Thebaida*, pero, puesto que sería absurdo creer que este no hubiese leído al menos *Cárcel de Amor*, no es preciso insistir en que los nuevos celestinistas conociesen la iniciativa de Urrea. Otro rasgo cortesano es el mayor uso del verso. Los poemas, aunque no figuran en *Cárcel de Amor*, tienen un antecedente en la *Celestina* misma, pero las poesías que metrifican los galanes de la *Seraphina* y la *Thebaida* son glosas al modo cortesano de los romances y canciones impresos en el *Cancionero general*.

Quién sabe si de ciertas comedias humanísticas italianas (como la *Catinia*) o si de *Cárcel de Amor* y del largo parlamento final de Leriano, provienen también las interminables disquisiciones de la *Thebaida*, puestas en boca de la gente inverosímilmente erudita, como el mayordomo Menedemo; pero la verdad es que después de la *Thebaida* encontramos en el género celestinesco estos largos discursos —casi ensayos— que en nada adelantan la acción de la comedia. Tanto en la *Thebaida* como en las obras posteriores se nota que los autores se entregan complacientes a la digresión dispuestos a dejar el enredo y a inventar, deteniéndose en cartas, canciones y parlamentos, en personajes adventicios quienes, terminada la escena en que intervienen, no vuelven a aparecer, y en lo que podríamos llamar cuadros de costumbres.

Merece un estudio aparte la nueva experimentación lingüística que se ve por primera vez en la *Thebaida* y que sigue en las continuaciones. Mucho se ha escrito sobre Fernando de Rojas y su sofisticado uso de los niveles de la lengua —el tono elevado y a menudo hinchado del lenguaje de Calisto, a veces imitado por sus criados, y el pintoresco y coloquial de la alcahueta— pero en las imitaciones encontramos, además del estilo elevado (a veces satirizado como en la *Thebaida*), no sólo, por ejemplo, el *vos* en vez del latinizante *tú* de Rojas —sino muchas más variedades del idioma contemporáneo.

Centurio no habla en germanía, pero sí Galterio, el rufián de la *Thebaida*, que la explica cuando los demás no le entienden. Luego Feliciano de Silva nos presenta a unos esclavos negros que hablan un español pidgin[35] y en un episodio totalmente gratuito a un enamorado jardinero que habla en sayagués. De ahí —y quizás por circunstancias históricas que aquí no tenemos tiempo de examinar[36]—, vemos sucesivamente en el género celes-

35. Adviértase que para apreciar en lo justo el esfuerzo de Silva se debe consultar o la primera edición de la obra o la tesis de la Dra. Monk, pues las ediciones posteriores, incluso la moderna de M. I. Chamorro Fernández, Madrid, 1968, han efectuado varias «enmiendas» gratuitas que normalizan la jerga.

36. Me refiero a la victoria alcanzada en el reinado de Carlos I por el castellano sobre los demás dialectos del español peninsular: el interés por la variedad lingüística crece a medida que se impone la uniformidad lingüística. El fenómeno merece un estudio detallado.

tinesco intentos de transcribir el habla de vizcaínos, gitanos, moros, etcétera, y, para detenernos un momento en la *Tragicomedia de Lisandro y Roselia*, hallamos en esta obra los primeros intentos de representar el habla de un muchacho que solloza («Yo-yo ju-juro a San Juan yo-yo lo diga a mi padre que me pe-ela y-y me abofete-ea», etcétera) y la de un niño pequeño («Senola, mi made dise que está alí la mujer de la ropa blanca que tae lo que le mandaste», etcétera). [37]

A pesar de que se acentúa en la *Thebaida* y las continuaciones el elemento cortesano —y cabe señalar que los héroes son todos de más alta alcurnia que Calisto, más parecidos al hijo de duque que es Leriano— las imitaciones de la *Celestina* suelen conceder más espacio e importancia a las más bajas capas de la sociedad, a las putas y los ladrones, y en muchas obras del género celestinesco hallamos una escabrosidad que asustó no sólo a Menéndez Pelayo sino también a María Rosa Lida. No se sabe hasta qué punto se puede echar la culpa al duque de Gandía, hispano-italiano de nacimiento que mantuvo sus contactos con las cortes italianas, y en cuya corte es probable que se compusiesen la *Serphina* y la *Thebaida*. En la *Seraphina* la heroína está casada con un marido impotente y en el feliz desenlace de la comedia, Seraphina goza de su amante, Evandro, sin que haya ninguna clase de castigo. Es posible, como nos recuerda Canet Vallés, que el anónimo autor deba algo a Machiavelli y su comedia *Clizia*[38], pero no cabe olvidar las historias todavía más escabrosas de algunas comedias en latín, como la *Conquestio uxoris Cavichioli*, en la que la frustrada mujer, frustrada por tener un marido no impotente sino homosexual, se satisface con los muchachos amantes de su esposo[39]. No habrá que insistir en las escenas increíblemente explícitas de la *Thebaida* en las que la bella tercera Franquila inicia al paje Aminthas en la vida sexual y en que el neófito viola a la criada Sergia. Esta nueva libertad tiene muy poco que ver con la *Celestina*, aun cuando nos fijemos en ciertas no muy discretas escenas, como las de Pármeno con Areúsa en la cama, o Calisto con Melibea en el jardín.

Esta indecencia va unida con una sorprendente tolerancia. En la gran mayoría de las imitaciones no se censuran en absoluto los encuentros sexuales. Los amantes de la *Tragicomedia de Lisandro y Roselia* y la *Tragedia policiana* no acaban bien, pero en las demás obras el enredo termina

---

37. *Lisandro y Roselia*, III, 1 y III, 3; en la edición de Libros Raros o Curiosos (1873), págs. 157 y 177. Citado por R. O. Jones, *The Golden Age: Prose and Poetry*, Londres, 1971, pág. 65.
38. Canet Vallés, obra citada, pág. 300. Libre adaptación de la *Casina* de Plauto, la *Clizia* se estrenó en enero de 1525, pero es posible o probable que fuese escrita antes. Para un estudio y extensa bibliografía consúltese Radcliff-Umstead, págs. 132-142.
39. Editada por Ezio Franceschini, *Due testi latini inediti del basso medio evo*, Padua, 1983; su editor la cree del siglo XIV pero Sanesi, *ob. cit.*, I, pág. 114, da bastantes razones como para concluir que es del XV.

con la feliz unión de los jóvenes, en la *Seraphina* sin boda posible, pero en las otras con el matrimonio secreto o público. La *Thebaida* concluye, después de un casamiento clandestino, con las pródigas preparaciones para la boda oficial. La *Segunda Celestina* acaba en el matrimonio secreto, que permite al autor de la *Tercera Celestina* seguir con la historia hasta el casamiento público. Rodríguez Florián concluye con un matrimonio secreto pero promete una continuación, y Villegas Selvago tiene una boda oficial. No hay que olvidar que lo más probable es que el primer autor de la *Comedia de Calisto y Melibea* proyectase que los amoríos de sus jóvenes amantes acabasen igual. En resumidas cuentas, ya no se ve en el género celestinesco una preocupación por la lección moral.

Es bastante curioso el que esta larga lista de ciertas características del género celestinesco, que empieza con la obra de Feliciano de Silva en 1534, se halle ya en la *Thebaida* de 1521. Heugas afirma que la *Thebaida* «a été incontestablement comme une seconde source pour les imitations postérieures» (p. 175), pero queda muy lejos de agotar el catálogo, prefiriendo insistir en cuánto la *Thebaida* se aparta del modelo rojano por no tener el argumento básico del *Pamphilus* y la *Celestina*. La cuestión está en si los elementos que acabo de examinar son sólo secundarios. Y el segundo problema que se nos plantea es si el género celestinesco retoma estos elementos de la antigua comedia humanística o sólo de las comedias valencianas, *Seraphina* y *Thebaida*. Apenas cabe duda de que el anónimo autor (si se trata de uno solo) de estas comedias conocía, aparte de la *Celestina* y *Cárcel de Amor*, la comedia romana clásica y alguna comedia humanística, otra vez, quizás, la *Poliscena*. De todas maneras, el género denominado celestinesco, aunque tuviese la *Tragicomedia de Calisto y Melibea* por madre, tuvo otra tradición literaria por padre.

Es evidente que el estudio del género celestinesco no difiere del estudio de muchísimos otros géneros, sino que ejemplifica muchos de los problemas de los nuevos géneros renacentistas. La comedia humanística ¿es o no es un género independiente? ¿Hasta dónde vamos a ensanchar la definición del «género celestinesco»? Si en cierta tradición, la de la comedia, se introduce un cambio tan radical como un desenlace trágico ¿tenemos que ver con un género nuevo? ¿Hay algún género tan puro que no esté influido por la forma o el contenido de otros géneros afines? Si en alguna obra confluyen muchos géneros distintos, y esta obra además no tiene descendencia —Antonio Vilanova nos va a hablar de *La Lozana*, pero recuérdese también el curioso caso de *Las Abidas*[40]— ¿nos será lícito hablar de una obra agenérica? ¿O vamos a llamarla pantagenérica? Por ahora prefiero dejar estas preguntas sin contestar. Por ahora me parece que lo más importante es aclarar los hechos y las preguntas que nos cumple formular.

---

40. Jerónimo Arbolanche, *Nueve libros de Las Havidas* (1566), reproducido en facsímil editado por F. González Ollé, Madrid, 1969 y 1972.

SEBASTIAN DE HOROZCO Y LA LITERATURA BUFONESCA

Francisco Márquez Villanueva
Universidad de Harvard

Me considero en deuda con ustedes acerca de una aclaración inicial del concepto de «literatura bufonesca», en cuanto terminología supragenérica para designar la extensa y diversificada actividad creadora en torno a la figura del «loco» o bufón de corte. Una feliz convergencia interdisciplinar, iniciada en los años treinta con los estudios sobre el *fool* de Enid Welsford y Bárbara Swain, proseguida en la postguerra por Bakhtin, Foucault y otros[1], ha permitido el rescate integrador de autores, obras y géneros antes dispersos o poco visibles, de un modo similar a como antes lo hizo la comprensión profunda del mundo y función histórica del juglar. Fue precisamente al entrar éste en decadencia, bajo los primeros embates de la burguesía y del humanismo[2], cuando toman altura tanto la presencia social como la capacidad expresiva de esta figura del «loco». Es un gran cambio de guardia perceptible ya hacia la segunda mitad del siglo XIV, que cuaja después después en el XV y culmina en el XVI. El «loco», tanto «natural»

---

1. B. Swain, *Fools and Folly During the Middle Ages and the Renaissance,* New York, Columbia Un. Press, 1932. E. Welsford, *The Fool: His Social and Literary History*, London, Faber and Faber, 1935. M. Foucault, *Historia de la locura en la época clásica*, México, Fondo de Cultura Económica, 1967. M. Bakhtin, *Rabelais and his World*, Cambridge: M. I. T. Press, 1968. Bibliografía adicional en F. Márquez Villanueva, «Un aspect de la littérature du "fou" en Espagne», *L'humanisme dans les lettres espagnoles*, Colloque International d'Etudes Humanistes, Tours, 1976 (Paris, Vrin, 1979), págs. 233-250. Versión española en *Sin Nombre*, 10 (1980), págs. 7-25.

2. Conexión estudiada en especial por J. Lefebvre, *Les fols et la folie. Étude sur les genres du comique et la création littéraire en Allemagne*, Paris, 1968. R. Klein «Un aspect de l'herméuneutique à l'âge classeque. Le thème du fou et l'ironie humaniste», *Archivio di Filosofia*, III (1963), págs. 11-25. La relación ambivalente entre burguesía y locura queda ampliamente matizada por A. C. Zijderveld, *Reality in a Looking-Glass: Rationality through an Analysis of Traditional Folly*, Boston-London, Routledge and Kegan, 1982, págs. 90-91.

como aún más el fingido, se afirma en la vida cotidiana, en la conciencia religiosa y en la iconografía como el gran simbolismo de la baja Edad Media. Al llegar un cierto momento, el gorro de cascabeles se identificó por completo con la paradójica *Docta ignorantia* de Nicolás de Cusa[3], llevada después a sus últimas consecuencias por Erasmo en cuanto núcleo filosófico del humanismo cristiano.

La locura va a crear, sobre todo, una gama de lenguajes propios bajo un signo unificador completamente ambiguo, multívoco y dislocado[4]. Pudo así abrise paso la literatura del disparate y de la bufonada carnavalesca, todo ello hecho, como decía Cervantes, «de industria» y comprometido a una radical subversión de valores, tanto lingüísticos como políticos, morales y religiosos. Surge una nueva sensibilidad hacia la literatura del pasado y la adoxografía o pseudoelogio[5], género muy secundario en el legado antiguo, se rehabilita no ya en cuanto tal, sino como la alternativa dialéctica de que da testimonio la *Stultitiae laus*. Por último, esta valoración de la locura tiende un puente entre la Edad Media y la modernidad literaria, dando paso a la nave estultífera de Brant, la farsa carnavalesca (*sottie*) y la arlequinada, las «prouesses gigantales» de Rabelais, el periodismo chismográfico de las «nuevas de corte», *Lear* y los grandes *fools* de Shakespeare.

El caso es que esta vez España no quedó atrás. El «loco» tiene entre nosotros una rica y casi desconocida historia literaria, desde Alfonso el Sabio hasta Rafael Alberti. Pero lo notable no es aquí el volumen sino la calidad, y más aún el grado de madurez y conciencia de sí misma con que esta literatura se perfila desde el primer momento en la Península. El *Cancionero de Baena* (hacia 1445) no sólo da una entrada abrumadora a los poetas-bufones de la corte de Juan II, sino que además justifica en su dedicatoria la oportuna utilidad de una literatura liberadora de las ansias y preocupaciones del gobierno en el ánimo de los príncipes. Por razones

---

3. W. Kaiser, *Praisers of Folly. Erasmus. Rabelais. Shakespeare*, Cambridge, Harvard Un. Press, 1963, pág. 9. Sobre raíces y alcances del pensamiento de Nicolás de Cusa, ver J. Le Goff, *Les intelectuels au Moyen Age*, Paris, Seuil, 1957, págs. 154 y ss. Para el caso de Rabelais, G. M. Masters, «On "Learned Ignorance" or how to Read Rabelais», *Romance Notes*, 19 (1978-1979), págs. 127-132.

4. Fundamental aquí el estudio de P. Valesio, «The Language of Madness in the Renaissance», *Yearbook of Italian Studies* (1971), págs. 199-234. Sobre la atribución tradicional de un lenguaje del loco a base de sentidos contradictorios, Ph. Ménard, «Les fous dan la société médievale. La témoignage de la littérature au XIIᵉ et XIIIᵉ siècle», *Romania*, 98 (1977), págs. 433-459 y en especial pág. 466. Para la «hemorragia del código», característica del loco literario actual (Lewis Carroll, Aimable Jaycet, Céline, etc.), C. Delacampagne, «L'ecriture en folie», *Poétique*, 18 (1974), págs. 160-175. Sobre uno de los aspectos del mismo lenguaje en el período clásico, B. Periñán, «*Poeta ludens*». *Disparate, perqué y chiste en los siglos XVI y XVII*, Pisa, Giardini, 1979.

5. Para dicha tradición, A. Pease, «Things Without Honour», *Classical Philology*, 21 (1926), págs. 27-42. A. E. Malloch, «The Techiniques and Funtions of the Renaissance Paradox», *Studies in Philology*, 53 (1956), págs. 191-203. Amplias consideraciones relativas a su relación con aspectos técnicos de la ironía erasmiana en Sister G. Thompson, *Under Pretext of Praise. Satiric Mode in Erasmus' Fiction*, Toronto and Buffalo, Un. of Toronto Press, 1973.

poderosas (y a su vez profundamente lógicas) nace la bufonería en España como lo que Juan Alfonso de Baena denomina ya un «arte confessa», ligada al problema judeoconverso como central y el más obsesivo que asediaba a aquella sociedad. Y así se mantuvo hasta su agotamiento en el *Estebanillo González* (1646) y los *Sermones*[6] del loco sevillano don Amaro Rodríguez, en vísperas ya del siglo XVIII.

Con lógica rigurosa, el advenimiento de la Inquisición impuso a la literatura bufonesca una nueva escala de exigencias técnicas, en todo paralela a la grave responsabilidad que ahora recaía sobre ella. Se comprende que participara así de lleno en el gran estirón del aliento creador que trae consigo la llamada generación de 1492[7], esto es, la primera en contar con la realidad del Santo Oficio como faceta básica y permanente en la vida de los reinos españoles. Amanece en consecuencia una verdadera época de oro, insospechada para los estudiosos ultrapirenaicos de la locura y coincidente de un modo casi matemático con el reinado del Emperador. La bufonería literaria reina en torno a la misma persona de Carlos V en el esplendor de los años veinte. Tiene en éstos por adelantado al médico-bufón Franciso López de Villalobos, temprano maestro de la *epístola familiar* de abolengo ciceroniano y petrarquesco, pasado por Hernando del Pulgar, y gran abastecedor también de chistes verdes para los oídos imperiales[8]. A su lado, don Francesillo de Zúñiga se erige con su *Crónica*[9] cortesana en clásico absoluto de la historia bufonesca de todos los tiempos. Hasta la obra de un autor del calibre de fray Antonio de Guevara se halla en no pequeña parte incursa en este magnífico brote creador, dentro del cual representa una especie de «sublimación» del concepto de una literatura del «loco» de corte. La historia irresponsable y en el fondo actual e intencionada de su *Marco Aurelio* se escribió también para el entretenimiento de la cámara regia, dentro de la cual alternó con Villalobos y Francesillo. Los tres eran muy conscientes de las reglas del juego y no dejaban de participar (más o menos públicamente) en la mácula de sangre que don Francesillo consideraba de rigor para el goce de las «reverencias de loco» en aquel ámbito cortesano. Como ha dicho Stephen Gilman[10], el último objetivo de todos estos hombres no era otro, a fin de cuentas, que el de utlizar creativamente un pesimismo histórico.

La bufonería literaria de estos años responde de un modo obvio a la tensión intelectual del momento, que no en vano presenciaba el triunfo in-

6. *Sermones de D. Amaro Rodríguez*, Sevilla, Bibliófilos Andaluces, 1869.
7. S. Gilman, «A Generation of "Conversos"», *Romance Philology*, 33 (1979), pág. 95.
8. *Diálogo que pasó entre un grande de este reino de Castilla y el doctor de Villalobos*, ed. Adolfo de Castro, *Curiosidades bibliográficas*, Madrid, B. A. E., 1855 pág. 445.
9. *Crónica burlesca del Emperador Carlos V*, ed. D. Pamp de Avalle Arce, Barcelona, Editorial Crítica, 1981.
10. «A Generation of "Conversos"», pág. 100. Sobre el afín «cinismo oral» que a menudo se documenta en los procesos inquisitoriales, pág. 97.

vasor del erasmismo. Contra la *idée reçue* de la escasa proyección en España de la *Stultitiae laus*, sabemos ahora de los *Triumphos de locura* (Valencia, 1521) del bachiller Hernán López de Yanguas[11], impreso de contenido extraído de la *Moria* y circulante bajo una xilografía pillada al *Narrenschiff* de Brant. Lejos de toda resonancia adversa, la locura erasmiana venía a satisfacer aspiraciones fundamentales en los planos religioso y moral de la época. No hemos, pues, de ver allí sino un concepto de aplicación funcional tan legítimo como otro cualquiera. El ignorarlo por demasiado tiempo ha causado la pérdida de una de las claves de acceso a vastas provincias, vislumbradas modernamente no más que como un cajón de sastre repleto de lo que, a falta de otra sustancia, llaman «curiosidades bibliográficas». Pensemos en destino como el de Francesillo y Villalobos, considerados como meros trastos de desván (desván de casa rica, desde luego), cuando en realidad son un bello testimonio humano y una influencia ejercida a lo largo del siglo sobre obras y autores que hoy damos por máximamente respetables.

El caso de Sebastián de Horozco (1510?-1580?) puede servirnos como un ejemplo muy a mano. Aparte de su candidatura a la parternidad del *Lazarillo*, ni su *Cancionero* ni sus *Refranes glosados*, así como tampoco su labor como cronista local toledano han suscitado lo que se dice un gran interés crítico, ni figuran como insertos o clasificables en ninguna decisiva tradición literaria. A pesar de cierto renacer supuesto por la edición y estudios biográficos y genealógicos de Jack Weiner y de José Gómez Menor[12], la pieza fundamental del *Cancionero* continúa relegada a la categoría de curiosidad para eruditos, apta para poco más que un riquísimo y aún no exhausto despojo lexicográfico. Llega, por lo mismo, la hora de reclamarlo como una importante adición a la literatura bufonesca, obra de aluvión de toda la vida del autor, prolongada en supervivencia también algo anacrónica hasta lo hondo del reinado de Felipe II.

El *Cancionero* representa una visible continuidad de la bufonería poética del siglo XV, configurada en su día por Villasandino, Baena y Montoro[13].

11.   *Cuatro obras del bachiller Hernán López de Yanguas*, ed. A. Pérez Gómez, Cieza, 1960.
12.   Jack Weiner, «Sebastián de Horozco y sus contertulios», *Boletín de la Real Academia Española*, 56 (1976), págs. 537-551. «Sebastián de Horozco y los Hegas», *Bulletin Hispanique*, 79 (1977), págs. 139-146. «Sebastián de Horozco y la historiografía antisemita según el ms. 9175 de la Biblioteca Nacional», *Actas del Quinto Congreso Internacional de Hispanistas* (Bordeaux, 1977), págs. 873-881. «Sobre el linaje de Sebastián de Horozco», *La Picaresca: orígenes, textos y estructuras*. Actas del I Congreso Internacional sobre la Picaresca, Madrid, Fundación Universitaria Española, 1979, págs. 791-824. «Algunos personajes del "Cancionero" de Sebastián Horozco», *Kentucky Romance Quarterly*, 27 (1981), págs. 215-225. J. Gómez-Menor Fuentes, «Nuevos datos documentales sobre el licenciado Sebastián de Horozco», *Anales Toledanos*, 6 (1973), págs. 249-286.
13.   F. Márquez Villanueva, «Jewish "Fools" of the Spanish Fifteenth Century», *Hispanic Review*, 50 (1982), págs. 385-409.

Su más inmediato heredero había sido, sin duda, Villalobos, investido una vez más de un característico e importante papel como punto de amarre para muy diversas tradiciones literarias. Horozco lo conocía hasta el punto de insertar en su *Cancionero* una respuesta polémica a su famosa queja contra el condestable don Fadrique Enríquez:

> Si el médico se buscase
> para aver generaçión,
> sería alguna razón
> que el linaje se mirase;
> mas para ver los meados
> y los humores dañados
> y esaminar los dolores,
> buscar sus anteçesores
> son decretos escusados. [14]

Todo esto son voces perdidas en los recodos del gusto y de la historia, pero dicha tradición, legada también por el *Cancionero de obras de burlas provocantes a risa* (1519), que acogió bastantes poemas de Montoro, era en el momento una de las más vivaces y estimadas del público. Ello explica que Cristóbal de Castillejo no se abstuviera, en su militante rehabilitación de la poesía octosilábica, de enriquecerla con piezas tan clásicas como su *Sermón de amores* y la chocarrería cortesana de *La fiesta de las chamarras*. Villalobos, Castillejo y Horozco optan, unánimes, por un estilo de máxima fluidez y llaneza, confluyente *de facto* con el valdesiano «escribo como hablo» y que veían como inseparable del tipo de comicidad que buscaban. Era una renuncia liberadora, una dimensión más del compromiso con la verdad desnuda o incluso obscena y muy claramente dentro de las posibilidades entonces abiertas a la lengua de la locura[15]. De los tres fue sin duda Horozco quien marchó más lejos por esta senda «folklórica», con su afición a cuentos, cantares, proverbios y adivinanzas. A título ya personal, pero acorde con la misma directriz, habría que apuntar su regodeo localista en el habla toledana, fuente para él inagotable de efectos de relieve expresivo.

   Aunque cabría tenerlo por sucesor cronológico de Castillejo, el caso de Horozco es distinto precisamente por su concentración casi exclusiva sobre el tema de burlas. La lectura del *Cancionero* sedimenta un recuerdo

---

14. *El «Cancionero» de Sebastián de Horozco*, ed. J. Weiner, Berna y Frankfurt, M, Herbert Lang, 1975, pág. 111 (todas las citas se entienden referidas a la presente edición). Curiosamente, Horozco mutiló en el texto de Villalobos las alusiones al judaísmo de origen del mismo almirante don Fadrique Enríquez (no al condestable como equivoca la rúbrica) según observa A. J. Farrell, *The Lyric Poetry of Sebastián de Horozco*, tesis doctoral inédita, Princeton, 1974, pág. 104.

15. Como observa P. Valesio, «verbal folklore, as realized in figures of speech, is felt as a threat, because it shatters the formal equiiibrium of language by obscuring the relationship between related and unrelated words; more specifically, by relating words and aboveand beyond the framework of etymological kinships and grammatical paradigms. In both threats lurks the danger of madness» («The Language of Madness», pág. 229).

indeleble como desfile de temas chocarreros, con abundante representación de lo obsceno y escatológico, motivo de ciertas espontáneas censuras al ser impreso por los Bibliófilos Andaluces en 1874[16]. Lejos en esto de toda originalidad, el autor toledano sigue así uno de los cauces centrales de la literatura bufonesca[17], porque su compromiso con la misma no tiene nada de fortuito ni accidental. Se trata para él de un oficio o *mester* de «loco», asumido con plena conciencia y del que cabe sentirse orgulloso, pues por definición sólo se halla abierto a la práctica por personas discretas. Así se lo echó en cara a cierto aficionado que no supo responder «por los mismos consonantes» (como pedía la tradición de la *recuesta*) a ciertas pullas sobre la vana ostentación de los lutos:

> Pues que no osáis responder,
> señal es que sabéis poco,
> y aun también dais a entender
> que no debéis tener
> habilidad para el loco.
> Porque aquesta cofradía
> es de gran valor y precio,
> y pues vais por otra vía,
> acuso la rebeldía
> y desde oy quedad por neçio.

(pág. 58)

No hay, pues, nada más alejado de este admirable ser «loco» que el ser necio, como remacha al *motejar* una vez de esto último:

> No sé yo si en esto os toco,
> mas dígoos, que, en conclusión,
> no tenéis cosa de loco,
> y también tenéis muy poco
> de aquello de Salomón.
> Pues de loco no pecáis,

16. Lagunas colmadas en la edición de J. Weiner y en su estudio «Versos de Sebastián de Horozco no incluidos en la edición de su "Cancionero"», *NRFH*, 20 (1971), págs. 385-386.
17. Aparte de la valoración de lo obsceno y escatológico bajo la sensibilidad carnavalesca, ampliamente comentada por Bakhtin, la exagerada presencia de lo sexual en la comicidad de *clowns* y bufones es puesta de relieve por W. Willeford, *The Fool and his Spcepter. A Study in Clowns and Jesters and their Audiences*, Evanston, Northwestern Un. Press, 1969, págs. 11 y 216. Sobre la abundante representación de símbolos de la lujuria en la iconografía de la época, I. Mateo, «La temática de la nave de los locos en una edición española del siglo XV», *Traza y Baza* (Palma de Mallorca), 3 (1973), págs. 45-51. La afinidad del *Cancionero de obras de burlas provocantes a risa* (1519) con la más radical sátira política de la época es señalada por Gilman, «A Generation of "Conversos"», pág. 99. Para el trasfondo igualmente subversivo de la *Carajicomedia* y obras afines, M. Ciceri, «Livelli di trasgressione (dal riso all'insulto) nei canzonieri spagnoli», *Codici della trasgressività in area ispanica*, Verona, 1980, págs. 19-35.

será de parte contraria,
e aunque del loco hagáis
prométoos que no seáis
cofadre de la locaria.

(pág. 73)

Y más aún, esta *locaria* se identifica con lo más sutil del arte de trovar, y
así Horozco aplaude la buena respuesta que su colega el doctor Oseguera
ha sabido dar a ciertas coplas por su casamiento en San Martín de Valdei-
glesias. El buen vino local le ha afinado sin duda el caletre:

Tiéneos ya tan afinado
el liquor de Sant Martín,
que según habéis trobado
ya quedáis por aprobado
y más sabio que Merlín.
A lo menos, quedaréis
trobador de aquesta hecha,
y cofadre ser podréis
de locaria, pues tenéis
de trobar vena derecha.

(pág. 81)

Claro está que el ingreso en tan distinguida compañía, donde tantos «que
quieren ser / y no entraron en la tela», le obliga a dar nueva e inmediata
respuesta, sopena que «en la bobaria entraréis», afrenta nada de temer
tratándose de ingenio tan bien dotado:

Mas pues que desenvoltura
vos tenéis, ya tan buen tino
avréis la liçençiatura
en facultad de locura
si echáis por este camino.

(pág. 81)

Oseguera, en efecto, le agradece el verse tan generosamente graduado por
quien podría poner «en la facultad escuela» y se evade del compromiso
«poético» mostrándose muy al tanto y conocedor del terreno que pisa:

Mas en caso de locura
no puede tener buen tino
qualquiera que lo procura,
sino aquel que de natura
sin industria le provino.

(pág. 82)

Pero no todos a su alrededor entraban tan fácilmente en el juego, y al
menos un colega llamado el licenciado Gutiérrez atacó a Horozco por des-

decir como hombre de leyes con semejantes aficiones de «muy gentil chocarrero». Gutiérrez y otros graves letrados se escandalizaban de ver a Horozco pasarlo tan bien con aquellas frivolidades, «que a ningún cuerdo ya vemos / preçiarse de trobador». Y un poco haciendo del Colegio de Abogados se acogían al eterno sagrado conformista del qué dirán:

> Con esto ved qué dirán,
> que andáis ancho más que un odre
> con capa y con balandrán,
> y bonete de un jayán,
> que no ay cosa que no os sobre.
> Y después, por otra parte
> presumís de muy galán
> en los meneos y arte,
> y las mangas del gabán
> colgándoos a cada parte.
>
> (pág. 85)

Horozco respondió a su Aristarco su pecar por partida doble, atreviéndose a meter la cuchara en el juego y haciéndolo, para colmo, rematadamente mal, «que sois muy ruín chocarrero». Y no fue la única vez que en esto abogó *pro vita sua* y la de algún aventajado discípulo:

> Tiempo mejor empleado
> se puede aquéste llamar
> que no andar enamorado,
> jugar a naype, ni dado,
> ni en otros viçios andar.
>
> (pág. 85)

El licenciado toledano se negaba a considerar la poesía como una frivolidad censurable en un profesional digno y serio, prejuicio contra el que fray Luis de León habría de tomar también sus precauciones unos años más tarde[18]. En cuanto a aquello otro del *gabán*, era una clara alusión a la especie de sayo (*gonna*) que servía como uno de los signos parlantes del «loco» *en titre*, pero confesaba traerle sin cuidado mientras continuara procurando tan propicio cauce a sus dotes creadoras:

> Y pues claramente siento
> que esta gracia en mí reluze,
> no salgo en esto de tiento
> aunque es buen comedimiento
> que ninguno en sí se infiuze.
>
> (pág. 86)

---

18. Apuros estudiados por D. Alonso, «Fray Luis en la "Dedicatoria" de sus poesías (desdoblamiento y ocultación de la personalidad)», *Studia in honorem L. Spitzer*, Berna, 1958, págs. 15-30.

Horozco no tenía a menoscabo, sino todo lo contrario, el ver sobre sus hombros dicho *gabán* emblemático de la locura lúcida. Lo temible, por el contrario, es la enfermedad incurable que, erasmianamente, llama «señora necedad»:

> Porque es una enfermedad
> tan en los güesos metida
> la señora neçedad
> que tiene tal qualidad
> que se acaba con la vida.
> (pág. 178)

Y por pulsar todas las teclas, no falta, a la vez, la condena (obligada también en la época) de la truhanería viciosa, conforme al tópico de usurpar la justa recompensa del mérito a lo debido al socorro de los pobres. Así, por ejemplo, en su glosa del refrán *Ya medran pocos si no son putas y locos*:

> Si no por chocarrerías
> no ay quien pueda ya medrar,
> con chistes, truhanerías
> o por alcagüeterías
> conque suelen agradar.
> Los buenos están perdidos
> y los sabios abatidos,
> assí que *ya medran pocos*
> *si no son putas y locos*
> que éstos son faborecidos.[19]

Horozco madrugó, incluso, como uno de los primeros en usar el italianismo *bufón* (no documentado por Corominas hasta 1607) en su invectiva contra los coches:

> Y algunos con ellas van
> metidos como damones,
> y estos tales gozarán,

---

19. *Teatro universal de proverbios*, n. 1332 (Ms. Hispanic Society of America). Y el n. 1245, *Hablar a favor de paladar*: «Pagarnos de chocarreros / es una gran pestilencia / porque con ser lisonjeros / nos llevan nuestros dineros / no sin cargo de conciencia». Horozco se halla al tanto de la preocupación de la época con la licitud moral del entretenimiento bufonesco y participa, además, de la tendencia a asociar al truhán con la ramera. Así al comentar el refrán *A la puta y al truhán, perdido es cuanto le dan*: «Un bueno no alcanza un pan / aunque venga de los godos, / y una puta y un truhán, / un loco y un charlatán, / halla cabida con todos» (E. Cotarelo, «Refranes glosados de Sebastián Horozco. El licenciado Sebastián de Horozco y sus obras», *Boletín de la Real Academia Española*, 3 (1916), pág. 121, n. 219. Ambas profesiones se hallan más que generosamente representadas, junto a una nube de letrados sin pleitos, en el mundo de parásitos que la corte ha atraído a Toledo (*Cancionero*, n. 296). Quiere decir con todo esto que Horozco no deja también de estar atento a la llamada vertiente negativa del «discurso mítico» del bufón, según la terminología de M. Joly, «Fragments d'un discours mythique sur le bouffon», *Visages de la folie (1500-1650) (domaine hispano-italien)*, Paris, Publications de la Sorbonne, 1981, págs. 81-91.

de la fruta que ellas dan
que son gentiles bufones.
(pág. 232)

Tan aguda y variada conciencia de la locura literaria puede tenerse por excepcional e incluso como síntoma de una casi excesiva madurez de la misma. No debe, pues, de sorprender que la maestría de Horozco se extienda hasta desarrollar ciertas imágenes no tan comunes ya en el lenguaje de aquélla, si bien no menos destinadas por ello a una amplia fortuna. Ocurre así, sin ir más lejos, con su objetivación de la idea o simbolismo del viento[20]. Burlaban de su amigo el doctor Pero Vázquez por haber un día acudido a apagar un fuego con un montante o espada de gran tamaño, pues ¿qué mayor locura «siendo vos el mismo viento?» Mas, sobre todo, fue (que sepamos) Horozco el primero en recurrir a la metáfora del molino de viento para *motejar* «de loco y vano»:

Es lo que yo de vos siento,
que pisáis tan de liviano
que podéis dar bastimento
a dos molinos de viento
aunque fuese en el verano.
Y aun según las cosas van,
aunque digáis abernunçio
determinados están
de hazeros su capitán
los que están en Cas del Nunçio.
(pág. 73)

Ninguna sorpresa causa entonces topar en su *Cancionero* con los temas usuales y clásicos de la poesía bufonesca y de entretenimiento al uso de corte. Así la burla por ropas viejas, anticuadas o extrañas[21], las composi-

---

20. La inconstancia e inasibilidad del viento ha hecho de éste uno de los simbolismos más privativos de la locura, junto con el de oquedad y vacío (calabazas, cascabeles, vejigas, etc.). Datos diversos en F. Márquez Villanueva, «La locura emblemática en la Segunda Parte del "Quijote"», *Cervantes and the Renaissance*, Easton, Pa: Juan de la Cuesta, 1980, pág. 105. Refranes y otros materiales populares aplicables al mismo en A. Redondo, «El personaje de don Quijote: tradiciones folklórico-literarias, contexto histórico y elaboración cervantina», *NRFH* 29 (1980), págs. 53-54. Sobre los derivados de *follis*, A. Stegman, «Sur quelques aspects des fous en titre dans la France du XVIᵉ siècle, *Folie et déraison à la Renaissance*, Bruxelles, Éditions de l'université de Bruxelles, 1976, págs. 53 y 57. Respecto al *Cancionero* de Horozco, es también en él característica la presencia del tema del pedo en cuanto a universal rasero igualitario: «Es cosa tan general / que dél ninguno se escapa, / quando viene; / y no hay cámara real, / ni de emperador ni papa / do no suene» (pág. 134). Montaigne: «Et les rois et les philosophes fientent, et les dames aussi».

21. Así los pantuflos, pellejos y corchos que hasta en verano se ven obligados a usar los cofrades del Grillimón (pág. 46). *El auctor a uno que traya un sayo gironado al tiempo viejo* y con el cual parecía un *sayón* de los de Cristo (pág. 58), sin olvidar que «el sayo gironado» era, a su vez, atributo de «locos». *El auctor a un escudero que traya unos pantuflos muy antiguos* (pág. 60). *El auctor a uno que sacó unos medios capatones del tiempo viejo* (pág. 61). A otros, *por que en tiempo que todos los sombreros eran de muy poca falda y altos ellos se ponían dos sombreros del tiempo viejo muy grandes, que daban que mirar y que reir* (pág. 217). Y Horozco tenía su guerra particular con la incongruencia: *El auctor a un letrado nuevo, porque haziendo frío salió con unos tafetanes* (pág. 54).

ciones petitorias[22], las quejas por hurtos intencionados o bromistas[23]. Igual que en el *Cancionero de Baena*, hay también mucha presencia de temas caballares, incluyendo uno que hubiera podido firmar el mismo Villasandino acerca de su mula, que a causa del largo ayuno y aprovechando una enfermedad del amo, le ha comido ya «medio lado»[24]. Está allí la inevitable sátia de oficios y profesiones, con maligno regusto en ventilar los trapillos de los letrados toledanos, así como la burla por aplicaciones rafeces del lenguaje curialesco (*Sobre un virgo que anduvo por las audiencias* y hasta un dictamen en regla sobre el problema judicial del *Pleito del manto*). E, igual que Villalobos, se las ve y desea para que encopetadas personas respondan, aunque no sea por los consonantes, a sus recordatorios por las minutas pendientes de cobro:

> Muy magnífico señor,
> pues de sus familiares
> yo soy uno, y el menor,
> sepa que en el refitor
> debo no sé quántos panes.
>
> (pág. 115)

Y por supuesto dominaba también a fondo el arte de las comparaciones más ridículas e inesperadas, conforme a aquel *apodar*[25] omnipresente en el estilo bufonesco de don Francesillo:

> Parécesme, Juan Correa,
> puesto de vara y con guantes
> alcaldejo de una aldea,
> o çiego que ver desea
> o guía de los gigantes.
> O padre y endilgador
> para mozos de soldada,

22. En relación con todo esto, una lección magistral acerca de cómo pedir *vino en coplas* (pág. 112). Para sacarle a un amigo suyo boticario «cande de culantrillo» para cierta afección del pecho (pág. 114). Al mayordomo de otro caballero, *porque no le envió un cordero que se le daba la pasqua en aguinaldo* (pág. 114), si bien no le importaría esta vez recibir su equivalencia aunque fuera en queso (alusión al típico manjar del «loco»). Al pintor Comontes, para que haga un gran cuadro con el abundante almuerzo que ha prometido preparar para un grupo de amigos (pág. 206). Además de diversidad de composiciones agradeciendo o comentando festivamente otros regalos de vinos, pollos, arenques, conejos, etc.

23. Acusa a Juan de Villaquirán de haberle hurtado de su casa, por *interposita persona*, dos capas, una espada y dos gualdrapas (pág. 53). *Sobre que el auctor y otros amigos tomaron la gualdrapa del caballo de Castro Verde y la empeñaron* (pág. 104). *Sobre que muchas personas le llevaban su mula prestada* (pág. 121). No es de pasar por alto el atrevimiento de Horozco al aplicar el texto *Sed iste quid mali fecit?* (Marc. 15, 14; Matth. 27, 23) al caso de *sobre que en la dehesa de Monte Agudo ahorcaron un asno a un Villalpando los criados del capiscol, y fueron presos y le pagaron* (pág. 108).

24. El moroso era esta vez don Alfaro de Mendoza, capellán de Reyes Nuevos (pág. 122). A cierto amigo que tampoco le paga le recuerda cómo se halla reducido a tal miseria «que se ha tornado escudero» (pág. 189).

25. M. Joly, *La bourle et son interprétation. Espagne. 16e / 17e siècles*, Lille-Paris, 1982, pág. 35.

o portero emplazador,
o alguazil o prendador
de basura o agua echada.

(pág. 54)

Sin acceso a altas esferas, Horozco hubo de contentarse con ser pequeño cronista de asuntos familiares, como el tardío matrimonio de la indecisa doña Cecilia Egas, o la pequeña historia de sus divertidos *picnics* con colegas y amigos a orillas del Tajo, con su énfasis en la comida y bebida, episodios rabelaisianos en clave menor. La general proclividad hacia lo obsceno y escatológico, que ha escandalizado a tantos críticos, no necesitará de particular encuadre o comentario, después de Bakhtin. Cuando un humanista como Thomas Murner recurre a los cánones del «loco» para atacar a Lutero y sus secuaces, «sa verve est parfois ordurière».[26]

El conjunto de toda esta temática supera la dimensión anecdótica al asumir, en su fondo, la clase de riesgos y la clarividencia profunda requeridos por la literatura del «loco», que no es preciso decir era sumamente seria. El lenguaje de la locura suponía una continua trascendencia del mismo, en cuanto manera de decir lo indecible y de condenar cuanto se hallaba viciosamente a salvo del juicio moral no comprometido. El *Cancionero* de Horozco no en vano comienza con *Los privilejios de la cofradía del Grillimón*, ejercicio de cercano parentesco guevariano (*privilegios de los viejos, privilegios de la galera*) pero aplicado ahora al universal imperio del chancro sifilítico. Denuncia de la hipocresía de una sociedad podrida y de las excusas con que toda suerte de personas respetables (sin perdonar a reyes y prelados) ridículamente procuran encubrir los estragos del vergonzoso mal. El «santo Grillimón» remeda el estilo y fórmulas de una bula romana[27] para remisión y alivio de dolores y deformidades. Como en

---

26. H. Plard, «Folie, subversion, héresie: Thomas Murner contre Luther», *Folie et déraison à la Renaissance*, pág. 205. Para la centralidad de los motivos obscenos y escatológicos en el teatro carnavalesco de Hans Sachs, J. Lefebvre, «Vie et mort du jeu de Carnaval à Nuremberg. "Neidhart et la violette" de Hans Sachs», *Les fêtes de la Renaissance*, Paris, CNRS, 1975, III, págs. 555-568. Sobre la obscenidad popular de Rabelais (aparte de Bakhtin), M. Tetel, *Étude sur le comique de Rabelais*, Florencia, 1964, pág. 14. La presencia fundamental de la comicidad popular en la atildada *Moria* erasmiana queda puesta de relieve por D. G. Watson, «"Erasmus' "Praise of Folly" and the Spirit of Carnival», *Renaissance Quarterly*, 32 (1979), págs. 333-353.

27. No era idea original suya, sino una especie de subgénero bufonesco. Se le anticipó Villalobos en una carta al duque de Gandía, donde incluye cierta bula del «papa León quinto décimo» sobre redención de cautivos de amor, pieza de antológica chocarrería dirigida a «todas las damas que quisieran usar de caridad con sus caballeros. Gánanse los perdones sin dar dinero, sino un sí, y una joya de su cuerpo, qual ellos la pidieren; y porque se les hará vergonzoso dezir el sí públicamente, mandamos a nuestro comisario el reverendo Arçobispo de Braga que tome un plato en sus manos y una varita puesta en él, y discurriendo por todas ellas a pedir la limosna, la dama bendita y limosnera que tocase en la verga es tanto como si dixesse sí, y le son concedidas todas las gracias de la bula y breve. Dada en Roma, etc». (*Algunas obras del doctor Francisco López de Villalobos*, ed. María Fabié, Madrid, Bibliófilos Españoles, 1886, pág. 34). Un paso más allá, Francesillo redacta una bula conminando al Papa la concesión de un pingüe benficio para su hijo (*Crónica de don Francesillo de Zúñiga* en *Curiosidades bibliográficas*, ed. A. de Castro, Madrid, BAE, 1855, pág. 24). No figura en el manuscrito ahora publicado por D. Pamp de Avalle Arce en Francesillo de Zúñiga, *Crónica burlesca del Emperador Carlos V*, Barcelona, Editorial Crítica, 1981.

tantas otras cosas, Horozco parece aquí avanzar por la senda de Villalobos, que había hecho del tema de la fragilidad biológica una genial requisitoria arrojada a la cara de los grandes de este mundo. La sífilis que sufren prácticamente todos los toledanos, incluyendo al mismo Horozco[28], es un motivo obsesivo y recurrente en el *Cancionero*: una física impureza de sangre, mucho más real que no la abstracta del linaje. En realidad es una especie de *Danza de las bubas*, no poco medida por el rasero de la de la Muerte, representada, en lo esencial, por sus *Coplas de la Muerte* y, más aún, por su *Coloquio de la Muerte con todas las hedades y estados*.

En este último la Muerte no invita a danzar con ella, sino a subir a su barca, y concretamente lo hace así (para mayor sacarmo) con el papa, piloto oficial de la nave de San Pedro[29]. Quiere decir que Horozco está más cerca de Erasmo (*Chacón*), de Gil Vicente (*Auto das barcas*) y de Alfonso de Valdés (*Diálogo de Mercurio y Carón*) que de la vieja *Danza de la Muerte*. Hombre de una indudable formación humanística, Horozco se confesaba admirador del comendador griego Hernán Núñez[30], y materialmente no pudo dejar de tener alguna clase de encuentro con el erasmismo. Los datos de Jack Weiner acerca de sus amistades literarias le sitúan, precisamente, en los aledaños del círculo toledano de Alvar Gómez de

---

28.   Horozco reconocía ante su colega el doctor Pero Vázquez su amplia experiencia con la enfermedad y haber ya pasado el tratamiento acostumbrado de «el palo y su treintanario» (pág. 75), al igual que muchos colegas toledanos, verdaderos especialistas ya en la misma enfermedad. El bien barbado Oseguera le retrocaba echándole en cara haber perdido el pelo a consecuencias del mal (pág. 80). Horozco responde al licenciado Montareo (¿o Montarco?) *porque le avía motejado que tenía las bubas, porque él era el que las tenía, y así andaba muy abrigado* (pág. 83). Informa a unos amigos bien intencionados de una recaída, de la que se acaba de curar con el habitual «treintanario» (pág. 105). Si, como cree A. J. Farrell, el *Cancionero* ofrece cierta ordenación cronológica, Horozco debió enmendarse para en adelante. Notas adicionales sobre el tema en J. Weiner, «El "Santo Grillimón" en un poema del "Cancionero" de Sebastián de Horozco y la tradición de la cofradía del grillimón», *Hispanófila*, 73 (1981), págs. 1-10. Iniciado, como se sabe, por el mismo Villalobos, el tema bufonesco de las bubas fue continuado por Cristóbal de Castillejo (*Loor del palo de las Indias*) hasta alcanzar su crisis con el médico, también toledano y converso, Francisco López de Ubeda, cuya *Pícara Justina* (1605) hace infinitos chistes sobre su propia pelazón y da la gentil explicadera de que «setenta son las especies de bubas, como las de la locura, y se apela de una para otra, por vía de agravio», ed. B. Damiani, Madrid, Porrúa, 1982, pág. 59. Sobre el tema de la sífilis de Rabelais, Bakhtin, *Rabelais and his World*, pág. 161.

29.   El *Narrenschiff* (1494) de Brant insiste, precisamente, en oponer la nave estultífera a la barca de San Pedro que navega en rumbo opuesto (Zijderveld, *Reality in a Looking-Glass*, pág. 78).

30.   Horozco versificaba (n. 351) *un quento graçioso que aconteció en Salamanca al comendador Hernán Núñez, llamado el griego, y al doctor Aguilera, médico, su amigo*. No ahorró allí sus encarecimientos: «Este varón estudió / quanto el que más en el mundo, / ninguna cosa ignoró / y en lo que más profesó / no dizen tener segundo. / De quanto escribió Aviçena / Galieno e Hipocrás / ni le era cosa agena, / ser la cosa mala o buena / no se le quedaba atrás» (págs. 229-230). Horozco pudo haberlo conocido en Salamanca, en años estudiantiles, y probablemente sacó de su público ejemplo la afición al coleccionismo de refranes. Para el significado ideológico de tan alta estima habrá de tomarse en cuenta la «nueva biografía» sacada a flote por H. Nader, «The Greek Commander Hernán Núñez de Toledo, Spanish Humanis and Civic Leader», *Renaissance Studies*, 31 (1978), págs. 463-485.

Castro y Juan de Vergara[31]. Sus diálogos en *eco* lo mismo pueden proceder del correspondiente coloquio de Erasmo que del ejemplo de Villalobos[32], dilema del elevado interés en uno u otro caso.

De un modo característico, Horozco dio muchas vueltas a la manzana de discordia del monacato. Se le rinde sin reservas en el inesperado caso del fraile que vive contento en su religión, al cual invita la Muerte (en su *Coloquio*) a recibir el premio de sus rezos y ayunos. Pero, a la vez, el *Cancionero* ofrece tal vez los textos más antifrailunos de la época, con despliegues tan brutales como el *Quento donoso de un vigardo, y una dama y un lagarto* (n. 347). Giro muy particular de Horozco, es sin embargo, su preferente atención al problema especial de las monjas. No es que ignore o niegue la superioridad teórica de la vida contemplativa, como declara a un amigo dudoso acerca del estado que ha de dar a una hija. Por lo que mira a la conveniencia del padre es «grande refrigerio» que haya tanto convento donde «casar con Jhsu Xpto» (p. 102) a una hija, sobre todo ahora que los hombres buscan tan crecidas dotes. En el claustro no les faltarán tentaciones, pero claro que sin «ocasión» de cumplirse:

> Viven sólo un deseo
> de gozar de libertad,
> mas viendo que es devaneo
> al fin vienen, según creo,
> a conoçer la verdad.
>
> (pág. 102)

---

31.   La clave aquí es el culto canónigo y obrero de Toledo D. Diego López de Ayala, traductor de la Arcadia de Sannazaro (1549) y su círculo intelectual, con el que debía de hallarse estrechamente relacionado el doctor Pero Vázquez, gran jurisconsulto y sin duda el mejor amigo de Horozco, según se deduce de su frecuente aparición en el *Cancionero*. Relaciones estudiadas por J. Weiner, «Sebastián de Horozco y sus contertulios», págs. 539 y 544. «Dos documentos de la catedral toledana y la obra literaria de Pedro Vázquez», *Simposio Toledo Renacentista*, abril, 1975, Toledo, Centro universitario, 1980, III, págs. 163-206. Aunque a ratos otro insigne chocarrero (véase el intercambio de los nn. 184, 185 y 186 acerca de su fístula anal), Pero Vázquez fue encargado en 1556 por el testamento del maestrescuela don Bernardino de Alcaraz de transformar el colegio de Santa Catalina en universidad completa, con la adición de veinte nuevas cátedras de medicina, derecho, griego y retórica. Compañeros del doctor Pero Vázquez en tan difícil trabajo, que celebró Alvar Gómez de Castro en un poema latino, fueron don Bernardino de Sandoval y Juan de Vergara (V. Beltrán de Heredia, «La facultad de Teología de Toledo», *Revista Española de Teología*, 3 (1943), 201-247). Es preciso tener aquí muy en cuenta cómo el maestrescuela don Bernardino de Alcaraz, con el apoyo de Juan de Vergara y otros, había sido el eje de la oposición al Estatuto Silíceo (A. Sicroff, *Les controverses des statuts de "pureté de sang" en Espagne du XVe au XVIIe siècle*, Paris, Didier, 1960, pág. 118).

32.   Villalobos inserta un diálogo del marqués de Lombay con el eco en una carta al Almirante fechada en 1549, si bien dicho diálogo debe ser bastante anterior, pues menciona como viva a la emperatriz (*Algunas obras del doctor Francisco López de Villalobos*, págs. 157-162). Mayor interés reviste el hecho de que dos de los cuatro diálogos insertos al final de la edición del *Cancionero* en 1874 versen precisamente sobre el tema del monacato: *Diálogo de una monja descontenta y su eco y Diálogo entre un frayle contento y su eco*. Lo importante aquí es que el coloquio *Echo* de Erasmo disuade a un joven (entre otras cosas) de abrazar la vida monástica.

Su amigo deberá en todo caso recabar el pleno consentimiento de la interesada acerca de este duro «perder su libertad[33]». Y de nuevo el *Cancionero* entra a fondo en una visión negativa (rivalidades de bautistas y evangelistas, etc.) templada por una contracorriente de lástima hacia lo que se le antoja un destino antinatural de sepultas en vida. Sus bromazos sobre la inútil biología femenina de éstas[34] se refuerzan con el testimonio de una de ellas, que se encrespa en furiosa contradicción del anterior consejo del autor. Sepa éste que la inmensa mayoría no son sino víctimas forzadas a perpetuo cautiverio. Por lo común suelen ser engañadas en la primera niñez a favor de su decisión antinatural:

Y aun afirmo con verdad
si no me engaño, una cosa,
que ninguna que es de edad
de su gana y voluntad
querría ser religiosa.
(pág. 103)

Y aún otra, quejosa del claustro «do muero hasta que me muera» (p. 212) y proclamando impúdicamente su injusta condena a frustración sexual:

Las entrañas me ha clavado
el amor con su dulçura,
y el ofiçio enamorado
quanto menos lo he probado
más dulce se me figura.
Gaudia amoris contemplando
langueo desiderans ea,
con el ansia con que ando
mis manos en mí tocando
dinumeraverunt ossa mea.[35]

El parco remedio del casi institucionalizado cortejo del locutorio no hace, prosigue la misma, sino agravar el hambre «de lo que otras están hartas». Pero, salvo por la franqueza brutal de las palabras, estas desdichadas no hacen sino reiterar las mismas ideas de Erasmo en su *Encomium matrimonii (1518)*,

33. P. 103. Para la parte loable del monjío en este n. 143, Horozco parece hacerse cierto eco de la carta *Para su fija monja* de Fernando del Pulgar (teniendo en cuenta que las *Letras* fueron reimpresas en Zamora, 1543): «Que aunque por estar tras redes / parezca vivir penadas, / a según ya el mundo vedes / detrás de aquellas paredes / son más bien aventuradas» (pág. 102). La admonición a un estricto respeto de la voluntad de la hija apunta en cambio hacia ideas tantas veces repetidas por Erasmo e ilustradas *a contrario* por el proceder del insensato Jorge Balérico del coloquio *Funus*.

34. Sobre todo el brutal n. 50, *El auctor a unas monjas sus devotas*, parcialmente censurado en la edición de 1874.

35. En aplicación a las técnicas favoritas del *sermon joyeux*, recurre aquí a la oración *Anima Christi*, que León X incluyó entre las preceptivas *post missam* y, ligada a la devoción eucarística, fue una de las favoritas de San Ignacio (A. Walz, «La plegaria "Alma de Cristo"», *Teología Espiritual*, 8 (1964), págs. 125-134).

donde el celibato (mirando primordialmente al eclesiástico), es tildado de antinatural y pretensión comparable con la soberbia de los gigantes[36]. Por el contrario, Horozco muestra una buena dosis de consideración estudiosa en torno al matrimonio, visto por él sin duda como un estado ideal y superior. No es tampoco la única vez en que parece acoger algún eco de aquella obra, traducida al castellano en 1529.

Y aun con todo, el motivo central de la bufonería de Horozco no es otro que una presencia obsesiva de cuanto se relacione con el judaísmo. No hacía con esto sino seguir la tradición española que, desde sus comienzos, identificaba al «loco» con el judío bautizado y más o menos convertido, que se autozahería con su condición de tal como primer efecto ostentoso de su locura. Los grandes bufones españoles, con Francesillo y Villalobos a la cabeza, apenas hicieron otra cosa que reír cruelmente del propio judaísmo como precio de la *indignitas*[37] con que se adquiría la *narrfreiheit* o libertad de la locura (los «privilegios locales» que decía don Francés). Con fama de antisemita, a la vez que de sangre reconocidamente manchada[38], Horozco procede en el fondo igual, con su continua explotación de la declarada enemiga a los conversos. Su estrategia en esto se vuelve, sin embargo, sinuosa con el paso de los años. No hay que olvidar que pisa el suelo candente de Toledo en los días de la implantación y triunfo del Estatuto de Silíceo (1574). Las circunstancias no harán más que agravarse a lo largo de su vida y Horozco no puede en ningún momento darse a la burla descarada de sí mismo. Son tiempos en que un manchado preferiría no haber nacido, y tanto por reacción mimética como por aborrecimiento de ser lo que era, se lanza, por el contrario, a flagelar el judaísmo de los demás. Por este camino llegó a batirse, como se ha visto y seguramente *post mortem*, con el mismo Villalobos, al que tanto debía como escritor. Es probable que viera en éste al converso triunfante a cara descubierta, un papel, aunque precario, cerrado ya del todo a los de su generación. Horozco tenía su poco de razón para rebatir a Villalobos acerca de la futilidad del *linaje*, cuando éste acababa de abandonar el plano de la lógica en que aquél lo rebatía, para erigirse en mito intangible y clave, gustara o no, de la sociedad española. Teniendo en cuenta su proximidad familiar y dependencia de los Covarrubias (Diego y Antonio), intelectuales «felipistas» destinados a brillantes carreras, no se ve tampoco la forma como hubiera podido

---

36.   «Todos los animales brutos de sólo el natural instinto ayudados obedecen y aman esta conservación. El hombre, pues, *que con la razón muy mejor determina esta obligación*, mire quánto será más digno de reprehensión si a manera de gigantes quiere pelear contra naturaleza (F. López Estrada, «Textos para el estudio de la espiritualidad renacentista: el opúsculo 'Sermón en loor del matrimonio' de Juan de Molina (Valencia, Jorge Costilla, 1528)», *Revista de Archivos, Bibliotecas y Museos*, 61 (1955), pág. 519. El subrayado corresponde a un *excursus* del traductor Juan de Molina. Para el estudio particular de este punto, ver E. V. Telle, *Erasme de Rotterdam et le septième sacrement*, Genève, Droz, 1954, págs. 166-172.

37.   Klein, «Un aspect de l'hermeneutique à l'âge classique», pág. 11.

38.   Amplias noticias documentales sobre ambos hechos en Weiner, «Sobre el linaje de Sebastián de Horozco». También el apéndice de materiales genealógicos en su edición del *Cancionero*. Judaísmo confirmado por J. Gómez-Menor, «Nuevos datos documentales sobre el licenciado Sebastián de Horozco».

asumir a las claras ninguna otra actitud. Seguramente hasta trataba de hacerse su propio lavado de cerebro en el sentido de dejarse llevar por la corriente, pero sin acabar de lograrlo por completo.

No era así mero cinismo, sino una dolorosa escisión interna (o un espíritu irónico que pugnaba por aflorar) lo que, por ejemplo, le inducía a recordar con impertinencia a cierto estudiante converso su incapacitación legal para el ejercicio de la abogacía:

> E aunque tengáis aparejo
> para muy bien deprender,
> dexad a un xpiano viejo
> abogar y dar consejo
> pues vos no lo podéis ser.
>
> (pág. 54)

Y no se diga de aquello de aconsejar contra le mezcla contaminadora de la limpia sangre:

> Y así es consejo sano
> para contentos vivir,
> que xpiana con xpiano
> y marrana con marrano
> procuren de se enxerir.
> Y quien es xpiano viejo,
> por codicia de ducados
> no tome tan mal consejo
> de querer mudar pellejo
> haziendo hijos manchados.
>
> (pág. 243)

Pero quien así hablaba (y tal vez precisamente por ello) tenía en su casa una tragedia de hijos «manchados», más conocidos como Covarrubias que como Horozcos, Juan, el de los *Emblemas morales* (1589), y Sebastián, el famoso lexicógrafo. No podían éstos abrirse camino en Toledo, se veían negar el acceso a los colegios mayores salmantinos y se apegaban cuanto podían al costado familiar de los prósperos Egas-Covarrubias. El problema calaba muy hondo en el autor del *Cancionero*, autor de un libro hoy perdido de *Proverbios y consejos que cualquier padre debe dar a su hijo* [39]. El chocarrero Horozco arde por dentro en llamas de autoaborrecimiento y,

---

39.   «Sugiero que entre padre e hijos hubo choques y conflictos, en gran parte para Horozco debido a su propia agonía e impotencia. No pudo ayudar no sólo a sí mismo, sino tampoco a sus propios hijos. No pudieron salvar el abismo racial, hecho que sin duda alguna les amargó la vida a los tres» (Weiner, «Sobre el linaje de Sebastián de Horozco», pág. 802). Sobre el preferente apego de los hijos a los poderosos (y conformistas) Covarrubias, *ibid.*, pág. 802 y ss.

Impreso en España, 1607, y correspondiente con toda probabilidad a los *Proverbios y consejos en verso para sus hijos, que después glosó* según la lista de Nicolás Antonio, de acuerdo con las deducciones de F. González Ollé en su edición de Sebastián de Horozco, *Representaciones*, Madrid, Castalia, 1979, págs. 14-15. Para el correcto encuadre del tema de hijos y familia en Horozco constituyen obligada referencia las ideas acerca del sentido moderno de la vida familiar en la burguesía conversa que expone A. Rothe, «Padre y familia en el Siglo de Oro», *Iberoromania*, (1978), págs. 120-167.

como escribía a un amigo, no dejaba de ser envidiable la suerte del hombre sin descendencia. Y al mismo tiempo no podía tampoco reprimir su clara inclinación de padrazo:

> Pero todo bien mirado,
> aunque dé trabajo y pene
> es más bien aventurado
> sin duda qualquier casado
> que de bendiçion los tiene.
>
> (pág. 79)

Tras la reflexión amarga venía, característico, el intento de echar la cosa a risa y Horozco hizo cuanto pudo por poner buena cara al hogar más que solitario «*la pasqua de Resurrectión de 1577 estando su hija y su familia en Lora y sus dos hijos en Segovia*» (pág. 243).

El antijudaísmo ostentoso de Horozco salta en el *Cancionero* en combinación con las más extrañas oportunidades. Los privilegios del santo Grillimón no debieran alegarse, por ejemplo, para justificar un miembro retajado. Tampoco podían faltar las burlas sobre el tocino, en cuanto máximo signo parlante de las fisuras de una sociedad que transformaba los placeres de la mesa en la angustia del campo de batalla. Cuando Horozco sale de merienda con sus amigos cuida de ir bien provisto de jamones «como un coral» (p. 205), pero aun así no faltan «maldizientes, / llenos de mortal veneno» (p. 107) acerca de la clase de olla que comen. El *Cancionero* guarda todavía curiosos datos[40] acerca de la guerra civil entre el tocino y la ensalada, el ajo y las especias.

Horozco entreteje los motivos burlescos de la locura dando paso a complicadas redes alusivas bajo una cobertura de trivialidad chocarrera. Véase si no la lógica, de primera intención sibilina, de su n. 195: «*El auctor al doctor Segovia, porque trayendo bonete se quería poner gorra: —prosupuesto que vota en la Inquisiçión, y pretendía casarse con doña Çeçilia Egas*». Semejante sarta de incongruencias gira en torno a cierta gorrilla a la moda con que el grave letrado ha sustituido su digno bonete doctoral. Y el caso es que tanto para acercarse a Çiçilia (la isla y la señora) como para votar en

---

40. Horozco inició el tema del «hambre pupilar» a lo dómine Cabra, con su añoranza de que «no ayáis miedo que el tocino / de la olla os haga mal» (pág. 48) en su composición sobre *La vida pupilar de Salamanca que escribió el auctor a un amigo suyo.* Cuando en 1552 se nombra en Toledo un equipo de alcaldes ordinarios cerradamente cristiano-viejo, Horozco se burla: «Paréceme que ensalada / no es manjar de aquesta gente / baste que aquesta alcaldada / es como olla guisada / con toçino solamente» (pág. 117). En *El auctor a un amigo suyo xpiano viejo, porque siendo padrino de boda de un confeso, convidó a muchos xpianos viejos, y al alguazil de la Inquisiçion* ríe del terrible bromazo de haber obsequiado con una olla de fiesta que era puro tocino, cuando lo que pedían las circunstancias era «más de espeçias que de ajo» (pág. 120). Dado el laberinto de alusiones en que Horozco se movía, resulta curioso también que no ocultara su devoción a las ensaladas cuando respondía *a un caballero sobre ciertos arenques que le avía mandado* (pág. 122).

la Inquisición es indispensable el bonete. De lo contrario le podrán murmurar por «caxquete» y la frivolidad de las nuevas gorrillas debe quedar para lucimiento de hombres más jóvenes que el doctor Segovia, que no es ya ningún mozo:

> Y perdamos las coxquillas
> que me pareçen cosillas
> que suenan a caxcabeles.
>
> (pág. 213)

Pero este dislocado enigma se resuelve por la clave del *bonete*, que es, claro está, la insignia doctoral, pero también un eufemismo chocarrero para «prepucio»[41]. Ya se entiende que sin él, peligre, como es lógico, su cargo en la Inquisición, pero también su cortejo de doña Cecilia, que no depende tanto del dárselas de mozo ni de galán cuanto de reunir las condiciones de linaje requeridas para emparentar con una familia tan escrupulosa. El vano proceder del doctor sólo sirve para ponerle en evidencia, dando que murmurar sobre su triple *caxquete*, es decir, su impropia «gorrilla», pero después su ligereza o disminución de «cascos»[42] y, por último, la integridad o el grado de cobertura de su miembro viril. Moraleja es que nadie

41. Una metáfora popular captaba para el lexema CAP la idea o sema de *cubrir* («sombrero, cubrecabeza») como matriz de sinónimos eufemísticos-burlescos de «prepucio», especificando, por ejemplo, la asimilación «pene»=«ave de cetrería». Así Gómez Manrique en sus ataques a Juan Poeta: «No digo porque seamos / diferentes en lenguajes, / ni contrarios en linajes, / mas por quanto en los plumajes / en algo diferençiamos, / ca yo sufro *capirote* / porque vengo de neblíes, / al qual vos, Juan, no sofrís: / dezidme lo que sentís / poeta con este mote» (*Cancionero*, ed. A. Paz y Meliz, Madrid, 1885, II, pág. 118). Y en otra ocasión; «Trobador syn *capirote*, / el mayor de los hebreos» (*ibid.*, II, pág. 119). La cabeza de Juan Poeta necesitaba de especial protección contra las primeras actuaciones del Santo Oficio: a persona tan abonada «no sé qué se pueda dar, / saluo sólo una *capilla* / para que la pongáys luego / no por agua, mas por fuego / que anda cabo Sevilla» (II, pág. 229). Y en denuncia de cierto judío tramposo, que ha estafado a un pariente: «El fideputa marfuz / leuouos el capaçete / a buelta con el *capuz*» (II, pág. 111). Lo mismo Antón de Montoro en sus ataques al comendador Román: «Pues que sois buen alfayate», bien podrá hacerle a su miembro («picha») «un *capirote*» (*Cancionero*, ed. E. Cotarelo y Mori, Madrid, 1910, pág. 250). A su vez, en Horozco: «Iten más que por tener / los capullos çerçenados, / como suele acontecer, / por ello no deban ser / avidos por retajados; / porque algunos moçalvillos, / como personas incautas / andando de noche a grillos, / suelen quedar sin *capillos*, / y aun a vezes como flautas» (*Cancionero*, págs. 46-47). *Yelmo* «prepucio», en desarrollo paralelo a *bonete* en Horozco, M. Massoli, «La "Demanda de un virgo", un testo erótico-parodistico del "Cancionero" di Girolamo da Sommaia», *Codici della trasgressività in area ispanica*, pág. 135. Otros ejemplos en P. Alzieu, Y. Lissorgues y R. Jammes, *Poesía erótica del Siglo de Oro*, Toulouse, Université de Toulouse-Le Mirail, 1975, pág. 333.

42. Horozco escribió también *A un letrado porque un día traya gorra y otro día bonete* que, igual que el hermafrodito ha de hacer elección legal de un solo sexo, «así también vos que usáis / oy de gorra, y cras bonete, / lo uno es bien que escojáis, / y esto porque no seáis / reputado por *caxquete*» (*Cancionero*, pág. 180) Curiosamente, los *caxquetes* o «gorrillas» se usaban desde mucho antes como indumentaria carnavalesca. Así en Jaen el año 1463: «Después de todos los bailes e danças pasados, vinieron contía de çiento e cinquenta onbres, armadas las cabeças de capaçetes e *caxquetes* redondos bien limpios, e cada uno con tres o quatro calabaças destas largas e secas» (*Hechos del condestable don Miguel Lucas de Iranzo*, ed. J. de M. Carriazo, Madrid, Espasa-Calpe, 1940, pág. 112).

en su sano juicio trocaría el bonete por la gorrilla y sus peligrosas implicaciones. Por lo demás, continuar o ser muy explícito en asunto de este jaez sería atraer sobre sus cabezas un repique de cascabeles, es decir, el estigma de la locura irredenta a través de uno de sus más conocidos simbolismos.[43]

Quisiéralo o no, Horozco sólo conseguía con tales burlas suscitar la atención hacia el propio judaísmo, conforme el juego que comparte con tantos ilustres antecesores. Pero dicha actitud es una insostenible tensión dolorosa, destinada a ceder en cualquier momento para mostrar su verdadera, patética faz. Es el caso de Juan Alfonso de Baena, con su ensueño de programa rectificador del reino, de Antón de Moronto en su queja a la reina Católica, de Villalobos al escribir al General franciscano sobre el estatuto anti-conversos. Llega también para el *Cancionero* de Horozco dicho instante decisivo con cierto enigma o adivinanza planteada y respondida por el autor con ocasión de un suceso inaudito y poco menos que providencial: *Y es que Alpuche, secretario de Santo Oficio le dixo que en su casa tenía una gata parida, y en el mismo nido estaba una paloma con guevos y echada[44] sobre los gatos y guevos, y la gata lo mismo: y el auctor lo fue a ver, y vido por vista de ojos de ser así.* Porque, en efecto, aun la natural fiereza y enemistad entre especies zoológicas puede quedar olvidada bajo el techo de una habitación humana. Semejante triunfo de la domesticidad benévola es, sin duda, el mejor ejemplo «para que qualquiera viva / aun con su enemigo en paz» (pág. 209). Y no es sin misterio que hay ocurrido aquello precisamente en casa de un oficial del Santo Oficio, a quien se le predica una clara y, tal vez, poco familiar filosofía:

> La conversación y trato
> de enemigos haze amigos,
> y la criança es un acto
> que haze amistad y pacto
> entre los más enemigos.
> Lo que pareçía contrario
> muy dudoso y muy secreto,
> aconteçe de ordinario
> en casa del secretario
> Alpuche, a quien me someto.
>
>   (pág. 209)

No hacía falta decir más para buenos entendedores, que sufrían en su carne la ausencia de buena vecindad entre viejos y nuevos cristianos que caracterizaba a la vida toledana de aquellos años y que la maledicencia de la olla ayudaba a perpetuar.

---

43. Ver por ejemplo, la importancia concedida a los cascabeles en el «abolengo festivo» de *La pícara justina* (1. I, c. I, n. 2). *Cascabelada* «dicho o hecho irreflexivo».
44. Corrijo *echaba* de las dos ediciones, procedente del manuscrito de la Colombina.

Algo bastante similar debió también de ocurrirle con la figura aciaga del arzobispo Silíceo y su Estatuto, acerca del cual reunió abundantes materiales, obviamente con la intención de escribir alguna obra sobre el mismo[45]. De primera intención Horozco se unió al coro de loadores (el tañedor Soto, el colegial Juan Cansino, el doctor Pero Vázquez) todos ellos probables conversos[46], que al entrar Silíceo en la archidiódecis (1546) glosaron el pie forzado de un cantarcillo sobre el premio a la virtud humilde. Parece como si hiciera Horozco ilusiones de que el ahora exaltado *Guijarro* se erigiese en campeón y protector del puro mérito individual, de acuerdo con la cantinela de siempre en boca del cristiano nuevo. Ya sabemos cómo no podía hallarse más equivocado, y en otra ocasión glosa un dístico latino en honor del mismo (n. 171) encareciendo la ambivalencia de aquel pedernal de arzobispo para dar a sus ovejas bien *llamas* o bien *agua*, según una disyuntiva polémicamente asociada con la Inquisición desde los días de una famosa censura de Hernando del Pulgar[47]. Contra cualquier esperanza en contrario, Silíceo no vaciló en su favor a la política de *llamas*.

La decepción de Horozco debió ser muy rápida, como prueba ese teatro suyo que se antojaba tan vacuo a la ceguera voluntaria de una crítica empeñada en ignorar el *seamy side* de la supuesta España impe-

---

45. Conclusión de J. Weiner, quien lo cree embarcado en hacer una especie de historia de la cuestión judía en Toledo. Lo hace «para entender mejor su propia condición y estado», tarea que abordaba con no poco «recelo» y en la que muestra «una mentalidad y actitud vital totalmente opuestas a las del *Cancionero*» («Sebastián de Horozco y la historiografía antisemita», págs. 882 y 874). La intención de Horozco claramente no era otra que reunir un *corpus* documental o «libro blanco» que hablara por sí mismo. La inclusión de ciertos materiales fuertemente antisemitas, e incluso alguna que otra apostilla en sentido conformista, quedan más que compensadas por la presencia de escritos muy duros contra el Estatuto Silíceo, cuya publicación hubiera sido sensacional (y por lo mismo impensable). La actitud o estrategia de Horozco prefiguran en esto la de fray Gerónimo de la Cruz al difundir la obra del P. Salucio contra los estatutos bajo el artificio de una puntualizada refutación en su *Defensa de los estatutos y noblezas españolas* (1637) Véase para el detalle A. A. Sicroff, *Les controverses des statuts de «pureté de sang»*, págs. 236-262. Como aquí se observa, «le sens des ces contradictions est plus important que leur existence» (pág. 244). Lo más importante de dichos materiales ha sido recogido por J. Weiner en su edición de Sebastián de Horozco, *Relaciones histórico toledanas*, Toledo, Instituto de Estudios Toledanos, 1981. Sobre dicho artificio dentro de la retórica de la expresión perseguida, L. Strauss, *Persecution and the Art of Writing*, Glencoe, Free Press, 1952, pág. 24.

46. Aparte de lo sospechoso de los apellidos *Soto* y *Cansino*, sabemos que era *ex illis* el doctor Pero Vázquez (Weiner, «Sebastián de Horozco y sus contertulios», pág. 541). El *Cancionero* se burla de un retrato hecho a Vázquez y en el que su más que considerable nariz salió bastante disimulada: «Y si bien os retratara / el necio que os retrató, / çierto tanto no sisara / como hizo a la clara / de la carne que os sobró» (pág. 75). En vena muy despreocupada, el doctor replicó que el artista no pudo hacer otra cosa, pues su alternativa era o bien reducir la nariz o dejar de pintar media cara, por falta de espacio en la tabla.

47. En su *Carta sobre la ejecución de los conversos*, donde censura los excesos cometidos en las primeras actuaciones inquisitoriales: «Buenos son, por cierto, Diego de Merlo y el doctor Medina; pero yo bien sé que no harán ellos tan buenos cristianos con su fuego como hizieron los obispos don Paulo y don Alonso con su agua» (*Crónica de los Reyes Católicos*, ed. J. M. Carriazo, Madrid, Espasa-Calpe, 1943, pág. LI).

rial. Pero, como ha demostrado Jack Weiner[48], se trata de un ciclo claramente concebido como campaña contra el Estatuto de 1547, al que se tilda
de incompatible, en un nivel obvio y elemental, con el espíritu de ambos
Testamentos. Estamos en 1548 y entre la *Representación de la parábola de
Sant Mateo a los veynte capítulos de su sagrado evangelio*. La catedral
toledana sirve de fondo a la historia de los obreros de la viña y al sabio
proceder del Padre de las Compañas, que dio el mismo salario, sin ser
injusto con nadie, a los primeros como a los recién llegados (léase aquí
gentiles y judíos, viejos y nuevos cristianos). El milagro del *Capítulo nono
de Sant Joan* tiene aplicación aún más obvia: el ciego no es tal por su
pecado ni por el de sus padres y basta la fe en el Salvador para dar paso
al torrente indiscriminado de la gracia. En *La famosa historia de Ruth* la
moabita convertida por matrimonio es del todo acepta al pueblo de Israel
a la generación temporal de Cristo:

> Booz. Baste, hija, que yo siento
> y he sabido
> lo que a tu suegra has servido,
> dexando tu natural,
> tus parientes y caudal
> y a tierra agena venido,
> serte a retribuido
> por aquel
> que es el gran Dios de Isrrael
> so cuyas alas veniste,
> y a quien también acorriste
> favoreciédote El,
> y así abrás el pago dél.
>
> (pág. 200)

Y aun lo mismo el *Entremés* (muy poco posterior a 1550, por su alusión a
los salidizos) cuyo rudo Villano ha cobrado, sin duda, halagüeñas esperan-
zas a raíz del Estatuto, indignándose de que lo inviten a ser pregonero:

> Antes sería raçionero,
> o cantor
> daquesta igreja mayor,
> o calónigo a lo menos,
> que mal por mal es mejor
> que no ser pregonador.
>
> (pág. 172)

48. Aunque «violentamente anticonverso en sus coplas», en su teatro Horozco «propone la total
aceptabilidad de los conversos a la grey cristiana» («Sebastián de Horozco y sus contertulios», pág.
541). La aplicación específica a las circunstancias del Estatuto queda expuesta en su estudio preliminar a la edición del *Cancionero* (págs. 24-26). Fecha todo este teatro «alrededor del año 1548» O.
Mazur, *El teatro de Sebastián de Horozco*, Madrid, Rocana, 1977, pág. 5. No llegan a interesar estos
problemas al más reciente editor, F. González Ollé, quien advierte, sin embargo, la presencia de
aspectos «circenses» o comicidad de *clowns* en aquellas piezas (*Representaciones*, págs. 33 y 41).

Y frente a la chocarrería antisemita, propia de tantos pasajes del *Cancionero*, los judíos grandes y chicos, ricos y pobres se muestran en estas piezas entrañablemente insertos en la cultura popular de la época, con sus lazarillos y hasta su inesperada afición al tocino. Todo ello, además, bajo una inequívoca referencia local, puesta de relieve por un recurso ostentoso al manjar fuerte representado por el habla callejera de la ciudad. El alcance incomprendido de esta serie dramática constituye una alternativa inconformista, realizado y hecho posible bajo el signo de una chocarrería trascendente.

El compromiso de Horozco con la literatura bufonesca se muestra así funcional por doquier. El caso de su *Teatro universal de proverbios* o *Refranes glosados* podría citarse como el mejor ejemplo del folklore proverbial como uno de los básicos lenguajes de la locura en el Renacimiento[49]. Sorprende por esto a primera vista no hallar en su obra el obligado género de las *nuevas de corte* o comentario festivo del *fieri* político, visto desde sus bastidores. Pero no deja tampoco de faltar a la cita, porque si la experiencia de las altas esferas le estuvo vedada aun como espectador, Horozco llenó dicho hueco con el pulso cotidiano de su ciudad, que no era como ninguna otra. Toledo no es corte sino muy incidentalmente, pero sus naturales no necesitan de ésta para hallarse persuadidos de constituir algo superior y aparte. La presencia del rey y su inmenso aparato cortesano sólo les suscita molestias festivamente descritas por el *Cancionero* (n. 296). Naturalmente, había allí mucho más y las divertidas quejas eran sólo un pretexto. El superior ambiente cultural de la ciudad, su estilo entre burgués y aristocrático y su íntima persuasión de conciencia del reino se habían opuesto desde el primer momento al concepto político de Carlos V. Los toledanos derrotan después a Felipe II en su intento de establecerse en Toledo, y Horozco ha dicho en clara prosa toda la amarga verdad acerca de la mutua antipatía entre ambos grupos. Cuando el rey sale, por fin, de la ciudad en mayo de 1561, escribe aliviado: «Por manera que los unos y los otros deseavan ver mudança de corte e yo más que todos, que estrañamente deseava su ida»[50].

---

49. «The folklore of proverbs», así como el de «riddles, jokes and games», tan representados en la obra de Horozco (Valesio, «The Language of Madness in the Renaissance», pág. 210). Pero más aún: «Non plus grands humanistes du XVIᵉ siècle étaient d'ailleurs eux-mêmes imprégnés de culture populaire ou folklorique, même si cela n'apparaît pas à une première lecture (une lecture volontairement ou involontairement coupèe de cette catégorie de sources). Certains colloques d'Erasme doivent être lus en fonction de sa triple culture: la Bible, l'antiquité gréco-latine, le folklore flamand. Et que dire de Rabelais? (J.-C. Margolin, «Charivari et mariage ridicule au temps de la Renaissance», *Les fêtes de la Renaissance*, III, pág. 597).

50. «Gran nevada, mujer barbuda y auto de fe, 1561, «*Relaciones toledanas*, pág. 215 (modifico ligeramente la puntuación). En el *Cancionero* la diatriba del n. 296, *El auctor a un amigo suyo, que le embió a preguntar cómo le iba con la corte, estando en Toledo, el año de 1560*: la corte es nada más que un enjambre de ladrones, parásitos y hambrientos cortesanos que vuelven insoportable la vida en la ciudad. Versión algo más morigerada del mismo juicio en «Interesantes noticias de los años 1561, 1565 y 1567», pero aun así encabezada en tono de lo más agresivo: «En este tiempo que estuvo en esta çibdad la corte de su magestad ovo tantos y tan grandes ladrones y se hizieron muchos y muy grandes hurtos» (*Relaciones toledanas*, pág. 217).

El hombre que así se expresaba no había dejado nunca de ser un comunero en espíritu, igual que muchos de sus paisanos.

La obra de Horozco en cuanto historiador local rechaza la forma de crónica en favor de la gacetilla objetiva y enterada de cuanto capta la atención de la ciudad, bien sea una ceremonia de alzar pendones o la llegada de una mujer barbuda. Lo mismo que en el *Cancionero*, y a diferencia de los «locos» de la generación anterior, Horozco no es que se proponga ser deliberadamente cáustico, pero tampoco se pone a cubierto de ciertas explosiones de sinceridad. Al dar cuenta, por ejemplo, de los dispendiosos extremos en el recibimiento de Isabel de Valois en 1560, deja ver por un momento el fondo de su actitud hacia todo aquello:

> En veinte de março de dicho año el conde de Benavente embió una colación a la reyna y a las damas en que yvan trezientos platos, los quales llevavan públicamente pajes en las manos descubierto todo lo que cada uno llevava por su orden, como en proçesión. El primero y delantero plato era de un castillo grande de alcorça, dorado, y después muchas conservas y frutas y confituras en platos y en caxas y truchas y lenguados y empanadas y muchos pipotes de diversas maneras de azeytunas y muchas ensaladas y platos de naranjas y limas cortadas a las maravillas, y al cabo una grande empanada larga. Debía ser de una grande trucha y detrás muchos y grandes frascos de diversos vinos. Y como yva el presente por la calle pública y con tanta gente era cosa de ver. No paró en esto. Que después, muchos grandes y cavalleros hizieron grandes fiestas. Y dieron grandes colaçiones a las damas por güertas y casas de plazer, donde cada día yvan. Y sabe Dios si aquellos días avía en esta çibdad infinitos pobres que morían de hambre y no tenían un bocado de pan a que abrir boca.[51]

No podía faltar entre estas *crónicas* una dedicada a la ansiosa marcha consolidadora del Estatuto Silíceo entre las fechas de 1547 y 1555, decisivas para la vida y obra de Horozco al igual que para tantos otros españoles en su mismo caso. Pero entre todas, y en particular frente a dicha seca relación y serie documental, destaca una de las más extensas, dedicada a las *Fiestas y alegrías* por la optimistamente considerada «conversión de Inglaterra» en 1555, pieza digna de figurar en primera fila de la literatura carnavalesca del siglo.

El arzobispo Silíceo ha ordenado celebrar por todo lo alto la efímera vuelta de Inglaterra a la ortodoxia católica a raíz del matrimonio del príncipe don Felipe con María Tudor y la ciudad se entrega a un torbellino de diversiones públicas desde el domingo diez de febrero al martes de carnaval, día 26 del mismo. Horozco relata lo más notable que se vio en unas jornadas transcurridas bajo el signo del más universal *regocijo* (palabra clave, mencionada más de una veintena de veces). Calles y plazas de Toledo

---

51. «Relación y memoria de la entrada en esta çibdad de Toledo del rey y reyna, nuestros señores, don Felipe y doña Isabela y del reçebimiento y fiestas y otras cosas, año de 1561» (*ibid.* págs. 202-203).

vieron un interminable desfile de carros triunfales con alegorías clásicas o religiosas, bueyes sueltos, danzas, repartos de capones, entremeses, toros y cañas, suizas, naranjazos y estafermos para la chiquillería, todo esto alternado con devotas procesiones y cultos de acción de gracia. Participaron en las alegrías la aristocracia y el clero, gremios, cofradías, el Santo Oficio, mujeres de la mancebía, que salieron «en hábitos de hombres en una dança a pie, baylando con panderos»[52]. También los ciegos tras «un pendón colorado con muchos ojos blancos sembrados por él», (pág. 140) en un carro enramado donde representaban los diez mandamientos, que andaban sueltos y rebelados en Inglaterra y ahora se reducían a la Iglesia. Hubo una enciclopédica variedad de máscaras:

> En este tiempo salieron máscaras de moros, judíos, doctores, médicos, deçeplinantes, salvajes, locos, triperos, melcocheros, buñoleros, cornudos, romeros, diablos, correos, porteros de cofradías, caçadores, hermitaños, negros, negras, portugueses, amazonas, ninfas, cardenales, monjas, biudas, Çelestina con su cuchillada y su canastico de olores, lençeras, vizcaynas, reyes, pastores y aun frayles salieron al principio aunque la justicia se lo prohibió (págs. 126-127).

Naturalmente, no podían faltar allí los locos y el martes 12 «salió una quadrilla de ynoçentes con las mismas ropas de los locos de Casa del Nunçio y con su bacín pidiendo como ellos andan». Y dicho imperio reconocido de la locura carnavalesca se acentuó la misma noche en un plano de máxima estilización con el lucimiento de

> una máxcara de una quadrilla de hombres a cavallo, hijos de vecinos y mercaderes, con ropas contrahechas de los mismos locos, unas de rasos y otras de bocasís amarillos y verdes, y con sus hachas y mucha música de trompetas y atabales y ministriles. Y anduvieron regozijando toda la çibdad. Y asi se fueron estas fiestas callentando (págs. 127-128).

Como no podía ser menos, pronto llegaron a estar al rojo vivo. La intención burlesca, de antemano aceptada, se filtraba por todas partes y nadie hizo objeción a un carro triunfal de Cupido flechador, escoltado por seis cardenales «ricamente vestidos de tafetanes colorados, sus sobrerropas largas y sus bonetes y capelos del mismo y sus roquetes debaxo, muy al na-

---

52. «(Conversión de Inglaterra al catolicismo, 1555). Memoria de las fiestas y alegrías que en Toledo se hizieron por esta razón» (*ibid.*, pág. 127). Semejante participación y travestismo femenino, si bien limitado a mujeres de la más baja estimación social, no deja de ser una ruptura del carácter esencialmente masculino del carnaval, según señalan M. Grimberg, «Carnaval et société urbaine à la fin du XVᵉ siècle», *Les fêtes de la Renaissance*, III, pág. 550, y Y.-M. Bercé, *Fête et révolte. Des mentalités populaires du XVIᵉ au XVIIᵉ siècle*, Paris, Hachette, 1976), pág. 32. Para un encuadre interpretativo de las fiestas públicas de la época, J. Jacquot, «Présentation. Cadre et objectifs d'une recherche, «*Les fêtes de la Renaissance*, III, págs. 7-51; apartado «Carnaval et charivari», págs. 41-45. Para las fiestas de la época en una perspectiva española, F. López Estrada, «Fiestas y literatura en los Siglos de Oro: la Edad Media como asunto festivo (el caso del "Quijote")», *Bulletin Hispanique*, 84 (1982), págs. 291-327.

tural vestidos», en cuya rozagante indumentaria se gastaron más de mil ducados (p. 131). Un cierto dejo irreverente se interponía ante las cosas más sagradas, o al menos así ocurría con Horozco, que habla, por ejemplo, de «un coche ricamente ataviado en que yban çiertas personas, uno hecho papa» (y sería curioso saber más de ese «uno»). Horozco goza por lo grande al describir con puntual noticia las máscaras obscenas, que él llama «entremeses estropajosos»:[53]

> Este día entre los otros entremeses estropajosos salió un sacamuelas con todo su herramental y una muger a quien sacava la muela. y sentávala en una silla. Y descarnávasela con un cuerno. Y después sacava unas tenazas de herrador y ella dando gritos. Sacávale un miembro de hombre tan grande que dava no poco plazer y risa a toda la gente, la qual como es natural más se huelga y ríe con estas cosas que con las buenas. A este tenor salieron un tripero y una tripera, cavalleros en sus bestias. Y llevaba su mal cozinado. Ella lleva ba dos ollas delante en un serón y con su garavato sacava de la una tripas y de la otra muchas naturas de hombre, con que tampoco llorava la gente ni aun las damas que los veyan (p. 132).

Dentro de una especie de fiebre, se presencia un verdadero triunfo de la locura en toda la majestad de su gran época. Es fácil estar de acuerdo con Horozco para otorgar primer premio a una espléndida alegoría de la inversión paradójica a través del motivo carnavalesco del *mundo al revés*[54], nunca quizás mejor objetivado que en esta ambulante alegoría de la «doblez» femenina:

> Este día salió una máxcara a pie, que a común opinión, fue la mejor y de más arte de quantas en la fiesta salieron. Y fue de tres hechas mugeres dobladas. De esta manera que llevavan dos máxcaras, una adelante y otra atrás y un mismo cuerpo y una saya. Y así como llevavan dos braços, y dos manos atrás, que salían de un mismo hombro y de una misma forma y mangas. Y llevavan así mesmo quatro pies porque en los calcañares yban fechos otros pies como los naturales. Por manera que la trasera y delantera eran tan semejantes que si no era llegándose mucho y mirando muy bien los ojos naturales al cabo que estavan, no se podía disçernir quál fuese la delantera o trasera. Llevava cada una de éstas, un mundo en la cabeça dando a entender que la muger y el mundo tiene cara con dos hazes. Guiábalas un hombre corcobado con una giba atrás y otra adelante, y con otras

---

53. Sigo la lectura ofrecida por el conde de Cedillo, «Algunas relaciones y noticias toledanas que en el siglo XVI escribía el licenciado Sebastián de Horozco», *Boletín de la Sociedad Española de Excursiones*, 13 (1905), pág. 173. De nuevo, no puedo ocultar mi desconcierto ante el texto de Weiner: «Este día entre los otros entremeses, estos, pajosos, salió un sacamuelas...» (*Relaciones toledanas*,. pág. 132). Mis notas de lectura del ms. 9175 de la Biblioteca Nacional, tomadas hace muchos años, claramente transcriben «entremeses estropajosos».

54. H. Grant «El mundo al revés», *Hispanic Studies in Honour of Joseph Manson*, Oxford, 1972, págs. 119-137. Y en especial los estudios recogidos en *L'image du monde renversé et ses représentations littéraires et para-littéraires de la fin du XVIᵉ au milieu du XVIIᵉ*, J. Lafond y A. Redondo editores, Colloque International, Tours, 1977, Paris, Vrin, 1979. Sobre su presencia en un ejemplo rural y aún reciente, V. V. Elías Pastor, «Un carnaval inédito en la sierra de Cameros», *Revista de Dialectología y Tradiciones Populares*, 31 (1975), págs. 95-98. Multitud de otros datos en la indispensable referencia de J. Caro Baroja, *El carnaval (análisis histórico-cultural)*, Madrid, Taurus, 1965.

dos caras y otros braços y otros pies. Yvales tañendo con un laúd, y ellas dançando a una parte y a otra, también hazia tras como hazia delante por desmentir lo verdadero. Fue cosa muy loada y aun deseada que saliesen otra vez. Y no salieron más de un día (pág. 129).

Toledo presenció, sin duda, una de las grandes fiestas del siglo[55]. Silíceo estaba más que dispuesto a celebrar la precaria conversión de Inglaterra por la parte que pudiera caberle en lo que trataba de hacer pasar por un triunfo personal de su discípulo, el futuro Felipe II. La abrumadora respuesta colectiva a tan lejano pretexto apunta, sin embargo, hacia estímulos de orden mucho más local e inmediato. Es probable que el arzobispo intuyera correctamente la necesidad de un carnaval como (a juicio del mismo Horozco) nunca se había visto en Roma, Valencia ni Barcelona a modo de una pública terapia con vista a aflojar las tensiones acumuladas durante años en torno al polémico Estatuto. No desapareció éste en aquellos días de la mente de los toledanos, si que no hacían ya del mismo un objeto deliberado del exorcismo carnavalesco. Hubo por lo pronto una danza de judíos «con sus oes coloradas, muy al propio en los gestos y vestidos aunque para Toledo es odiosa mercadería judíos» (pág. 134). El gremio de roperos, marcadamente *ex illis*, corrió una vistosa sortija a caballo en medio de la ciudad y con tal éxito que «pudieron pasar por otros mejores donde no se conoçieron» (pág. 128), según el mordaz aparte de Horozco. El caso es que no dejaron de aparecer burlas harto intencionadas y perfectamente «legibles» antes y ahora[56], como es la rusticidad cristianovieja, en la que Silíceo se hallaba conspicuamente incurso. Véase si no la intención de esta danza de asturianos:

Ovo otra dança a pie muy donosa de muchos asturianos vestidos de lienço que baylaban muy bien con un tamboril y llevavan por dama una mula o yegua vestida y enparamentada y puesto un verdugado y ella tocada como asturiana con un to-

---

55. Es aquí de notar que la celebración del carnaval no había asumido nunca en Toledo tan destacado relieve, como no deja de señalar el mismo Horozco, pues «nunca los vivos ni creyeron dezir que jamás en esta çibdad por cosa ninguna, tanta fiesta ni tanto regozijo junto se hiziesse... tanto que ni en Roma, ni en Valençia, ni Barçelona, ni otras partes donde se usan semejantes maxcaras, se sacaron ni inventaron tantas ni tales cosas» (*Relaciones toledanas*, pág. 126). Tradicionalmente Barcelona solía llevarse la palma en cuanto al esplendor de su carnaval, según comenta M. Querol Gavaldá, «Le Carnaval à Barcelone au début du XVIIᵉ siècle», *Les fêtes de la Renaissance*, Paris, CNRS, 1956, I, págs. 371-375.

56. Tras considerar la proximidad fenomenológica entre fiesta y revuelta, Y.-M. Bercé considera característico del siglo XVI el giro hacia la politización o uso para fines de propaganda de las fiestas carnavalescas (*Fête et révolte*, págs. 7 y 66). Como indicio y resultado de la creciente peligrosidad de las fiestas públicas, la política filipina suprime en 1584 las asociaciones o cámaras de retórica en tierras de Flandes (*ibid.*, pág. 116). Sobre politización del teatro carnavalesco y las burlas callejeras como reflejo de las mayores tensiones sociales, Grimberg, «Carnaval et société urbaine à la fin du XVᵉ siècle», pág. 553. En España tendríamos las precoces burlas contra el marqués de Villena, maestre de Santiago, en las fiestas de carnestolendas de Jaén, descritas por la crónica o *Hechos del condestable don Miguel Lucas de Iranzo*.

cado muy alto y lleno de corales y espejos. Y a tiempos le davan colación de buñuelos en un plato y ella los comía. Fue cosa bien notada y de reir (pág. 134).

No menos aguijón antirrústico llevaba otra máscara en remedo de una boda de aldea a estilo de la Moraña de Avila (Silíceo era extremeño), con música y danzas, además de multitud de labradores y labradoras sobre asnos, fingiéndose ellas paridas:

> Detrás venían los padrinos y los novios, besándose de rato en rato y el cura del lugar con un gesto y un bonete hartos de notar y reír, y el alguazil y el alcalde del lugar, todos tan al propio y al natural en todo. Que regozijó mucho este entremés, aunque en asnos, porque ymitavan mucho a lo verdadero (pág. 131).

Conforme a lo exigido por la más pura tradición bufonesca, dicha máscara volvió a salir otro día expresamente para ser representada ante Silíceo en persona, compromiso para el cual se entremetieron de propina algunos *gags* de lo más intencionado:

> Este día tornó a salir la boda de aldea a pie con su tamboril y con el virgo de la novia que era una sábana ensangrentada en un gran plato. Baylaban muy gentilmente. Y así baylaron delante del reverendísimo señor arçobispo de que él se holgó mucho. Y el alcalde llamava al escribano para que diese testimonio del virgo y con esto y otras cosas donosas que hazía dava mucho plazer (pág. 134).

La burla anti-aldeana proyectaba así del modo más visible (y cabría decir que inofensivamente escandaloso) la obsesión legalista con la *sangre*. Y ya se sabe que el arzobispo cumplió también con su requerido papel, riendo en público las gracias con alguna risa de conejo.

Las fiestas toledanas por la conversión de Inglaterra deben contar entre las más notables del siglo y rebosan de significados que el cronista supo recoger con sobria destreza. Naturalmente, no se le ocultaba la futilidad del pretexto alegado, al que opone, con adversativa sorna:

> Aunque después de todo esto pareçe el dicho reyno Inglaterra aver tornado a hereticar y quedarse perverso y dañado y fuera de nuestra sancta fee aunque muchos todavía abría y abrá en él buenos. Nuestro Señor, por su piedad, sea servido de aver misericordia de aquel reyno y reduzirle a su santo gremio (pág. 142).

Pero, sobre todo, insiste también al final en cómo la participación popular fue del todo espontánea, sin asomo de coacciones para el enorme gasto por parte de individuos, movidos «por sólo el zelo de cristianos y holgarse del bien del próximo». Más aún, los sonados regocijos transcurrieron bajo un orden impecable, pues «de día y de noche no ovo ruido ni questión, ni se desenvaynó espada, sino todo con mucha paz y amor» (pág. 141). Su epílogo inmediato fueron tres días del más devoto y no menos multitudinario jubileo y penitencia. Conforme a la paradoja de base, la ciudad no pudo comportarse más juiciosamente bajo el imperio proclamado de la locura. El contraste con la estupidez oficial que, casi medio siglo después, frustró las exequias sevillanas por Felipe II[57] es tal vez el mejor módulo del deterioro y caída de la sociedad española bajo este monarca.

Respecto al mismo Horozco, el mayor interés de esta relación de las fiestas de 1555 es el de redondear su obra bajo el signo de la literatura bufonesca. Esta ha conocido en el siglo XVI español una gran época que, iniciada en simultaneidad perfecta con el reinado del Emperador, muestra al final del mismo la madurez y el grado de conciencia, precursor ya del agotamiento, que es visible en lo hasta aquí expuesto. Horozco no podía avanzar por los caminos, ya clausurados, de la generación anterior y maniobraba con lucidez bajo un concepto literario que, como hoy sabemos, da de sí mucho más juego que la reconstrucción diacrónica de un período y el rescate de unos autores postergados. Por el contrario, la ambigüedad poética del «loco» daba paso a logros más importantes que ella misma y que no han dejado de hallarse desde entonces con nosotros.

La valoración dialéctica de la locura, es decir, la puesta en su sitio de la razón bajo el signo del humanismo cristiano, abría también insospechadas perspectivas a la literatura. Al dar un sentido trascendente a la risa, en cuanto «locura» dosificada, con legítimas raíces en la naturaleza humana e incluso vista como necesaria en la economía de la salvación, la literatura de entretenimiento quedaba por primera vez investida de las más altas credenciales. Era así un portillo abierto en la muralla neoaristotélica del *dulce et utile*, por el cual escaparon autores que ya no veían como inferior o cosa de poco más o menos el compromiso de escribir para el puro deleite de un lector de filas (por no decir de masas, que en rigor aún no existían). Tratándose, por tanto, de una clara ruptura con el pasado, la poética del «loco» se halla en la base de los géneros característicos de la modernidad y en particular de la novela.

El caso español viene a ilustrar dicho proceso con la continuidad perfecta que, en determinado momento, transforma la literatura del «loco» en la del pícaro, igual que aquélla había heredado a la del juglar. El bufón y el pícaro han compartido así una responsabilidad primordial como introductores de la técnica autobiográfica conforme al complejo artificio del *unreliable narrator*[58]. La voz del «loco» de corte anticipa y se incorpora sin sentir a la doblez autobiográfica del pícaro. En don Francesillo en particular «es como si el caso fingido de un tipo popular, de un La-

57. Estudiadas en detalle por S. B. Vranich, «El "Voto a Dios" de Cervantes», *Ensayos sevillanos del Siglo de Oro*, Valencia-Chapel Hill, Albatros-Hispanófila, 1981, págs. 94-104.
58. W. Riggan, *Pícaros, Madmen, Naifs and Clowns*, Norman, Un. of Oklahoma Press, 1981.

zarillo o un Guzmán, se hubiese vuelto de carne y hueso»[59]. El recorrido de la materia bufonesca conduce por sí mismo la mirada hacia un remate inevitable en el *Lazarillo de Tormes*. De acuerdo con el clásico *mester* bufonesco, el cíclico recurso de la carta permite sorprender la relación privada como si se escuchara tras un cortinaje, según la ficta confidencial a que juega aquella literatura. Pero en este entretenimiento de otro gran señor, la ponzoña neutralizada del bufón se ha transformado en otra cosa que de veras hace hervir la sangre, ahora real y no paradójica. Ocurre esto al manifestarse como una *indignitas* que, en rebeldía contra las premisas de la literatura del «loco», no se acepta ya como tal y pasa al extremo opuesto de mostrarse orgullosa de sí misma, a la vez que dispuesta a exigir su parte tanto del pastel social de la «honra» como de aquella otra que, según Tulio, «cría las artes». Quiere decir que no está ya a la sombra de la *Moria* ni gastando una broma de carnaval. Tan decisiva metamorfosis no en vano es quintaesencialmente toledana y consumada hacia la quinta década del siglo, en una despedida sarcástica a las maltrechas glorias del Emperador, nunca del todo aceptado por la altiva ciudad.

Los estudios más recientes[60] tienden a interpretar las fiestas carnavalescas no como gérmenes revolucionarios, sino como expresión autoterápica de sociedades fuertemente tradicionales. Tal vez por eso los jolgorios toledanos de 1555 no lograron extraer al pícaro de un estado híbrido e indistinto, entre muchos otros personajes bufonescos. Salió, en efecto, uno de los días, en el papel de diablo mayor con su corte de diablillos, «un piçaro[61] gangoso, hombre muy conoçido en el pueblo de todos», y que

---

59. D. Pamp de Avalle Arce, introducción a Francesillo de Zúñiga, *Crónica burlesca del Emperador Carlos V*, Barcelona, Crítica, 181, pág. 55. Se da un raro acuerdo entre estudiosos de muy diversas orientaciones acerca de la continuidad entre bufonería y picaresca. Así en el caso del *Estebanillo González* según M. G. Chiesa, «Estebanillo González e gli ebrei», *Rassegna Iberistica*, 11 (1981), págs. 3-20. Sobre la amplia proyección en Quevedo del tonto-listo de la picaresca, M. Molho, «Más sobre el picarismo de Quevedo», *Hermes* (UCLA), 9 (mayo, 1980). En el caso de la personalidad de Guzmán de Alfarache, S. Eoff subraya su «clownish compensation for inferiority» en «The Picaresque Psychology of Guzmán de Alfarache», *Hispanic Review*, 21 (1953), págs. 107-119.

60. D. Pamp de Avalle Arce, introducción a Francesillo de Zúñiga, *Crónica burlesca del Emperador Carlos V*, Barcelona, Crítica, 181, pág. 55. Se da un raro acuerdo entre estudiosos de muy diversas orientaciones acerca de la continuidad entre bufonería y picaresca. Así en el caso del *Estebanillo González* según M. G. Chiesa, «Estebanillo González e gli ebrei», *Rassegna Iberistica*, 11 (octubre, 1981), págs. 3-20. Sobre la amplia proyección en Quevedo del tonto-listo de la picaresca, M. Molho, «Más sobre el picarismo de Quevedo», *Hermes* (UCLA), 9 (mayo, 1980). En el caso de la personalidad de Guzmán de Alfarache, S. Eoff subraya su «clownish compensation for inferiority» en «The Picaresque Psychology of Guzmán de Alfarache», *Hispanic Review*, 21 (1953), págs. 107-119.

61. Sigo, una vez más, la lectura del conde de Cedillo («Algunas relaciones y noticias toledanas», pág. 172). Weiner trae aquí: «Y por ser como era, diablo mayor, un Piçarro gangoso, hombre muy conoçido en el pueblo de todos. Dava más regozijos a la gente...» (*Relaciones toledanas*, pág. 130). El habla gangosa debía de considerarse ya como uno de los atributos del pícaro, tal como aparece en el retrato de Perlícaro en *La pícara Justina*: «... con un sí es no

«dava más regozijos a la gente segund las cosas yva diziendo y faziendo». Por su lado más inmediato y conservador, el *Lazarillo* encaja en un aspecto muy perfilado del carnaval, en cuanto triunfo e irrisión pública del cornudo[62], a partes iguales de infamia y apoteosis (los cuernos, símbolo de deshonra, pero también de poder). Por otra parte, la anécdota lazarillesca del hermanito con el «coco» esclavo negro ha sido reconocida[63] como exacta transposición del problema planteado a Horozco por sus propios hijos. Claro que no sería el único en enfrentarse con tal conflicto

es de asperges de narices, hablando algo gangoso, como monja que canta con anteojos...» (l. I, c. I). Es de notar que Horozco ofrece una interesante y poco estudiada lexicografía en relación con los discutidos orígenes de *pícaro*: «Otra çesación a divinis» en 1559 «fue porque queriendo llevar presos un alguazil y un portero a dos picaños que estavan en la Plaça del Ayuntamiento junto a las casas arçobispales, porque a instancia del mismo Arçobispo se avía pedido al corregidor que mandase a prender a muchos picaños y moços perdidos que por allí se allegavan a jugar y le davan ruido e impedían a su estudio y a rezar» (*ibid.*, pág. 175). En cuanto al *picardo* del *Entremés* y su importancia para la misma cuestión, González Ollé, introducción a *Representaciones*, pág. 23. Para el conjunto del problema, Y. Malkiel, «El núcleo del problema etimológico de *pícaro-picardía*. En torno al proceso del préstamo doble», *Studia Hispanica in honorem R. Lapesa*, Madrid, Gredos, 1972, II, págs. 307-342. D. L. Heiple, «El apellido *pícaro* se deriva de "picar". Nueva documentación sobre su etimología», *La picaresca. Orígenes, textos y estructuras*, Madrid, Fundación Universitaria Española, 1971, págs. 217-230.

62. Una de las funciones del carnaval tradicional ha sido la de guardián de la moral sexual mediante la denuncia más o menos explícita de toda suerte de uniones clandestinas y en especial de adúlteros y cornudos. Todos estos han de pagar una multa simbólica, bien sea en dinero o en condiciones de pública afrenta (el *charivari* o bien nuestras castizas cencerradas). En Francia se registra la frecuencia de cofradías o asociaciones de cornudos que, bajo la autoridad ridícula de un *abbé des Cornards*, se encargaba de este aspecto del regocijo (Margolin, «Charivari et mariage ridicule au temps de la Renaissance»; Bercé, *Fête et révolte*, págs. 37-38 y 165; Heers, *Fêtes des fous et carnavals*, págs. 210-211; Grimberg, «Carnaval et société urbaine à la fin du XVᵉ siècle», pág. 550). En su forma extrema el cornudo era paseado sobre un asno, mirando hacia atrás y con la cola en las manos a modo de riendas, seguido por las aclamaciones de la cofradía de *cornards* (Gaignebet et Florentin, *Le Carnival*, pág. 137). Como observa también Grimberg («Carnaval et société urbaine», pág. 550), y a tono con la esencial ambigüedad carnavalesca, las víctimas son en esto a la vez ridiculizadas y glorificadas. Para Gaignebet-Florentin (*Le Carnival* , págs. 10, 54 y 136) la asociación del carnaval con todo lo referente a cuernos, bueyes y carniceros procede de raíces mágicas e inducidas por el hecho de hallarse siempre de luna menguante o «cornuda» durante los días de carnaval. Es notable la puntualidad con que tales aspectos quedaron reflejados en las fiestas toledanas de 1555, con la suelta de bueyes y corridas de toros organizadas por los carniceros. Pero sobre todo, «es de saber que uno de los primeros días de las fiestas salió una máxcara de dos en sendas mulas y con una trompeta delante muy enlutados y en las caperuças altas de luto que llevaban, sacaron cada uno un par de quernos muy bien puestos y llevava cada uno su rétulo el uno que dezía *atendite et videte, si esto dolor sicut dolor meus*, y el otro que decía *solatium est miseris socios habere penarum*. El trompeta también llevava un cuerno en la cabeça. Esta máxcara tan peligrosa sacáronla dos mançebos, porque si fueran casados no es de creer que osaran burlarse con el cuerno». (*Relaciones toledanas*, pág. 136). El tema de cuernos prolifera también en el *Cancionero*. Hay allí una donosa explicación de *por qué llaman al hombre cornudo*. «Pero respondo, que en pena / de ser el hombre paçiente / y andar manso a la melena, / el nombre quadra y suena / como a buey muy obediente / Y ésta es la causa que fuese / cornudo más que otra cosa, / pero tales los tuviese / con que herir no pudiese / aunque es arma peligrosa» (pág. 131). Horozco se burlaba del agobio fiscal de la época con proponer, cual el más precoz arbitrista, la imposición de una alcabala sobre los cuernos: «Y según que ya oy día / se usa aquesta madera, / yo me fío que no sería / la que menos montaría / en Toledo, y dondequiera» (pág. 243).

63. Weiner, «Sobre el linaje de Sebastián de Horozco», pág. 802. Para F. Lázaro Carreter el cuento aprovechado sería de claro origen popular, «que no podrá discutirse a la vista del siguiente pasaje de López de Villalobos: "Burlamos de los que assí mueren, y no escarmenta-

en aquella ciudad y en aquellas fechas. Desde luego, no se pretende en este momento llevar agua al molino de ninguna autoría del *Lazarillo* y, por el contrario, estas páginas se interesan en Horozco cual autor independiente o por derecho propio. Las anteriores consideraciones serían no menos válidas en caso de paternidad por algún otro ingenio vecino y coetáneo.

Horozco era sin duda un hombre atormentado e interiormente escindido (aunque no confuso). Había digerido amargas lecciones, que le sirvieron para destilar una filosofía de la cautela que de lejos parece estoicismo cristiano, pero es más que nada acarreo de materiales para la cerca del huerto interior:

> Aquel se puede decir
> muy valiente que a la furia
> sabe a tiempo resistir
> y en manos de Dios sufrir
> disimulando la injuria.
> Y en caso que bien podría
> hacer cualquier resistencia
> no sería covardía,
> mas *la mayor valentía*
> *es sufrir* y aver paciencia. [64]

En éste, como en tantos otros aspectos, lo que de veras importa es verle debatirse con preocupaciones de fondo que, sin pertenecer ya al temario inmediato de la locura, se entienden como epidesarrollo del mismo y resultan, a su vez, decisivos para la picaresca [65]. Jurista de oficio, Horozco dio una continua salida «cómica» a su obsesión con el atropello del débil

---

mos, antes auemos invidia de sus vidas. Y los mismos que mueren, burlaron ya y chiflaron de otros que murieron primero que ellos en la misma locura. Este es *el juego de los negros que van en carnes, que cada uno se cae de la risa de la fealdad del otro*"» («Construcción y sentido del "Lazarillo de Tormes"», *Abaco*, 1, 1969, págs. 76-77). Pero a la vista del no menos obvio gravitar de Villalobos sobre estos tipos de literatura (y en ausencia de otra documentación), no resulta aquí menos viable el proponer un recuerdo directo de dicho pasaje. Mas aun si se diera por demostrado su carácter popular, común a tantos otros materiales del *Lazarillo*, no desaparece con ello su filo trascendente, de acuerdo con el uso a que la obra somete por ley general ese tipo de elementos. Quede, además, en claro que el aprovechamiento intencionado de materiales folklóricos es uno de los recursos más característicos de la literatura bufonesca. Baste recordar aquí a Francesillo, al dar sepultura a cierto caballero portugués: «Fue enterrado en un cañaveral, y después depositado en las Alpujarras, y dende algunos días fue llevado por el estrecho de Gibraltar a enterrar a las islas de Canaria. Y sobre su sepoltura se puso un epitafio que decía: "Ollos morenos, cuándo nos veremos"» (*Crónica*, pág. 111). Como no cabe decir mejor, «es en ese tratamiento teleológico de los materiales, en ese sometimiento de las estructuras folklóricas a un designio y en la precisión de quebrantar e inventar por exigencias de un plan, donde se produce la metamorfosis del género narrativo popular y su transformación en un germen de lo que más tarde se llamará novela» (Lázaro, «Construcción y sentido», pág. 75). Para un proceso enteramente similar en Erasmo, M. Bataillon, «Erasme conteur: folklore et invention narrative», *Mélanges Pierre Le Gentil*, Paris, 1973, págs. 85-104.

64. *Teatro universal de proverbios*, n. 1424 (Ms. Hispanic Society of America). No es de pasar por alto la afinidad precoz con lo que A. G. Montoro ha llamado «la didáctica de la paciencia» en la picaresca tardía y no menos latente también en la temprana («"Libertad cristiana": relectura de "Marcos de Obregón"», *MLN*, 91 (1976), pág. 226).

65. «Ni el que se vee perseguido, / está lexos de ser loco», decía Alonso de Barros, un amigo íntimo de Mateo Alemán en sus *Proverbios morales*, Madrid, Luis Sánchez, 1518, n. 681.

y el «mundo al revés» supuesto por un aparato de justicia dedicado a fines represivos o de mero control social. «Las leyes y sus rigores / se ejecutan en pobretos»[66], labradores y gente humilde no ganan para el propio susten-to y por ello defendía el trabajo asalariado de los obreros de la viña o se burlaba escatológicamente de la infame «alcabala de la canina»[67] con que se afligía a los toledanos más míseros. Y el buen letrado llegaba hasta el fondo de la cuestión preguntándose, angustiado, cómo es que pueda el hombre aborrecer a su prójimo:

> Es cosa muy natural
> fundada sobre razón,
> por do qualquier animal
> quiere y ama otro tal
> de su género y nación.[68]
> Pues si brutos animales
> sus símiles apeteçen,
> ¿por qué los hombres mortales
> tan sabios y racionales
> sus próximos aborreçen?
>
> (pág. 131)

El *Cancionero* ensayó en este punto una seudosolución pedantesca que contrasta con la cruel ausencia de toda respuesta en el *Lazarillo de Tormes*. Pero no es momento de continuar por esta vía *hacia el «Lazarillo»* y sus enigmas. El compromiso del presente estudio se ciñe a mostrar la extensión y densidad de la literatura del «loco» bajo Carlos V, en uno de sus últimos y menos conocidos capítulos. Tarea que, al mismo tiempo, quedaría incompleta, sin requerir, como *envío*, una renovada atención al hervidero intelectual toledano, que apenas si se comienza a conocer, y hacia la lógica con que uno de sus ingenios se sirvió de aquel concepto literario para dejarlo al mismo tiempo atrás en su prodigioso experimento con el «caso» de cierto pregonero.

---

66. Cotarelo, «Refranes glosados de Sebastián de Horozco», 3, pág. 107, n. 112.
67. «Y la miserable jente / que coje y vende canina» (*Cancionero*, pág. 243). Es interesante contrastar todo esto con la idealizada largueza del patriarca Booz en la *Famosa historia de Ruth*: «Hija mía, / andaos aquí en compañía / y junta con mis criadas, / y no vais a otras segadas / agora, ni otro algún día, / porque aquí se vos daría / con plazer / lo que ovierdes menester» (*ibid.*, pág. 199). Para la continua preocupación con la recompensa debida al trabajo, F. Márquez Villanueva, «Sebastián de Horozco y el "Lazarillo de Tormes"», *RFE*, 41 (1957), págs. 276-283. Tampoco es de olvidar que Horozco, gran enemigo rústico en cuanto encarnación simbólica de la limpieza de sangre, se apresuraba a denunciar la realidad social del labrador, oprimido en aquellos años hasta un extremo de esclavitud económica. Así, por ejemplo, al comentar el refrán *Los zánganos se comen la miel de las abejas*: «Cuanto trabajan y afanan / los cuitados labradores / y cuanto llevan y ganan / se lo llevan y desgranan / los ricos y los señores / tresquílanlos como a ovejas / desuéllanles las pellejas / no hay cosa que no les tomen / y *estos zánganos se comen / la miel que es de las abejas*» (Ms. Hispanic Society of America, n. 1680).
68. Según el camino emprendido por G. A. Shipley, «Lazarillo and the Cathedral Chaplain: A Conspiratorial Reading of "Lazarillo de Tormes", Tratado VI», *Symposium*, 37 (1983), págs. 216-241.

GIL VICENTE
Y LA CONFIGURACION DE LA «COMEDIA»

Stephen Reckert
Universidad de Londres y
Gabinete de Estudios de Simbología, Lisboa

Hablar de la comedia vicentina como representante de uno de los «nuevos géneros literarios del Renacimiento» es empresa que exige algunas definiciones previas. Vamos por partes.

Como primera característica distintiva, el propio Gil Vicente afirma que «toda a Comedia começa em dolores». Tal juicio parece dar por supuesto el de Torres Naharro, de que la comedia trata «notables y finalmente alegres acontecimientos», pues Vicente la opone enseguida a las «farsas... chocarreyras», que «nam sam muyto finas sem outros primores».[1]

Descontando la pretendida subclase de las «tragicomedias», gratuita invención del hijo de Vicente[2], estos dos géneros abarcan la totalidad de su producción teatral profana. En la práctica dejaré fuera de consideración, además de las farsas, las comedias alegóricas o *festival plays*[3], que tienden cada vez más a asimilarse a ellas (sólo que «con otros primores»), perdiendo por lo tanto la trabazón estrictamente dramática que caracteriza las comedias «novelescas», y que aquí me compete analizar.

La próxima cuestión que se plantea concierne a la eventual legitimidad de considerar la comedia —o cualquier otro género teatral— como un

---

1. Cf. respectivamente *Copilaçam de todalas Obras de Gil Vicente*, Lisboa, 1562: *A Devisa da Cidade de Coimbra*, f. 107ᵛ; y *«Propalladia» and other Works of Bartolomé de Torres Naharro*, ed. Joseph E. Gillet, I, Bryn Mawr, Pensilvania, 1943: *Prohemio*, 142.

2. Como ya barruntó Menéndez y Pelayo y demostró, con argumentos fehacientes I. S. Révah («La "comédia" dans l'oeuvre de Gil Vicente», *Bulletin d'Histoire du Théâtre Portugais*, 2, 1951, págs. 1-39).

3. Designación útil debida a Thomas Hart (*Gil Vicente: farces and Festival Plays*, University of Oregon, Eugene, 1972), que refleja el paralelismo entre estas aparatosas comedias, compuestas para las festividades cortesanas, y las moralidades, que lo fueron para las de la Iglesia.

género *literario*. Que el arte escénico no se reduce pura y simplemente a un ramo de la literatura es, desde luego, una perogrullada. Por cierto que, a diferencia de una sinfonía, un baile, una estatua o un cuadro, la obra dramática estriba por fuerza en un armazón verbal: un *texto*. Pero no es menos verdad que ese texto supone, tal como la partitura de la sinfonía, una realización acústica, y tal como la coreografía del baile, una realización también cinética, plástica y visual, en las que colaboren los actores, el decorado y hasta el vestuario. Para el semiólogo de Praga, Jan Mukařovský[4], el *drama* se identificaba con el texto, y constituía en efecto un verdadero género literario —el «dialógico»— rigurosamente comparable a los géneros lírico y diegético; el *teatro*, en cambio, sería una compleja *Gestalt*, englobando además del texto, y en pie de igualdad con él, los diversos componentes no verbales de su realización en escena.

Dejo la pelota en el tejado por el momento y paso a la tercera distinción preliminar: ¿qué debemos entender, en el presente contexto, por «Renacimiento»? El dogma crítico de la inseparabilidad de forma y contenido deja de ser pertinente desde que se trata ya no de un texto individual sino de un conjunto de textos producidos a lo largo de tres siglos, en más de una docena de lenguas, y en un área que se extiende de Escocia a Dalmacia y de Polonia a Portugal. Más que de un período cronológico, el Renacimiento podría definirse tal vez como un estado de ánimo: una sensibilidad globalmente *renovadora* (en el sentido de que busca en lo antiguo, conscientemente o no, un rumbo nuevo), pero cuyas manifestaciones locales varían con su expansión geográfica y su evolución en el tiempo. Así, en el contexto específico de la literatura peninsular, una de las manifestaciones más frecuentemente citadas de esta busca es la coexistencia de obras cuyo medievalismo esencial procura disfrazarse bajo una «fermosa cobertura» de estilemas y tópicos italianizantes, y otras, todavía medievales por la forma, pero cuyo contenido innovador desborda los estrechos moldes formales que aún no ha sabido romper.

A esta segunda categoría pertenece la obra de Gil Vicente, que a pesar de escrita exclusivamente en los metros antiguos y con un vocabulario tan exiguo en portugués como en castellano, chorrea viveza y energía ya inconfundiblemente encauzadas hacia el futuro. Si los nuevos horizontes que parece haber vislumbrado resultaron finalmente inalcanzables (como suele suceder con los horizontes), la culpa no fue suya sino de fuerzas históricas ajenas a su voluntad.

Otro ejemplo de vino nuevo en odres viejos —de renovación y evolución subyacentes encubiertas por una superficie formal ilusoriamente está-

---

4. «On the Current State of the Theory of Theater» (1941), *Structure, Sign, and Function: Selected Essays by Jan Mukařovský*, sel. y tr. J. Burbank y P. Steiner, Yale, 1978, págs. 205-206 y 211.

tica— es la novela de caballerías, cuya gran moda tardía empieza a cobrar velocidad a la par con el arranque de la carrera teatral de Vicente, en la cual había de influir decisivamente. La naturaleza y el sentido de este influjo, y sus consecuencias para la configuración estructural e ideal de la comedia vicentina, son el tema de lo que sigue:

1

Cuando don Quijote observa (II, 6) que «no todos los caballeros pueden ser cortesanos, ni todos los cortesanos... caballeros», porque «no todos son corteses», lo que esto quiere decir es simplemente que en el curso del secular debate entre las armas y las letras, es decir entre caballeros y clérigos, la caballería ha acabado por transformarse en cortesanía, del mismo modo que los clérigos ya se habían convertido en literatos: el *clergé* en *clergie*. Los dos lados de la que fue siempre, en el fondo, la misma moneda, han quedado tan desgastados que ya casi no se distinguen uno del otro.

Esa moneda sólo había podido correr durante tanto tiempo gracias a la loable tenacidad de los países ibéricos en mantener vivas y en constante renuevo, hasta introducirlas en el seno mismo del Renacimiento, las modas, actitudes y estructuras culturales de la Edad Media. Como muy bien vio Curtius, este célebre «desfasamiento cultural ibérico» —objeto también de estudios fundamentales de Dámaso Alonso— no tiene nada que ver con la esclerosis intelectual que hizo estallar la Península a partir de mediados del siglo XVII. Al contrario, se trata más bien de una prueba de la persistente vitalidad —en la literatura sobre todo— de los temas y géneros característicos de la cultura ibérica *medieval*. En realidad, es precisamente la simbiosis de estos elementos con los que ya mucho antes los habían desalojado en el resto de Europa, lo que da al Renacimiento peninsular un sello y un sabor únicos.

Lo que pasa, en efecto, es que la distinción entre cara y cruz, entre caballería y *courtoisie*, se vuelve en gran parte una distinción entre géneros literarios: aquélla se refugia en la prosa de las novelas de caballerías —los *Amadises*, los *Palmerines*, y su numerosa prole— mientras que esta se difunde largamente a través de las abultadas antologías poéticas de la Corte, como el *Cancionero general* castellano de 1511 o el *Geral* portugués de 1516, y de los más delgados cancioneros particulares de los poetas cortesanos individuales.

Uno de éstos es Gil Vicente, que se estrena exactamente en el *Cancioneiro Geral*. Sólo llegará a tener su propio libro un cuarto de siglo después de morir; pero mientras tanto se habrá consagrado como primer dramaturgo, cronológicamente hablando, de su país. Cualitativamente lo es todavía. Pero como empresario encargado de la organización de todos los espectáculos públicos y teatrales de la que era en su tiempo la corte más opulenta de Europa, Vicente era en el fondo una especie de funcionario público, más que un verdadero cortesano de derecho[5]. De este *status* ambiguo, simultáneamente marginal y privilegiado, supo no obstante sacar el partido posible, haciendo un papel de *faux naïf* altivamente tolerado por auténticos ingenuos que nunca se dan cuenta cabal de su mañosa subversión de las más sagradas *idées reçues* cortesanas.

El conjunto de la obra vicentina se presenta bajo el aspecto de una reconciliación global de aparentes oposiciones que se revelan como complementarias, a veces incluso como mitades simétricas de una totalidad subyacente que, a semejanza del andrógino de Platón, se trataría de reconstituir. El caso más obvio es el de las numerosas piezas geminadas, una en castellano y la otra en portugués, o una religiosa y la otra secular. Pero habría que tener en cuenta también el procedimiento innovador que es la refundición en forma dramática y versificada de un contenido extraído de las novelas de caballerías, en prosa.

Si la dramatización de una novela (o más a menudo su adaptación al cine o a la televisión) es hoy un ejercicio cotidiano, semejante ajuste era novedad en el siglo XVI. Sin embargo, la confluencia de los dos géneros en Gil Vicente no es simplemente el estreno de una nueva técnica: es al mismo tiempo el equivalente literario —y las piezas que de ella nacen son el producto concreto— del largo proceso que había llevado a la convergencia de caballería y cortesanía. Vicente surge, pues, como el agente catalítico de la síntesis en que reparamos hace poco, de espíritu galante, representado en principio por la poesía, y espíritu agonístico, identificado de preferencia con la prosa.

Entre las comedias de Vicente inspiradas por novelas de caballerías se cuenta la más elaborada y ambiciosa de sus obras, *Don Duardos*, que es también, en las palabras de Dámaso Alonso «una de las obras más poéticamente bellas» de toda la literatura de lengua castellana. Es poética, en primer lugar, exactamente por inscribirse no sólo genética sino de algún modo hasta genéricamente en el ámbito de la novela. La paradoja es sólo aparente. Extraído de la novela en prosa de *Primaleón*, el *Don Duardos* no hace más que restituir a la temática novelesca la opción del verso, que siempre había pertenecido a aquel género desde el momento en que se emancipó de la epopeya, cuatro siglos antes, en el *Roman d'Alexandre*.

El *Don Duardos* puede por tanto considerarse hasta cierto punto un *poema*, en el sentido que esta palabra aún tiene, por ejemplo, en italiano: o sea, una composición en verso, relativamente extensa, con un protagonista

5. Es aleccionador a este respecto el caso análogo de William Cornish, músico de la corte inglesa contemporáneo de Vicente: cf. John Stevens, *Music and Poetry in the Early Tudor Court*, Methuen, Londres, 1961 (referencia que agradezco a Thomas Hart).

y un argumento nobles. Entre los elementos facultativos comunes al poema épico y a la novela poemática, no le faltan ni el exotismo histórico y geográfico (escenas en la corte del Imperio bizantino, alusiones a la Turquía, a «un rey moro», etc.), ni los combates y duelos más o menos ariostescos, ni los motivos arquetípicos como la Busca y el Cáliz.

La verdadera poeticidad depende menos de motivos que de motivaciones, menos de la forma que del espíritu que la informa. Pero no podemos prescindir de un brevísimo resumen formal de esta pieza, de la cual se ha dicho que no hay por ventura ninguna otra escrita en castellano en el siglo XVI con una urdimbre lírica y temática tan tupida[6]. Por eso mismo la he escogido para ejemplificar la configuración de la comedia vicentina.

El príncipe Duardos de Inglaterra llega a la corte de Constantinopla, y apenas llega cuando llega a penas, enamorándose luego de la infanta Flérida, hija del Emperador Palmerín. Sin revelar su identidad, vuelve a partir acto seguido para solicitar la ayuda de la maga Olimba como medianera. Esta le regala unas monedas de oro y un cáliz encantado, aconsejándole a disfrazarse de villano para trabajar en la huerta de la princesa. Habiendo convencido al jardinero y a su mujer a recibirle como ayudante con la promesa de compartir con ellos el tesoro supuestamente enterrado en la huerta, don Duardos consigue, después de varios encuentros aparentemente infructíferos, idear un ardid para inducir a la infanta a beber del cáliz y enamorarse también de él —lo que en realidad ella ya estaba a punto de hacer sin necesidad de ayudas mágicas.

Henos, pues, ante una confrontación dialéctica amorosa. Porque si es inconcebible que la hija de un emperador se una a un villano, por más agradables que sean su persona, sus maneras o su discurso galante y melancólico («que siempre tienes ligera / la respuesta enamorada», protesta la infanta), don Duardos, no obstante, se empeña en ser aceptado exclusivamente en virtud de esas mismas cualidades. El resto de la comedia se dedica por entero a la resolución de este *impasse*: una resolución lenta y cuidadosamente escalonada, conducida con una extraordinaria riqueza y delicadeza de matices psicológicos; y la síntesis final se efectúa mediante la aceptación por Flérida de que «el Amor es el Señor / deste mundo», seguida de la revelación de la verdadera identidad de don Duardos y de la partida de los dos enamorados para Inglaterra, donde Flérida será dueña de feéricos palacios de oro y plata y de jardines aún más frescos y hermosos que los que acaba de abandonar.

Así termina la historia de don Duardos y la infanta Flérida. ¿Qué sacamos en limpio de ella, y de la forma en que se desarrolla?; o sea, en términos formalistas, de su *fábula* y su *syuzhet*[7].

---

6.   E. L. Rivers, «The Unity of *Don Duardos*», *Modern Language Notes*, 1961, pág. 766.
7.   Para el formalismo ruso la distinción entre los sucesos de una historia en su secuencia natural (pertenecientes al «eje de la selección») y la disposición artística de los mismos (correspondiente

2

En mi libro *Gil Vicente: espíritu y letra*[8] he intentado analizar la configuración interna —el «ritmo» común, y propiamente dramático— de cuatro de los mayores autos religiosos de Gil Vicente. Para hacer lo mismo con su más bella obra profana tendré que resumir ciertos conceptos expuestos más pormenorizadamente allí.

Nuestra vida mental puede figurarse como un proceso cíclico de aprendizaje en que, como dijo Goethe, «el último problema a ser resuelto descubre siempre otro por resolver». Y no sólo la vida mental sino la totalidad de la vida humana, pues vivir (para citar ahora a Ortega) «es no tener más remedio que razonar ante la inexorable circunstancia». Este ritmo dialéctico y agonístico, como función inmanente del cerebro, sirve igualmente bien para la física nuclear como para la mística, o para el arte. Huizinga, por cierto, lo aduce como ejemplo del carácter lúdico de la cultura en general; y para Anton Ehrenzweig, la creación artística es un proceso en que el artista, en busca de un orden escondido, sale del choque con el «caos de la indiferenciación» enriquecido por una visión de formas potenciales que, al ser realizadas, constituyen su obra.

El drama, como obra de arte, posee por lo tanto un ritmo coincidente con el de la intelección y de la vida misma, concebida como *acción* —el «quehacer dinámico» de Ortega— que engloba y reproduce en escala mayor un sinnúmero de acciones menores. El teatrólogo Francis Fergusson distingue en este ritmo tres momentos: *Proyecto, Pasión* (el choque penoso con la «inexorable circunstancia») y *Percepción*. Así como el proceso de aprender supone un fondo de datos ya adquiridos, la «acción» que, según Aristóteles, el drama imita, se verifica en el contexto de un esquema preexistente de valores sociales convenidos, designado por Fergusson como *Vía*. La formulación más sucinta del Proyecto se debe a Stanislavski, que enseñaba a sus alumnos de Moscú a resumirlo en un solo infinitivo, con sus eventuales complementos: para Edipo o Hamlet, por ejemplo, «descubrir la causa oculta del mal que aflige al reino». La acción o *prâxis* aristotélica, por su parte, podríamos considerarla como la traducción de ese infinitivo al modo indicativo.

Si del ritmo Proyecto → Pasión → Percepción extraemos uno de los ciclos individuales de que se compone, este nos parecerá más bien una sencilla

al *mýthos* aristotélico y atribuible al «eje de la combinación») se refería en principio a la narrativa; para su aplicabilidad al drama ver Keir Elam, *The Semiotics of Theatre and Drama*, Methuen, Londres y Nueva York, 1980, págs. 119-120.

8.   Tomo I, *Estudios*, Gredos, Madrid, 1977, caps. II-III. Citaré el *Don Duardos* por la edición diplomática incluida en este libro, modernizando sólo la puntuación, la división de palabras y el uso de mayúsculas. Cf. también la refundición ampliada (pero sin el *Don Duardos*), *Espírito a Letra de Gil Vicente*, Imprenta Nacional, Lisboa, 1983.

progresión ascendente: de la ignorancia al entendimiento, del caos al orden, del vacío de una obra de arte en potencia a su realización. La progresión mayor que constituye el armazón de una obra suele ser analizable a su vez en ciclos o episodios menores que la reproducen en miniatura, anticipando el esquema genérico y preparando el espectador, subliminarmente, para reconocerlo. Si la *prâxis* es la traducción al indicativo del infinitivo que resume el Proyecto, el argumento o *mŷthos* es la serie de episodios individuales —la fábula— en que esta traducción se lleva a cabo, dispuestos en un orden y una forma —el *syuzhet*— apropiados al efecto.

. Los medios de realización y manifestación de este ritmo inmanente son en principio el argumento, las palabras y los personajes. Con estos últimos podrían agruparse los otros elementos visibles y tangibles de la representación escénica: decorado, vestuario, *attrezzo*, etc. De la misma manera pueden tenerse en cuenta, junto con las palabras, o significantes rigurosamente lingüísticos, los significantes parciales legítimamente deducibles de éstos, como el tono y la inflexión de la voz y la mayor o menor intensidad de la recitación[9]. El propio argumento, a su vez, moviliza a los actores en salidas y entradas, encuentros y desencuentros, juntándoles y separándoles otra vez en un constante entrecruzar de líneas de fuerza cinéticas; y moviliza asimismo las palabras para acelerar o retardar la acción, enderezando y enmarañando por turnos la sintaxis dramática con entendimientos y desavenencias.

Argumento, personajes y palabras tienen todos su respectiva manera característica de revelar la vida interior del drama. Para penetrar hasta el escondido centro vital del *Don Duardos* y reconocer su Proyecto, y la acción dramática que éste desencadena y orienta, tenemos que empezar por preguntarnos cómo los *ejemplifica* el argumento; cómo los *encarnan* los personajes; y cómo —abiertamente o, mediante imágenes y símbolos, encubiertamente— las palabras los *significan*.

3

¿Qué significan, en efecto, aquel *hortus conclusus* —aquella «huerta muy guardada» que Flérida sin embargo acaba por desamparar— y el «muy terrible thesoro»´que allí se esconde? ¿Qué significan la atmósfera de misterio y de maravilla que impregna los diálogos en el jardín, flotando

---

9. Como señala Mukařovský, 212 (cf. supra, n. 4), «el actor... acentúa ciertos aspectos de la obra... y apaga otros..., escogiendo su propia manera de tratar el "significado oculto" del texto: el significado que no puede ser explícitamente expresado en el diálogo, pero que no obstante pertenece al drama. El autor sólo es dueño de la palabra escrita»: es decir, de los significantes puramente lingüísticos. Si por «actor» leemos «lector», esta observación de 1941 anticipa obviamente algunas tesis de los actuales «deconstruccionistas». Tiene además importantes implicaciones para el concepto —bastante más complejo de lo que a primera vista parece— de plagio. Para Borges, por ejemplo, el autor sólo sería dueño de los *significados*.

alrededor de las palabras de los apasionados infantes como el perfume de naranjos en flor que se cierne sobre elios en las tardes ardientes; y el cáliz dorado: «copa tan preciosa», aunque no tanto como «la voluntad que la dora» (o *adora*[10])? Ante un simbolismo al mismo tiempo tan denso y tan diáfano, la pregunta parece doblemente fuera de propósito.

«Tierna y diáfanamente bella..., carnal y etérea a la vez», he llamado a esta pieza en otra ocasión. La diafanidad se debe en gran parte a la casi inexistencia de la metáfora, substituida poco menos que invariablemente por el símbolo. En parte se debe también a la pobreza (que más valdría calificar de *sencillez*, ya que no implica cualquier falta de agilidad o energía) del vocabulario, de las rimas y de la métrica. No hay en el *Don Duardos* ningún «velame degli versi strani» que esconda el significado: el velo es en efecto tan sutil, la superficie del texto tan lisa y tan transparente, que es como si viéramos *a través* de las palabras sin verlas: como si estableciéramos un contacto directo con el significado sin tener que pasar por los significantes. O bien como si éstos, de acuerdo con el ideal semiótico taoísta enunciado en el siglo IV antes de Cristo por el sabio Zhuangzi, debieran ser echados después de cumplir su función:

> La red sirve para llegar al pez: prende el pez y olvida la red. El lazo sirve para llegar al conejo: prende el conejo y olvida el lazo. Las palabras sirven para llegar a la idea: comprende la idea y olvida las palabras...[11]

Diafanidad y ternura. De ternura (y aun de «poesía») habló Dámaso Alonso al señalar que el *Lazarillo de Tormes* era la primera obra en prosa que pinta un personaje humilde visto no *de haut en bas* —fuese como figura cómica, como ejemplificación de alguna tesis moral o religiosa, o como mera piedra de toque para realzar las cualidades de grandeza, generosidad y nobleza de los personajes principales— sino sencillamente como un ser humano, capaz de los mismos sentimientos e incluso de la misma profundidad psicológica que éstos.

Ahora bien, Gil Vicente, tres décadas antes de la prosa del *Lazarillo*, ya había hecho otro tanto en los versos del *Don Duardos* en que el viejo

---

10. Errata de la 2.ª ed. de la *Copilaçam* — donde, irónicamente, se ha colado este ejemplo involuntario de las hipérboles sacrílegas que aquella edición suele extirpar con especial cuidado.

11. Zhuangzi, cap. 26. «Prender» y «Comprender», en mi traducción, representan el mismo verbo, *dé* («conseguir», «obtener»), del texto chino (copia amablemente facilitada por Arthur Cooper).

Para Valéry, la función atribuida por Zhuangzi a las palabras era la marca distintiva de la *prosa*: «Je vous parle, et si vous avez compris mes paroles, ces paroles... sont... remplacées par... des images...; vous posséderez alors de quoi retransmettre... ces images dans... une forme de langage différente...: dans les emplois pratiques... du langage, la forme sensible... ne survit pas à la compréhension...; aussitôt que cette forme sensible prend... une importance telle qu'elle s'impose..., nous entrons dans l'univers poétique» (*Oeuvres*, ed. J. Hytier, Pléiade, Paris, 1957: «Poesie et pensée abstraite», págs. 1325 y 1326, referencia que debo a Thomas Hart). Esta distinción no parece enteramente aplicable a Gil Vicente.

hortelano Julián y su mujer Costança maravillándose de la súbita feracidad casi feroz de la huerta (el rosal y el jazmín, los granados, los membrillos que ya colorean, los naranjos, perales y manzanos —«y todo tan florecido» sólo «dende ayer»—), entremezclan exclamaciones de pasmo con enternecedoras expresiones de cariño («mi amor», «mi corderito», «mi alma», «más florida estáis vos»), hasta que, a la hora de acostarse, Julián canta una canción de antaño tan nostálgica que Costança exclama: «Como os oyo cantar llórame ell ánima mía».

Lo notable de esta escena es que, contra todas las normas del amor cortés, la exposición y la síntesis poética de un tan vasto y delicado problema metafísico como el del Tiempo que hace florecer la huerta y el amor sólo para marchitar luego a los enamorados (mientras la huerta sigue floreciendo triunfalmente de primavera en primavera) son confiadas a los dos personajes menos cortesanos de la pieza. En cambio este complejo y atenazador enigma de la relación entre el Tiempo, el Amor y la Muerte, que ha hecho llorar más almas que la de Costança, no afecta en lo más mínimo a los dos protagonistas nobles, triplemente encastillados en el círculo mágico de su juventud, su obsesión amorosa y su calidad de representantes de una situación «arquetípica» perenne. [12]

Pero no por eso dejará Vicente de efectuar una significativa innovación también en el caso de estos dos personajes, al introducir todavía otro aspecto de la ternura que las convenciones vigentes desconocían. Ya que el papel del caballero en el amor cortés, según las reglas del juego, es el de un fidelísimo vasallo de su dama, y por tanto una víctima paciente y sufrida de sus caprichos más arbitrarios y despiadados, se sigue que por la naturaleza misma de la relación (como quien dice por los términos del contrato) ella puede ser objeto de devoción, de reverencia, de miedo, de todo, menos de *piedad*. Y don Duardos, *preux chevalier sans peur* (a no ser de Flérida) *et sans reproche*, conoce perfectamente las reglas del juego. ¿Cómo no las había de conocer, si constituyen exactamente el código de valores establecidos —la *Vía*, como diría Francis Fergusson— del caballero cortesano? Pero desde el momento en que se da cuenta, estupefacto, de que ella *no* las conoce, y que sufre de veras («herida / de tal dolor como

---

12.   La sugestividad realzada de ciertos motivos de la pieza viene de su relación «intertextual» con los del folklore universal: por ejemplo, la ayudante mágica que da consejos y auxilio material al héroe; los palacios de cristal y piedras preciosas que éste posee (como los del romancero, que «altos son y relucían»): el disfraz humilde (o monstruoso, de rana o dragón) que tiene que asumir; y sobre todo la princesa obligada por un obscuro e irrecusable llamamiento a separarse de sus padres y partir hacia lo desconocido: *rite de passage* a la vida adulta y «misterio de transfiguración... que equivale a un morir y un nacer» (Joseph Campbell, *The Hero with a Thousand Faces* (1949), Meridian, Nueva York, 1956, pág. 51; cf. también págs. 49-53).

Al mismo contexto pertenece el perturbador episodio del caballero salvaje Camilote, cuya muerte, de manos de don Duardos (y ligada inmediatamente al abandono, por éste, de su disfraz), representa el exorcismo —imprescindible para la realización del Proyecto de la pieza— de un «arquetipo de corrupción»: cf. mi *Gil Vicente: espíritu y letra* (cit. supra, n.8), págs. 85-87.

yo, / tan estraño»), él también las olvida. En adelante, además, no le
harán falta, pues ya no se trata de un juego, o por lo menos del mismo
juego que antes.

Ni de un objeto tampoco. De repente, Flérida ha pasado a ser, o más
bien a ser reconocida como siendo (pues en realidad siempre lo fue) un
sujeto, con su propia y plena autonomía. «Perdida de dolor / la cobraréis»,
la maga Olimba había prometido a Don Duardos; ahora quien se siente
perdido es él, pero de remordimiento («que lo que me satisfaze / m'atro-
menta», según confiesa); porque acaba de comprender que todos los métodos desleales utilizados hasta este momento —los ardides, la copa encanta-
da, el filtro de amor, toda la ayuda «sobrenatural», en suma, que Olimba
le había otorgado— tenían por fin exactamente la conquista de un objeto.

De ese proyecto inicial de Don Duardos había resultado ya una pasión
interina, como él mismo reconoce al procurar el auxilio de la infanta he-
chicera:

> Después que a Flérida vi
> [...]
> perdí la cuenta de mí
> y cobré esta passión.
> [...]
> Dezidme, señora Iffanta:
> Flérida, ¿cómo la aueree?

A esta pasión estéril —pues no provocó una correspondiente percepción—
ha sobrevenido ahora otra más grave, acarreando, junto con la atrasada
percepción de que las reglas usuales no sirven, la aún más deslumbrante
de la existencia de Flérida como otro yo.

Una vez comprendida la idea, es el momento de olvidar no sólo las
reglas sino también, como quería el sabio taoísta, las palabras anteriores,
y de adoptar otras más apropiadas a un nuevo y más arduo proyecto, y a
la caza de una nueva presa infinitamente más esquiva: nada menos que el
libre consentimiento de otro sujeto libre. Al soliloquio sucede ahora el
coloquio; al monólogo y al discurso retórico, el diálogo y la dialéctica mediante la cual la tesis de Don Duardos y la antítesis de la infanta acabarán
por resolverse en una síntesis satisfactoria a los dos participantes.

4

Comparados con la variadísima sucesión de personajes femeninos llenos de vivacidad y brío, y a menudo dotados de una sorprendente complejidad psicológica, los protagonistas masculinos de Gil Vicente son por la
mayor parte figuras de cartón. El autor habría explicado tal vez, con Don
Duardos, que «no es de mi condición / de mirar a caualleros / sino a damas».
En todo caso éste, con su asombrosa revelación de Flérida como mujer de

carne y hueso que sufre y llora, es una flagrante excepción a la norma. Y esa revelación personal e individual nos lleva a otra percepción más universal.

Existe un fenómeno que se llama «la Mujer». *Magna Mater* o Monroe, *ewig-Weibliches* o *Belle Dame sans Merci*, Calipso o Kali. Es decir, la Mujer vista (conjeturada, barruntada, codiciada, temida, inventada) por los hombres. Es que los hombres, a lo que parece (a ellos, por lo menos), necesitan del Misterio. El por qué, es otra cuestión. De cromosomas, tal vez; o de glándulas. Seguramente de lecturas también. Y de pereza. Y de miedo. Inventar *la Mujer* objeto, nos ahorra el esfuerzo que supone la complicadísima relación con *las mujeres* (más complicada aún: con *una* mujer) de carne y hueso, incómodamente autónomas y con sus propias exigencias. Desear lo imposible («por lo impossible andamos, / no por ál», proclama Don Duardos poco antes de su gran revelación, y todavía empeñado en su proyecto errado) constituye una póliza de seguros al mismo tiempo contra el riesgo de una decepción con el objeto, una vez alcanzado, y contra la humillante eventualidad de descubrirnos inadecuados.

La percepción más amplia y genérica que la revelación meramente personal de Don Duardos nos proporciona es que después de todo no hay peligro de que la etérea y enigmática Mujer, despojada de su mayúscula, lo sea por eso de su misterio también. Al contrario, es después de libertada de cuanto, en ese misterio, no era en el fondo más que mistificación, cortina de humo autodefensiva o proyección de fantasías masculinas, que ella surge más misteriosa que nunca. Cuanto más diáfano está el cielo, más conscientes seremos de su infinidad; cuanto más límpida el agua, más fácilmente nos daremos cuenta de su hondura. Nausicaa, en último análisis, no es menos misteriosa que Calipso.

Digo bien «en último análisis»; porque es precisamente cuando la mujer abandona sus últimos secretos —cuando desguarnece (*analúei*) sus últimas defensas, sin esconder ni regatear ni denegar ya nada, y se desnuda de todos sus encantos aprendidos (o impuestos por los hombres) y de todas sus coqueterías, aun los *bijoux sonores* más inocentes— que empezamos a vislumbrar, detrás del velo cada vez más tenue, el auténtico misterio.

Adormecida en los brazos de Don Duardos en la galera que la lleva «a tierras extrañas»; habiéndole confiado, junto con su persona, su «estado y merecer» —es decir la dignidad de princesa y la fama de honrada que son para ella, como la caballería para él, la *Vía*, el fondo de valores indiscutibles en que estriban su comportamiento y su identidad social— Flérida, paradójicamente, no sale de manera alguna disminuida de esta aparente capitulación. Momentos antes todavía preguntaba, entre indignada y suplicante:

¿Queréis vencer mi pelea,
y no queréis que me tema
de mi daño

¿Queréis que pierda ell amor
a mi padre y a mi señora
y al sossiego,
y a mi fama y a mi loor,
y a mi bondad que se desdora
en este fuego?

Pero su pelea con Don Duardos está a punto de terminar. Tal como antes él, ella acaba de enfrentarse con una Pasión que la obligará a cambiar de proyecto. «¿Qué seraa de mí», pregunta ahora, «pues que amar y resistir / es mi passión?».

Tal como para él también, la renuncia a un proyecto errado llevará a la realización de ese mismo proyecto, reformulado correctamente. Don Duardos se propone conquistar a Flérida, entendida como objeto; y acaba por conquistarla, pero sólo después de su percepción de ella como persona. Ella se esfuerza por descubrir la «identidad» de Don Duardos, entendiendo por eso su jerarquía social; y la descubrirá, pero sólo cuando ya no le importa, porque mientras tanto habrá llegado a la percepción de que «el estado / no es bienauenturado: / que el precio estaa en la persona».

No se trata, pues, de una verdadera capitulación a la voluntad de otro, sino de una resolución perfectamente consciente y espontánea, a la cual Flérida se compromete por voluntad propia, *sin saber aún quién es Don Duardos*, y de la cual asume entera responsabilidad: «entrégome... *por mi mano*». Además, no es a un hombre, como tal, al que ella se entrega, sino a la Fortuna, deliberadamente escogida como única guía, y al poder soberano del Amor mismo, expresamente reconocido como «Señor / deste mundo»; pues «Al Amor y a la Fortuna, / no ay defensión ninguna».

Esta nueva percepción no es privativa de Flérida. Coincide con la de la comedia entera, cuyo proyecto global podríamos resumir en la frase «cumplir la ley del Amor», y cuya Vía es precisamente esa ley definitiva, como las de Don Duardos y Flérida habían sido los códigos provisionales, ahora derogados, de la Caballería y del Decoro.

Resguardado así, mediante el cumplimiento de una ley trascendente, lo esencial de su autonomía respecto de Don Duardos, Flérida consigue ser al mismo tiempo la «milagrosa princesa / diuinal» que él había adorado al principio y, sin desdoro, la mujer real de carne y hueso de quien tuvo después la súbita revelación. Es a partir del momento en que la mujer se asume, sin más, como ella misma, y afirma tácitamente «yo soy *solamente* lo que soy, y lo que soy es solamente lo que ves», que nos encontramos parados en definitiva en la orilla del misterio extremo y de veras insondable de lo que ella *es* en sí misma, en el cierne finalmente inviolado de su intimidad. Un poco como una poesía que, despojada de todos sus artificios retóricos por la más minuciosa y penetrante *explication de texte*, continuase aún («en último análisis») serenamente inexplicable.

5

La configuración de la comedia vicentina —señaladamente la del *Don Duardos*— no se limita, desde luego, a su ritmo constitutivo particular. Este, como la estructura de cualquier obra, refleja la circunstancia y las preocupaciones vitales de una mentalidad estructurante. La circunstancia vital de Gil Vicente (que a veces, sin duda, debía de parecerle «inexorable») era la Corte, cuyas preferencias literarias se dividían entre la novela de caballerías y la poesía cancioneril del amor cortés.

Sería difícil citar, entre la media centena de obras de Vicente, una sola pieza sin algún elemento o caballeresco o cortesano. Si el argumento tiene con frecuencia puntos de contacto con la novela de caballerías, las situaciones y motivos aislados se remontan a menudo a los villancicos y cantigas del vasto repertorio retrospectivo de la poesía de corte del siglo XV que es el *Cancioneiro Geral*, heredero a su vez de la tradición de vía provenzal, surgida a principios del siglo XIII, de la cantiga de amor. Lo que es significativo es que la mayoría de estos motivos —en particular las cantigas pretendidamente cortesanas que figuran en numerosas piezas vicentinas— son en realidad parodias de la manera típica de la verdadera poesía cancioneril, y que las situaciones que aquellas cantigas acompañan y comentan como una especie de contrapunto son ellas mismas otras tantas caricaturas de las que esta poesía habitualmente describe.

Sin embargo, la parodia y la sátira social, a pesar de su papel de relieve en la dramaturgia de Vicente, constituyen en cambio un aspecto bastante secundario de su poesía. Las situaciones y acciones dramáticas correspondientes a ese aspecto dependen de una mentalidad cortesana que podríamos comparar a la de Don Duardos antes de su «revelación». Pero su estado de ánimo *después* de aquella inesperada iluminación se relaciona aún más estrechamente con otra gran corriente lírica medieval, complementaria y contemporánea de la cantiga de amor. Porque es precisamente en la poesía vicentina que la cantiga de amigo (que había emergido de la tradición oral para gozar el favor de los poetas de la Corte durante un siglo y medio hasta pasar de moda en mediados del siglo XIV, sumiéndose otra vez en la oralidad) renace en espíritu y, en cierta medida, incluso en la forma.

Según Dante (*VN*, 25), la poesía en lengua vulgar debe su origen a un poeta «che volle fare intendere le sue parole a donna, alla quale era malagevole ad intendere i versi latini». Lo notable del cancionero de amigo es el empeño concertado de unos cien poetas, a lo largo de casi una centena y media de años, en la empresa común de imaginar las palabras que la *donna* diría si fuera ella quien hacía los versos. Debe de ser este el primer caso (en la literatura occidental, por lo menos[13]) de un esfuerzo colectivo

---

13. En la China (donde la mayoría de los experimentos culturales y políticos del Occidente han sido ensayados ya dos o tres veces) la cantiga de mujer cuenta con centenares de ejemplos durante

y persistente para escaparse de la cárcel sofocante del yo, experimentado como identidad sexualmente definida: esto es, como identidad definida por su sexo, y cuyo sexo es, él mismo, definido. Y es justamente esta aventura poética y psicológica *démodée* que Gil Vicente recupera de la tradición oral, al retomar a su manera muy personal la tentativa de salir del yo estrechamente masculino y de penetrar —sin agresividad, y con una delicadeza y un tacto extremos— en el cierne mismo del Eterno Femenino: aquel cierne inviolado donde (para adoptar una frase de Henri Bosco) «la fleur est toujours dans l'amande».

El hombre que escribe valiéndose de una *persona* femenina es doblemente un hombre que juega. Asumir la voz de una joven mujer enamorada es ya una forma de jugar, en el sentido de *jouer un rôle (play a part; eine Rolle spielen)*; proyectarse en imaginación en la intimidad psíquica y sentimental de esa mujer es también jugar, ya que implica necesariamente los elementos de ilusión (*in-ludere*) y de duplicidad (esto es, de desdoblamiento de la personalidad) que algunos teóricos consideran inherentes a todo juego, más el «vértigo» señalado por Roger Caillois como uno de los componentes de lo lúdico[14]. Porque en el fondo es de un juego muy serio de lo que se trata: un juego hasta peligroso, en la medida en que aquel desdoblamiento, obligando al poeta a asumir, junto con una voz ajena, la porción de feminidad que existe en él, puede parecer amenazar la entereza de su propia identidad. Por tanto «un juego noble, con reglas edificantes y heroicas», ni más ni menos que la caballería misma, así descrita por Huizinga, y de la cual este otro juego es en cierto modo la desmistificación, incluso con la misma eventual euforia de la «dificultad superada»: del éxito de la Busca.

La salida del yo es una condición *sine qua non* de la Busca primordial, que es la del yo reencontrado. «Enfermé dans L'être», dice Gaston Bachelard[15], «il faudra toujours en sortir. A peine sorti... il faudra toujours y rentrer». Ni la salida ni el regreso se efectúan nunca sin miedo, sin riesgo, sin dolor — en fin, sin pasar por el fuego, como Dante en el umbral del Paraíso Terrestre: «più non si va, se pria non morde / ...il foco» (*Purg.* 27).

El mito del Paraíso Terrestre, como arquetipo universal, logra su plena realización poética en Dante. Pero un mito, en el fondo, no es más que un *tema*: una línea melódica que exige, tanto como la plenitud de una realización orquestada, el libre desplegarse de un haz de potenciales variaciones. La linearidad del mito cede lugar entonces a la plurivalencia del símbolo:

---

varios siglos: prueba de ello es la gran antología *Yu tai xin yung* (tr. Anne Birrell, *New Songs from a Jade Terrace*, Allen & Unwin, Londres, 1982), compilada a mediados del siglo VI como muestra de la poesía erótica del medio milenio anterior.

14. Para un resumen de la teoría del juego en su relación con el amor cortés, ver Roger Boase, *The Origin and Meaning of Courtly Love*, Manchester University Press, 1977, págs. 103-107.

15. *La poétique de l'espace* (1957), PUF, Paris, ⁵1967, pág. 193.

el Paraíso Terrestre engendra por un lado el jardín encerrado del *Canticum Canticorum* y por otro el topos grecolatino del *locus amoenus*; y ambos vuelven a subdividirse nuevamente. Este, recinto natural idealmente propicio al amor, se transforma con el tiempo en paisaje-metáfora de un cuerpo de mujer: el *hortus conclusus*, en cambio, es ya disémico en la Biblia, donde —tal como la huerta de Flérida— designa simultáneamente el jardín y el cuerpo de la amada.[16]

El yo verdadero quizá no se encuentre nunca excepto bajo la forma del Otro: como adversario, en el combate; como complemento, en el amor, que es también, a su manera, un combate y una dialéctica. La Busca acaba como empezó: en el espacio cerrado que define el campo de acción de todo juego, de todo combate, y aún —como dice un poeta brasileño— «dêsse amor que move as estrelas / e fecha os amantes num quarto».[17]

* * *

Así, pues, en el *Don Duardos*, caballería y cortesía se vuelven a fundir; pero ya depuradas de todo cuanto, en el juego que ambas son, no era serio: de todo cuanto, en una palabra, era tan sólo *literatura*, y no poesía. Poeta ante todo, Gil Vicente encarna un momento único y efímero que posibilitó la síntesis de toda una serie de otros fenómenos complementarios: Edad Media y Renacimiento, drama religioso y teatro secular, prosa de las fuentes y verso de los textos, castellano y portugués, lo agonístico y lo erótico, el hombre que escribe y la mujer a quien, a fuerza de imaginación, se afana por conocer en la realidad de lo que ella es, a fin de conocerse a sí mismo.

Camões también, medio siglo después, comprenderá que es «por virtude do muito imaginar» que, como Petrarca ya había dicho, el amante se transforma en lo que ama. Pero Vicente, entretanto —esto es, entre 1536, año del establecimiento de la Inquisición en Portugal, y 1540, año del primer auto de fe— habrá desaparecido de la escena, y el frágil equilibrio que su momento histórico le permitió crear habrá cedido el paso a lo que ese mismo Camões había de apostrofar lapidariamente como «uma austera, apagada e vil tristeza».

---

16.   Para el *hortus conclusus* como metáfora y metonimia de Flérida, cf. Dámaso Alonso, ed. del *Don Duardos*, CSIC, Madrid, 1942, pág. 22; y Thomas R. Hart. *Gil Vicente: Casandra and Don Duardos*, Grant & Cutler, Londres, 1981, págs. 40-42. La visión del cuerpo femenino como «paisaje» es un topos (si no un arquetipo) ampliamente difundido: para otros ejemplos literarios (de la Isla de los Amores camoniana al soneto «La Géante» de Baudelaire y a la poesía «Paisaje» del japonés contemporáneo Horiguchi Daigaku) y visuales (los dibujos «Cascade», de André Masson, y «Landscape Figure», de Peter Reddick, etc.), cf. mi ensayo «A Ilha dos Amores: Metáfora e Metonímia», en *A Viagem de «Os Lusíadas»: Símbolo e Mito*, ed. Y. K. Centeno y Stephen Reckert, Arcádia, Lisboa, 1981, págs. 142-143.

17.   Lêdo Ivo, *Um Brasileiro em Paris O Rei da Europa*, Orfeu, Río de Janeiro, 1968, pág. 44: «O Sol dos Amantes».

Algunos años más y desaparecerá también la fastuosa Corte portuguesa, único espacio teatral posible para la comedia vicentina. En adelante la Comedia, por la sabia mano gobernada de Lope, tirará por otros caminos: democratizándose en los corrales; perfeccionándose técnicamente; multiplicándose portentosamente en autores, textos, representaciones y subgéneros; y quedará apenas el recuerdo de aquel breve momento vicentino en que lo lúcido era también lúdico. Aun ese recuerdo además, quedará en forma truncada. El mismo Lope recuerda, eso sí, a Gil Vicente —pero sólo como autor de autos religiosos y no de «comedias».

LA TRAGEDIA RENACENTISTA ESPAÑOLA: FORMACION Y SUPERACION DE UN GENERO FRUSTRADO

Jean Canavaggio
Universidad de Caen

El título que lleva esta ponencia no traduce, en modo alguno, un propósito polémico: sólo pretende puntualizar nuestras dudas ante un fenómeno un tanto controvertido. Hablar de la tragedia renacentista española, en efecto, es dar por sentado que, en la España del siglo XVI, ha podido nacer y formarse, bajo el nombre de tragedia, un auténtico género nuevo: género tal vez fracasado, cifrado a fin de cuentas en un puñado de tanteos, pero dotado de caracteres propios, e irreductible a cualquier antecedente o modelo. En este supuesto, implícito hasta una fecha reciente en los estudios dedicados al teatro prelopesco, descansan los conocidos libros de Alfredo Hermenegildo: el segundo —refundición del primero— revela incluso un significativo traslado de acento desde «los trágicos del siglo XVI» hasta «la tragedia en el Renacimiento español»[1]. Sin embargo, no por ello se han dejado convencer aquéllos que, como Rinaldo Froldi, consideran que la tragedia renacentista, al menos en España, no pasa de ser un mero espejismo, una construcción ideológica generada por el patriotismo de los literatos de la Ilustración.[2]

Esta controversia, a decir verdad, se hace más difícil de elucidar en razón de la pérdida de gran parte del caudal dramático anterior a Lope. Arranca de una visión trunca, si no desfigurada, de un acervo de textos dispersos que nos esforzamos en ordenar en un panorama satisfactorio. Por lo tanto, ¿cómo colocar dentro de una misma trayectoria las veinte y

---

1. A. Hermenegildo, *Los trágicos españoles del siglo XVI*, Madrid, 1963. Id., *La tragedia española en el Renacimiento*, Barcelona, 1973.
2. R. Froldi, *Lope de Vega y la formación de la comedia*, Salamanca, 1968, pág. 95.

tantas tragedias salvadas del naufragio? *Membra disjecta* de un *corpus* de mayor extensión, se nos aparecen más bien como tentativas inconexas que se sustraen a cualquier intento de formalización. Es que en realidad, no basta determinar, en el ámbito de nuestra reflexión, si estas obras consiguieron plasmar la esencia de lo trágico, al enfrentarse sus héroes con situaciones que los trascienden, pasando de esta forma del existir al ser. Distinto es el problema que se nos plantea. Los géneros literarios, si bien constituyeron en otros tiempos modelos normativos, han venido a ser, para nosotros, categorías históricas. Desde un punto de vista descriptivo, se definen por la combinación, más o menos estable, de ciertas propiedades del discurso literario, comunes a un determinado grupo de obras[3]. En tales condiciones, ¿podemos o no comprobar esta combinación en las llamadas tragedias renacentistas? Tal nos parece ser la cuestión de fondo. O bien juzgamos, con Hermenegildo, que los rasgos comunes prevalecen sobre las diferencias, con posibles variaciones que señalan la progresiva maduración del género así deslindado; o bien consideramos, con Froldi, que son las divergencias las que predominan, revelando una dispersión de estas piezas entre prácticas sucesivas, aunque todas participen de una prehistoria multiforme del teatro áureo, en la que la tradicional distinción de géneros carece de sentido. Tanto vale decir que, en uno y otro caso, la mirada con que pretendemos examinar el nacimiento de una hipotética tragedia española, colocada dentro de una historia rigurosa de las formas, no se puede separar del enfoque retrospectivo según el cual tratamos de situarla en los orígenes de la comedia barroca. En la necesaria vinculación de ambas perspectivas estriba, a nuestro modo de ver, una aproximación correcta a esta producción fragmentada que, en varios aspectos, sigue siendo para nosotros un enigma.

* * *

La facilidad con que la crítica tradicional ha admitido, de común acuerdo, la existencia de una tragedia renacentista española, se debe, en parte, al uso constante que se hace en España del concepto de tragedia, no sólo a lo largo del siglo XVI, sino desde el segundo tercio del siglo XV. Según Corominas[4], la incorporación del término al castellano se verifica en 1438, fecha en que Juan de Mena, en la dedicatoria de la *Coronación*, concreta su significado: tras haber diferenciado los tres estilos, trágico, satírico y cómico, que «suelen usar los poetas», define «la escritura trágica» como aquella que «habla de altos hechos y por bravo y soberbio estilo», añadiendo que «puesto que comienza en altos principios, su manera es acabar en

---

3. Vid. R. Wellek y A. Warren, *La théorie littéraire* Paris, 1971, págs. 318-335; O. Ducrot y T. Todorov, *Dictionnaire encyclopédique des sciences du langage*, Paris, 1972, págs. 193-201.
4. J. Corominas, *Diccionario Crítico Etimológico de la Lengua Castellana*, Madrid-Berna, 1954-1957, t. IV, pág. 531b (*sv.* Tragedia).

tristes y desastrados fines»[5]. Pocos años después, en 1444, el Marqués de Santillana, en el Prohemio de la *Comedieta de Ponza*, recoge a su vez esta definición:

> Tragedia —nos dice— es aquella que contiene entre sí caídas de grandes reyes e príncipes, así como Hércules, Príamo e Agamemnón e otros tales, cuyos nacimientos e vidas alegremente se comenzaron e gran tiempo se continuaron, e después tristemente cayeron.[6]

Como se echa de ver, la aparición de este término antecede en casi un siglo la publicación de *La venganza de Agamemnón*, de Pérez de Oliva, primera tragedia conservada en castellano. Pero cabe observar, también, que en el momento en que Mena y Santillana se dedican a glosarlo, varios decenios nos separan de las primeras muestras del teatro peninsular, y no se conoce o domina todavía el concepto de «fábula representada». De ahí lo inadecuado de los ejemplos aducidos por ambos poetas. En opinión de Mena, son Homero, Virgilio, Lucano y Estacio los griegos y latinos que han seguido el estilo trágico. Para Santillana, ha sido más bien «Séneca el mancebo, sobrino del otro Séneca, en sus tragedias» —lo que puede aceptarse— así como «Juan Bocacio, en el libro *De casibus virorum illustrium*»[7], lo que hoy en día no podría sostenerse. A la luz de estos ejemplos, queda patente que, en aquella época, la tragedia no se considera como un género dramático o, para decirlo *more aristotelico*, no se concibe como imitación activa. En un siglo que conserva un recuerdo confuso de la *Poética*, la tipología de los géneros literarios procede de un aristotelismo de segunda mano; elaborada a partir de la *Retórica* por los gramáticos de la baja latinidad, Diomedes y Donato, ha sido luego divulgada y adulterada por sus comentaristas medievales[8]. Así lo corrobora, al final del siglo, el Comendador Griego, al verter al castellano la definición de Diomedes:

> «*Tragedia es heroice fortune in adversis comprehensio*, que quiere decir: la tragedia es materia de los casos adversos y caídas de los grandes príncipes».[9]

En aquellos tiempos, pues, la tragedia se define exclusivamente por su contenido. Nada se nos dice de su estructura, de los fines que persigue, de los medios que usa para conseguirlos. Tampoco se nos habla de la forma

---

5. Citado por F. Sánchez Escribano y A. Porqueras Mayo, *Preceptiva dramática del Renacimiento y el Barroco*, Madrid, 1972, pág. 57.
6. *Ibid.*, pág. 58.
7. *Loc.cit.*
8. Vid. M. Newels, *Los géneros dramáticos en las Poéticas del Siglo de Oro*, Londres, 1974, pág. 44 ss.
9. En su *Glosa sobre las trescientas del famoso poeta Juan de Mena* (1940), in *Preceptiva dramática*, pág. 60.

en que se representa, aun cuando Hernán Núñez se refiera, *currente cala-mo*, a la borrosa figura de Eurípides.[10]

No carece de interés seguir la fortuna de este concepto retórico, confor-me se va moldeando, no sin titubeos, una reflexión que habrá de desembo-car, un siglo más tarde, en una auténtica teoría del género trágico. En los albores del Renacimiento, se trasluce en el prólogo de *La Celestina*, cuan-do alude el segundo autor a aquéllos que «han litigado sobre el nombre» de la *Comedia de Calisto y Melibea*, «diziendo que no se avia de llamar comedia, pues acabava en tristeza, sino que se llamase tragedia»[11]. Se adi-vina también detrás del calificativo que se concede a alguna que otra mues-tra del género celestinesco, como la *Tragedia Policiana*, mientras que las demás imitaciones, a ejemplo del texto fundador, se titulan *comedia* o *tragicomedia*[12]. En el último tercio del siglo XVI, vuelve a asomar en los fragmentos teóricos de los llamados trágicos filipinos: así Argensola, cuan-do saca a las tablas, «con tocas sangrientas y corona», a la figura de la Tragedia, «nacida de desgracias de príncipes»[13]; también Juan de la Cue-va, quien la define, en el *Viaje de Sannio*, como

«un retrato que nos va poniendo
delante de los ojos los presentes
males de los mortales miserables,
en héroes, reyes, príncipes notables».[14]

Incluso Lope de Vega recogerá esta doctrina en el *Arte Nuevo de hacer Comedias*, al diferenciar, según los mismos criterios, la tragedia de la co-media. Esta, según nos dice, trata

«las acciones humildes y plebeyas,
y la tragedia las reales y altas».[15]

Doctrina erudita, suele afirmarse, ajena a la praxis teatral renacentista. Cabe matizar esta opinión. En realidad, los primitivos del teatro castellano no han desconocido, sino más bien soslayado el concepto retórico de trage-dia, al elaborar otra visión del mundo, que no pretendía limitarse a las desgracias de los príncipes. Así lo prueba Gil Vicente, o, mejor dicho, Luiz Vicente, editor de las obras de su padre, cuando llama a *Don Duar-dos* tragicomedia y no tragedia; así también Torres Naharro, en el Prohe-mio de su *Propalladia*, donde nos da su definición de la comedia, en la que

---

10. *Loc.cit.*
11. Citamos por la ed. de Criado de Val y Trotter, Madrid, 1965, págs. 16-17.
12. Así la *Tragicomedia de Lisandro y Roselia*, la *Comedia Floriana* y la *Comedia Selvagia*.
13. *Preceptiva dramática*, pág. 67.
14. *Ibid.*, pág. 75.
15. *Ibid.*, pág. 156.

fundamenta su propia dramática, y que contrasta con el concepto de tragedia propuesto por Diomedes[16]. En el ambiente cultural de la España del
Emperador, estos testimonios revelan una preocupación aún difusa por un
género mal delimitado, pero distinto del género cómico: una preocupación
que va a agudizarse a consecuencia de dos acontecimientos trascendenta-
les: la recuperación de la tragedia antigua y el redescubrimiento de la poética aristotélica.

No nos toca concretar aquí las condiciones en que la tragedia grecolati-
na ha sido, muy parcialmente, rescatada por los humanistas del primer
Renacimiento. En su modalidad hispánica, se trata fundamentalmente de
una empresa erudita que pretende verter este teatro al castellano, con el
fin de demostrar la excelencia del romance y su capacidad en competir con
las dos lenguas madres de nuestra cultura. Las dos traducciones que se
conservan —aquéllas que nos ha dejado Pérez de Oliva, adaptador de la
Electra de Sófocles y de la *Hécuba* de Eurípides— corresponden a un intento inspirado tal vez en el que hiciera Trissino en Italia. Pero, sobre
todo, parecen denotar, en los círculos intelectuales de la España imperial,
una percepción nueva de un género que, hasta entonces, solía enfocarse
desde una perspectiva equivocada. En tanto que codificación de rasgos
formales meditados y asimilados en adelante por los dramaturgos renacentistas —división de actos, personas graves, alegorías y coros, estilo elevado— la tragedia viene a ser algo que no habían captado los comentaristas
del siglo XV: una acción dialogada, destinada a la representación.

Así pues, aunque las tragedias humanísticas no pasaran de ser tentativas experimentales, traducen, sin duda alguna, una nueva conciencia de la
teatralidad del género trágico. El que Séneca viniera pronto a sustituir a
los griegos, como referencia privilegiada, se debe a razones que han sido
puestas en claro: mayor accesibilidad del latín; reivindicación nacionalista
de una gran figura hispana; difusión simultánea de un estoicismo cristiani-
zado; coincidencia entre dos momentos de crisis de valores; atracción ejercida por un teatro efectista, con situaciones paroxísticas supeditadas a una
finalidad moral; divulgación de sus piezas más notables —*Hercules furens*
y *Medea*, entre otras— mediante las adaptaciones e imitaciones realizadas
por poetas como Dolce y Cinzio en la Italia del Cinquecento[17]. A raíz del
interés que suscita, el teatro senequista va a cobrar un valor concreto: no
sólo como respuesta a los problemas técnicos que se planteaban los poetas
renacentistas, sino como modelo ejemplar, capaz de plasmar una coherente visión de lo trágico. No hace aquí al caso analizar las razones por las

---

16. *Ibid.*, pág. 63.
17. Vid. las respectivas contribuciones de Crawford, C. V. Sargent, W. C. Atkinson y E. S.
Morby referidas y comentadas en *Les Tragédies de Sénèque et le théâtre de la Renaissance*, études
réunies et présentées par Jean Jacquot, Paris, 1964, part. pág. 61 n. 1 y 285-287.

cuales esta visión, sacada de su primitivo contexto, vino a petrificarse dentro de una estética de la anormalidad y el horror[18]. Pero sí cabe subrayar, en cambio, la coincidencia de este fenómeno con el redescubrimiento de la *Poética*, ampliamente comentada por los italianos, años antes de que se iniciara la labor de la preceptiva hispánica[19]. En la reflexión que desarrollan en torno al concepto aristotélico de tragedia, los comentaristas del Segundo Renacimiento no se limitan a glosar una doctrina que tienden a veces a convertir en norma: confrontan la teoría deducida de la tragedia griega por el Estagirita con la praxis moderna, inspirada en el precedente de Séneca, más asequible que sus predecesores helénicos, más a tono, también, con el clima espiritual de fines del siglo XVI.

En este cruce entre teoría y práctica se sitúan los atisbos de codificación de los dramaturgos filipinos. El más penetrado de cultura clásica, Lupercio Leonardo de Argensola, rinde homenaje a los griegos y latinos que llevaron a su perfección la tragedia antigua: Eurípides, Sófocles y, *last but not least*, el «celebrado español Séneca». Acto seguido, menciona las «liciones» del «sabio Estagirita». Pero lo que requiere su mayor interés es el alejamiento de los clásicos iniciado por la práctica renacentista: este alejamiento ha originado un desajuste entre obras y reglas que, en su opinión, ha de resolverse en detrimento de las reglas y a despecho de Aristóteles. Al decir de «Tragedia», protagonista de la loa de la *Isabela*:

> «la edad se ha puesto de por medio,
> rompiendo los preceptos por él puestos».[20]

De ahí el que el más profundo de los preceptistas españoles, Alonso López Pinciano, pretendiera, al final del siglo, reajustar tradición y experiencia. Ahora bien, acudiendo por fin al texto de la *Poética*, aludida sí mas no citada por Argensola, El Pinciano toma por primera vez, como base de su reflexión, la genuina definición aristotélica de la tragedia, única en «distinguir al definido de las cosas que están debajo de su género»:

> «Tragedia, declara su portavoz, Fadrique, es imitación activa de acción grave, hecha para limpiar los ánimos de perturbaciones por medio de misericordia y miedo».[21]

Haciendo hincapié en la máxima autoridad en la materia, López Pinciano no aspira a dogmatizar o fijar normas, sino destacar la misma esencia de lo trágico, soslayada, a fin de cuentas, por el concepto retórico de tragedia,

---

18. Además de los estudios citados en la nota anterior, vid. la contribución colectiva dedicada a *Horror y Tragedia en el Teatro del Siglo de Oro*, núm. especial de *Criticón* (28) 1983.
19. Vid. M. T. Herrick, *The Fusion of Horatian and Aristotelian Criticism*, Univ. of Illinois Press, 1946.
20 *Preceptiva dramática*, pág. 67.
21 *Ibid.*, pág. 81.

o supeditada por él a criterios adventicios. Como da a entender Fadrique, los rasgos estructurales codificados por la tradición medieval —personas graves, grandes temores, tristes y lamentables fines, presentación ejemplar de la vida que debe evitarse, argumento fundamentado en historia, estilo alto— son caracteres accidentales respecto a la finalidad catártica asignada por Aristóteles a la tragedia. Esta finalidad, más ejemplar que docente —por asentarse en el *error* y no la *culpa* del héroe— es el requisito fundamental para que el poema trágico pueda legitimarse como imitación activa de acción grave: consiste, como se sabe, en despertar compasión y emoción violenta y deleitable en el ánimo del espectador. [22]

Por muy recta y sana que sea esta doctrina, tendrá un impacto limitado en el pensamiento de los que se dedican a hacer teatro. En 1596, año en que sale a luz la *Philosophia antigua poética*, la escena española no sólo ha perdido el respeto a Aristóteles, sino que se ha apartado por completo del esquema senequista. En estas condiciones, el concepto que el primer Barroco va a formarse del género trágico, lejos de enraizarse en la teoría aristotélica, vuelve a ceñirse a los habituales cánones de la tradición retórica. En tanto que el habla corriente mantiene una acepción adramática del término *tragedia*, usado como mero sinónimo de «historia trágica»[23], en tanto que un Carvallo, en su *Cisne de Apolo*, recoge al pie de la letra la definición de Diomedes[24], Lope de Vega, en sus observaciones dispersas sobre el tema, sintetiza los mismos rasgos accidentales anatematizados por Fadrique, poniendo especial énfasis en las muertes que han de marcar el desenlace trágico. En estos criterios descansan, precisamente, la decena de tragedias que nos ha dejado el Fénix, según ha demostrado Edwin S. Morby en un importante estudio[25]. Ahora bien, ¿cómo situar estas «tragedias al estilo español», para decirlo con palabras de Lope, en el supuesto proceso de formación de un género que, hasta ahora, se nos ha aparecido como puro concepto? ¿Será el último retoñar de una tragedia forjada a duras penas, y cuyo ideal ha sido preservado a despecho del fracaso de sus primeros cultivadores? ¿No será, más bien, una de las tantas muestras de una praxis fragmentaria, diseminada entre experimentos efímeros? Volver de esta forma a nuestra interrogación inicial, una vez deslindado el campo de la teoría, no significa retroceder a nuestro punto de partida, sino emprender un nuevo examen, sobre las bases así establecidas, de los residuos dispersos del presunto *corpus* trágico renacentista.

* * *

22. *Ibid.*, pág. 98.
23. Así en Cervantes, donde se registran expresiones como «la tragedia de su desatino», «la tragedia de mi dolorosa vida» o «los actos de tu triste tragedia». (Vid. C. Fernández Gómez, *Vocabulario de Cervantes*, Madrid, 1962, pág. 1026a).
24. *Preceptiva dramática*, pág. 119.
25. E. S. Morby, «Some observations on *tragedia* and *tragicomedia* in Lope», *Hispanic Review*, XI, 1943, págs. 185-209.

Lo poco que se ha salvado de las adaptaciones de Pérez de Oliva no nos permite medir, por supuesto, el alcance de los ensayos de tragedia de tipo clásico. De Boscán a Mal Lara, pasando por Venegas, Simón Abril y Sánchez de las Brozas, las obras hoy perdidas plantean demasiadas incógnitas. ¿Fueron traducciones o libres adaptaciones? ¿Llegaron a representarse y en qué circunstancias? ¿Marcaron los hitos de una auténtica trayectoria? En vista de los intentos similares, realizados por aquellas fechas fuera de España, parecen haber nacido de un afán arqueológico: resucitar y aclimatar la tragedia antigua, más que crear un auténtico género nuevo.

Igualmente problemáticas, aunque por distintos motivos, vienen a ser las «tragedias sacras» escritas en la época del Emperador, y de las que sólo nos quedan escasas muestras. La más antigua de las que se conservan —la *Tragedia Santa Orosia*, de Bartolomé Palau— es más bien una farsa a lo divino, destinada a un público masivo al que se pretende divertir y educar a la vez. Su argumento sencillo, su construcción episódica, que facilita la mezcla de motivos de varia procedencia, su simbolismo elemental, su finalidad abiertamente docente la sitúan en el ámbito del auto religioso, entre las piezas de Sánchez de Badajoz y el *Códice de Autos viejos*. El que se titule «tragedia» se debe únicamente al martirio final de la protagonista, en plena conformidad con la tipología heredada de la tradición retórica. En cuanto a la *Tragedia llamada Josefina*, de Miguel de Carvajal, corresponde a una modalidad más ambiciosa, con su estructura cuatripartita y sus coros, que suponen imitados de Séneca. Pero, en esta dramatización de la historia bíblica de José, el elemento propiamente trágico se nos aparece no sólo diseminado entre secuencias desvinculadas, sino subvertido por el simbolismo de la salvación.

Aún más dispares resultan las tragedias de tema amoroso que han escapado del naufragio, como la *Farsa a manera de tragedia*, de autor desconocido, la *Tragedia de Lucrecia*, de Juan Pastor, o la *Tragedia de los amores de Eneas y de la reyna Dido*, atribuida a Juan Cirne. Si bien todas ilustran, en diverso grado, la impronta del concepto retórico de tragedia —argumento «histórico», personajes de rango elevado, desenlace infausto— su cotejo revela que no aciertan a plasmar un esquema genérico: sus diferencias estructurales y estilísticas señalan los tanteos de un teatro de transición, que sigue todavía las huellas de Encina, de Gil Vicente o de Torres Naharro, y donde las intervenciones impertinentes del bobo facilitan a menudo la mezcla de tonalidades contrapuestas. De ahí el que estas obras se vayan deslizando por la pendiente del bucolismo, como la *Farsa a manera de tragedia*, o por la de lo maravilloso novelesco, como la *Tragedia Serafina*, de Alonso de la Vega, un tanto posterior a la primera, y cuya fórmula ofrece evidentes conexiones con la de Lope de Rueda. En resumidas cuentas, lo trágico en tanto que categoría autónoma no llega nunca a ser elemento funcional en estas piezas. Como se echa de ver por los mismos títulos que llevan —*Farsa o tragedia de la castidad de Lucrecia, Farsa a manera de tragedia*— se perfila más bien como un motivo conexo o una modulación peculiar dentro de un género flexible y poliforme, denominado, según los casos, auto, farsa o representación.[26]

En contraste con esta praxis empírica que va buscando nuevos derroteros, las tragedias de colegio, cuyo florecimiento coincide con la segunda mitad del siglo, deben su relativa cohesión a un propósito docente canalizado por recursos y procedimientos de abolengo senequista: uso del coro, teatralización de la violencia, estilo sentencioso. Sin embargo, en la mayoría de los casos, estos caracteres tampoco llegan a plasmar una auténtica visión trágica. Descontando la *Tragedia de San Hermenegildo* que, por su fecha algo tardía, su amplia estructura y su dramatización del conflicto interior de los personajes, descuella como excepción, las demás piezas que se conservan se sitúan más bien en la línea de las moralidades medievales, con su alegorización, sus secuencias cómicas interpoladas y su didactismo a flor de piel. Llámense «comedias», como la *Canopus* del P. Acevedo, o bien «tragedias», como el *Lucifer furens* del mismo autor, se diferencian únicamente por su desenlace, participando todas del mismo género mixto: género incierto, carente de denominación específica, pero ya apto para configurar una representación del mundo en la que se diluye y hasta se anula lo esencialmente trágico de la tragedia.

* * *

Por los mismos años en que la *Tragedia San Hermenegildo* viene a representarse en el colegio sevillano de la Compañía, la prehistoria de la tragedia renacentista parece resolverse en la labor de una nueva generación de dramaturgos, cuyas tentativas simultáneas suelen adscribirse a una empresa común. Así se deduce, al menos, del panorama que traza Alfredo Hermenegildo del quehacer del grupo formado por Bermúdez, Rey de Artieda, Virués, Argensola, Juan de la Cueva, Miguel de Cervantes y Gabriel Lobo Lasso de la Vega: aquellos que el mismo crítico, tras calificarlos, en una primera etapa, de «trágicos de fin de siglo», considera ahora, sin limitarse a un criterio estrictamente cronológico, como los artífices de la «tragedia del horror».[27]

Queda por determinar, sin embargo, si semejante denominación señala un género, en el pleno sentido de la palabra, es decir el aglutinante de los rasgos distintivos que comparten las producciones de esta generación. En esto disiente, precisamente, Rinaldo Froldi, al considerar que los experimentos realizados por los dramaturgos filipinos coinciden hasta cierto punto

---

26. Vid. *La tragedia en el Renacimiento español*, págs. 109-154.
27. *Ibid.*, pág. 156.

en aspectos superficiales, pero no participan de una empresa concertada. Frente a Hermenegildo, que pretende deducir del examen de sus obras una poética basada en la derivación senequista de un modelo aristotélico que sería la «tragedia morata»[28], el hispanista italiano destaca al contrario la disparidad de sus respectivos esquemas: estructura externa que consta, según los casos, de tres, cuatro o cinco jornadas; observancia episódica de las unidades de tiempo, lugar y acción; presencia esporádica del coro, usado únicamente por Bermúdez y por Virués en su *Elisa Dido*; incorporación en algunas obras de secuencias cómicas o de peripecias de carácter novelesco; rupturas accidentales de tonalidad y estilo; combinaciones métricas y estróficas de distinta índole. Tantas divergencias, concluye Froldi, no sólo traducen una común incapacidad para elaborar un modelo coherente de tragedia; patentizan también la diseminación de este supuesto caudal trágico entre corrientes contradictorias, en un momento en que la escena peninsular, a través de múltiples tanteos, se está abriendo paso hacia nuevas pautas.

Por muy atinados que sean estos reparos, cabe preguntarse si las tragedias del horror, aun cuando no procedan de un común propósito, no apuntan, al fin y al cabo, al mismo blanco. Bien es verdad que los dramaturgos filipinos no pretendieron ceñirse a un concepto predeterminado; tampoco llegaron a coordinar sus esfuerzos para clarificar su idea de la tragedia y elaborar un cuerpo de doctrina. Con todo, las disparidades técnicas que podemos observar, al cotejar las piezas conservadas, no nos deben ocultar conexiones más profundas y significativas. Primero, en los elementos constitutivos de un mismo código teatral: división de actos, acciones graves, personajes ilustres, lenguaje y estilo altos, polimetría adaptada a las situaciones. En segundo lugar, en el uso de los recursos de la dramaturgia senequista, combinada con una relativa despreocupación por los cánones aristotélicos, y con especial énfasis en el horror y la violencia. Por último, en la ruptura con las formas en boga por aquel entonces, reveladora de la «conciencia de misión» de estos poetas[29]: en otros términos, su voluntad de crear un teatro independizado de los imperativos del vulgo, capaz, mediante una mayor disciplina en la construcción dramática y un lenguaje ennoblecido y enriquecido, de llevar la historia a las tablas, plasmar en el escenario la magnitud épica, cumplir con una nueva exigencia ética, tan ajena a la finalidad del auto religioso como incompatible con el sentido cómico del teatro de Rueda.

---

28. O sea, aquella donde se pintan las costumbres con propósito moralizador, en tanto que la tragedia patética, de mayores quilates según Aristóteles, se define por su carácter catártico.
29. F. Ruiz Ramón, *Historia del Teatro español desde sus orígenes hasta 1900*, Madrid, 1967, pág. 117.

Ahora bien ¿cuál será el nombre genérico de este común denominador, moldeado no sólo por el afán de este grupo de dramaturgos, sino por la índole de sus realizaciones concretas? Dos formulaciones resultan posibles. O bien destacamos el fracaso de su empresa, señalando, con la totalidad de los estudiosos, la falta de autonomía de los personajes, la ausencia de vinculación interior entre acción trágica y lección moral, la disparatada acumulación de monstruosidades y horrores, la radical carencia de toda trascendencia que caracterizan sus obras, haciendo caso omiso de contadísimos aciertos como la *Numancia* cervantina. Entonces sí podemos hablar de tragedia filipina, pero dando por sentado que este género merece llamarse frustrado, no sólo por no haber tenido un éxito duradero, sino por proceder de un concepto equivocado de lo trágico. O bien, al contrario, nos centramos en sus relativos méritos, en lo que estas obras aportaron de positivo, al dignificar la escena y facilitar el camino al teatro que pronto hará triunfar Lope de Vega. Al enfocar así las cosas, el caudal de los tragediógrafos de fin de siglo no se puede ya encerrar en los estrechos moldes de un supuesto género trágico: si bien sus características ilustran una dignificación del arte dramático que hará suya el teatro lopesco, también denotan un afán de libertad artística que anticipa, hasta cierto punto, el de la comedia nueva. Muestra de tal afán son las llamadas «irregularidades» que campean en la mayor parte de las piezas: el escamoteo, en *Los Amantes* de Artieda, de las escenas propiamente trágicas, referidas por un personaje en vez de ser llevadas al escenario; las crecientes transgresiones que patentizan las tragedias de Virués, llegando *La infelice Marcela* a mezclar lo trágico con lo cómico; la derivación hacia lo decorativo y lo novelesco que caracteriza las que nos ha dejado Lobo Lasso de la Vega, calificado por Ruiz Ramón de dramaturgo de la liquidación de la tragedia[30]. En nuestra opinión, más que de «liquidación», conviene hablar de «superación» de una fórmula que no encontró nunca su equilibrio, oscilando entre combinaciones carentes de suficiente estabilidad.

* * *

No extraña, por consiguiente, que en la España áurea poetas y comediantes no nos hablen nunca de *la* tragedia renacentista, en el sentido genérico de la expresión: tan sólo se refieren a las obras sueltas que nos han legado sus cultivadores. Así el Canónigo cervantino ensalza, en el *Quijote*, las tres tragedias del «famoso» Argensola, «las cuales fueron tales, que admiraron, alegraron y suspendieron a todos cuantos las oyeron»[31]. En cuanto a Lope de Vega, alude, en el *Laurel de Apolo*, a las «celebradas

---

30. *Ibid.*, pág. 122.
31. *Preceptiva dramática*, pág. 133.

tragedias» de Cristóbal de Virués; sin embargo, al ponderar, en el *Arte nuevo*, la importancia histórica del valenciano, no lo llama poeta trágico: prefiere decir que «puso en tres actos la comedia»[32]. Más aún: si bien Argensola, Virués y Artieda no dejan de justificar su especial estilo trágico[33], ni Cervantes, el más notable del grupo, ni Cueva, el más fecundo de su generación, reivindican la condición de trágicos. El primero menciona tres veces a la *Numancia* entre sus obras; nunca la llama «tragedia», sino que la incluye entre «comedias», ya de su propia minerva[34], ya posteriores al nacimiento de la comedia lopesca y representativas, por ende, del «arte nuevo»[35]. Será Antonio de Sancha el primero en denominarla «tragedia», al editar la pieza en las postrimerías del siglo XVIII, en el ambiente cultural del neoclasicismo.

Por lo que toca a Cueva, cabe recordar que nos ha dejado comedias y tragedias, representadas en el mismo escenario y publicadas en dos tomos sin discriminación alguna. Según declara por los años en que salen a luz, «el Trágico y el Cómico / es uno ya»[36] y, de hecho, entre unas y otras tan sólo median diferencias accidentales. La *Comedia del Príncipe Tirano* y la *Tragedia* del mismo nombre son dos partes de un mismo retablo: únicamente se separa ésta de aquélla por la muerte final del aborrecible protagonista, de acuerdo con la tipología tradicional, recogida por el sevillano en su *Viaje de Sannio*[37]. Establecida sobre tales bases, la distinción entre ambas piezas resultaba demasiado fluctuante para perdurar; por eso no acertó a conservarla Agustín de Rojas, al pasar revista a los patriarcas del teatro nacional. En su *Loa de la Comedia*, dedica lugar aparte al «noble Juan de la Cueva»; pero a reglón seguido nos dice de él que

«hizo del padre tirano,
como sabéis, dos comedias».[38]

Desde su enfoque retrospectivo, el autor de *El Viaje entretenido* confirma algo que ya nos daba a entender Lope de Vega, al poner en su debido punto

---

32.   Lope de Vega, *El Arte Nuevo de hacer Comedias*, ed. y estudio preliminar de Juana de José Prades, Madrid, 1971, págs. 146-149.

33.   El primero en las loas de la *Isabela* y la *Alejandra*; el segundo en la dedicatoria de sus *Obras trágicas y líricas*, así como en los respectivos prólogos a la *Semíramis* y a *La Cruel Casandra*; el tercero en la *Carta al Ilmo. Marqués de Cuéllar sobre la Comedia*. Vid. *Preceptiva dramática*, págs. 65-71 y 151-154.

34.   En la *Adjunta al Parnaso* y en el Prólogo a las *Ocho Comedias y Entremeses*. Vid. *Obras completas*, ed. Valbuena Prat, Madrid, 1954, pág. 150b y 180a.

35.   Se trata de *El mercader amante*, de Aguilar, y de dos comedias de Lope, *La enemiga favorable* y *La ingratitud vengada*. Se mencionan las tres en el cap. 48 de la Primera Parte del *Quijote*. Vid. *Preceptiva dramática*, pág. 133.

36.   En el *Coro Febeo de Romances historiales*, cit. por Newels, *Los géneros dramáticos*, pág. 137, n. 31.

37.   «La tragedia y la comedia ¿en qué difieren? / —pregunta Apolo— Y Sannio ha respondido: / ¿En qué? En que siempre en la tragedia mueren, / un fin della esperando dolorido» (en *Preceptiva dramática*, pág. 75).

38.   *Preceptiva dramática*, pág. 125.

la aportación de Virués al progreso de la escena: en los albores del siglo XVII, este teatro de transición no se considera nunca como «tragedia nueva» o «tragedia renovada». Aunque Bermúdez imitara a Séneca a través de Ferreira, aunque Virués, Argensola y Cueva compitieran con los senequistas italianos, aunque Cervantes, único entre todos, consiguiera captar en su *Numancia* la misma esencia de lo trágico, el mérito que se les concede es haber preparado, quizá sin saberlo, el advenimiento de la comedia áurea.

Este amplio concepto del teatro, que hace de la tragedia no tanto un género, sino una modulación particular de una forma abierta, actualiza, hasta cierto punto, el concepto renacentista de *genus dramaticum*, género ecléctico, apto para integrar cualquier tipo de espectáculo dialogado: auto, farsa, comedia y, por supuesto, representación[39]. En lo que atañe al término «comedia», este nombre solía designar, preferentemente, las obras festivas de Torres Naharro y Lope de Rueda, en relación con un modelo estético que se cifraba en la comedia latina y la *commedia* italiana: de ahí que los dramaturgos filipinos, rompiendo con el pragmatismo del batihoja, quisieran, en un momento de crisis de valores, rehabilitar el esquema trágico. Pero, aunque en su propia práctica deslindaran accidentalmente entre tragedia y comedia, no pretendieron codificar su separación de manera rigurosa. Diferenciadas según criterios retóricos, sus obras oscilan constantemente entre ambas categorías dramáticas; sólo que el género al que apuntan y que las abarca no se contornea ni se reconoce todavía como tal: híbrido y vacilante, no ha encontrado nombre propio. No podía llamarse comedia, por la distancia que media entre el perfil de la comedia renacentista y la voluntad de estilo de los que quisieron dignificar el teatro. Tampoco podía ser tragicomedia, concepto hermafrodita «acuñado en broma por Plauto» y que solía aplicarse a la descendencia, un tanto espuria, de la *Tragicomedia de Calisto y Melibea*[40]. Permanecerá por tanto en el limbo de lo implícito y del anonimato, hasta que Lope de Vega, sintetizando aspectos y tendencias que sus antecesores no consiguieron acrisolar en una fórmula coherente, invente una nueva comedia que pronto se celebrará como «comedia nueva».

* * *

¿Cómo ha podido imponerse ese término que, en recta doctrina aristotélica, se daba a una «imitación activa hecha para limpiar el ánimo de las pasiones por medio del deleite y risa»[41]? Por una extensividad del concepto

---

39. Vid. Newels, *Los géneros dramáticos*, pág. 131 ss.

40. *Ibid.*, págs. 125-126. Vid. también B. Wardropper, *La comedia española del Siglo de Oro*, en volumen con Elder Olson, *Teoría de la Comedia*, Barcelona, 1978, pág. 189 ss (estudio de donde procede la frase entre comillas).

41. Así en López Pinciano, *Philosophia antigua poética*, cit. en *Preceptiva dramática*, pág. 103.

retórico de comedia que se comprueba en los comentarios que ha venido suscitando en España desde el siglo XV. Por «comenzar en tristes principios y fenecer en alegres fines», para decirlo con Donato y Juan de Mena, se prestaba a caracterizar una representación que no fuera de mero entretenimiento, capaz de abarcar toda la densidad y diversidad de la vida humana[42]. Además, esta vocación totalizadora del género —de la que carecía en cambio la tragedia— quedaba respaldada por la autoridad de Cicerón, a quien se le atribuía, desde la Antigüedad, la famosa caracterización de la comedia en tanto que *imitatio vitae*: Juan de la Cueva, Carvallo, Cervantes, Rey de Artieda y Lope de Vega recogerán, uno tras otro, esta definición, marcando los hitos de su fortuna y corroborando, de modo indirecto, su aptitud para calificar un mixto donde «lo trágico y lo cómico pierden su forma y hacen una tercera materia muy diferente».[43]

En este sentido puede decirse que el triunfo de la comedia nueva conlleva la superación de aquel género frustrado que fue, durante un decenio, la tragedia renacentista española. Ahora bien, a raíz de este mismo triunfo va a nacer a su vez, si no un género trágico renovado por Lope, al menos un tipo de tragedia reivindicado por él a lo largo de su carrera. Cifrado en una docena de piezas, tiene por muestra ejemplar *El castigo sin venganza*, una de las obras de su vejez. «Tragedia al estilo español», la llama el Fénix en la Dedicatoria, «no por la antigüedad griega y severidad latina, huyendo de las sombras, nuncios y coros, porque el gusto puede mudar los preceptos, como el uso los trajes y el tiempo las costumbres».[44]

A primera vista, Lope no parece declarar otra cosa que lo que proclamaban, medio siglo antes, los trágicos del horror. Tras apuntar los distintivos de la tragedia senequista —«había entre los autos coro y coro»— Rey de Artieda cuidaba de añadir:

> «Pero como lo antiguo al fin se acaba,
> ya de los coros no hay rastro ni sombra».[45]

---

42. Vid. Newels, *Los géneros dramáticos*, pass.
43. Según Ricardo de Turia, cit. en *Preceptiva dramática*, pág. 177. En esta misma antología se encontrarán las diversas referencias a la definición seudociceroniana de la comedia (Vid. págs. 74, 115, 134, 136 y 157). Tras condenar las comedias al uso desde un enfoque normativo, como «hermafroditos» y «monstruos de la poesía», Cascales, en sus *Tablas poéticas*, admite que se les conceda, a lo sumo, el nombre de «tragedias nobles» («que es tanto como decir malas tragedias»), «ya que el cuerpo de toda la fábula es trágico y para en felicidad». (*Preceptiva dramática*, pág. 197). Como buen defensor del arte nuevo, Francisco de Barreda rebatirá esta opinión, en unos términos que no dejan de recordar el final del prólogo de *La Celestina*: «tragicomedia o tragedia (...) eso es litigar sobre el nombre». (*Preceptiva dramática*, pág. 221).
44. Citado en Morby, «Some observations...», pág. 191. Vid. también G. Bradbury «Tragedy and tragicomedy in the theatre of Lope de Vega», *Bulletin of Hispanic Studies*, LVIII, 1981, págs. 103-111, así como desde una perspectiva más amplia, D. W. Moir, «The classical tradition in Spanish dramatic theory and practice in the seventeenth century», en *Classical drama and its influence*, volumen en homenaje a H. D. F. Kitto, Londres, 1965, págs. 191-228.
45. *Preceptiva dramática*, pág. 66.

En cuanto a Argensola, ponía en boca de la figura alegórica de la Tragedia, portavoz de la loa de la *Isabela*, una confesión del mismo tenor:

> «Me han quitado también aquellos coros
> Que andaban de por medio entre mis scenas».[46]

En realidad, se separa el Fénix de sus predecesores en un punto clave: en
vez de partir de Séneca para crear, *a priori*, un esquema más flexible y
abierto que el canon aristotélico, se propone codificar una práctica alimen-
tada y vivificada por su propia inventiva. No propugna un *aggiornamento*
de la tragedia antigua: lo que hace es asignar *ab effectu* el lugar que le
corresponde a la modalidad trágica de un teatro concreto, elaborado en
constante simbiosis con un público al que quiere dar gusto, pero sin hacerse esclavo de su demanda. Por eso no deja de recalcar, como de pasada,
lo que tienen de relativo unas reglas que, en cualquier época, no son más
que la formalización de una estética transitoria. Así pues, las tragedias al
estilo español que debemos al genio de Lope, tragedias intencionadamente
definidas con arreglo a criterios accidentales, no se limitan a ratificar la
frustración y superación de un género que los dramaturgos filipinos no
supieron hacer triunfar. Confirman, dentro del ámbito que se les concede,
la vitalidad y plasticidad de la comedia áurea, género polifónico en el que
suman su voz al coro[47]. Por fin, ilustran la permanente capacidad que
tiene la categoría de lo trágico para amoldarse a esquemas sucesivos, sin
tener que someterse a los cánones de un género normativo. Prueba de ello
será, en breve fecha, la llamada tragedia calderoniana: tragedia controver-
tida en su definición y delimitación, pero reconocida hoy en día por todos
los calderonistas, no tanto como plasmación «barroca» del género tragedia,
sino como múltiple sistematización[48] de lo esencial trágico*.

---

46. *Ibid.*, pág. 68.
47. «Toda tragedia es comedia, dirá el P. Alcázar, pero no toda comedia es tragedia». (cit. en
Wardropper, *La comedia española*, *loc. cit.*)
48. Como muestra de la diversidad de pareceres sobre el particular vid. A. A. Parker, «Hacia
un definición de la tragedia calderoniana» en *Calderón y la crítica: historia y antología*, ed. M. Durán
y R. González Echevarría, Madrid, 1976, t. II, págs. 359-387; I. A. Watson, «*El pintor de su deshonra*
and the neoaristotelian theory of tragedy», en *Critical Essays on the theatre of Calderón*, ed. B.
Wardropper, New York, 1965, págs. 203-223; G. Edwards, «Calderón's*La hija del aire* and the classical type of tragedy», *Bulletin of Hispanic Studies*, XLIV, 1967, págs. 161-194; R. ter Horst, «From
Comedy to Tragedy: Calderón and the New Tragedy», *Modern Language Notes*, XCII, 1977, págs.
181-201; M. Vitse, *Segismundo et Serafina*, Toulouse, 1980; F. Ruiz Ramón, *Calderón y la tragedia*,
Madrid 1984, y las contribuciones de E. Oostendorp, Ruiz Ramón, B. Wardropper y M. Vitse en
Horror y Tragedia en el Teatro del Siglo de Oro, *op. cit.*
* A César Fernández Moreno, mis más expresivas gracias por su colaboración, a la hora de
revisar el manuscrito de este trabajo.

GENERO Y CONTRAGENERO NOVELESCOS

E. C. RILEY
Universidad de Edimburgo

El «género» del título de esta ponencia es la prosa narrativa de ficción idealista. Comprende principalmente los libros de caballerías, de pastores, la novela sentimental, la novela morisca y la novela de aventuras peregrinas de tipo griego o bizantino. Perdónenme si empleo un término colectivo, la palabra inglesa *romance*, para referirme a todos ellos. Tiene sus inconvenientes usar esta palabra en español, pero su utilidad para mí es mayor. En realidad los diferentes tipos de narración que acabo de mencionar, según esto, debieran llamarse «subgéneros». Pero como todavía no existe una unidad sobre la terminología genérica, sigo llamándolos «géneros» como normalmente se hace. Si uso la misma palabra para significar la colectividad (y no quiero entrar en discusiones de teoría crítica ahora), por otra parte, lo que importa para mi propósito es la diferencia patente que existe entre estas narraciones, individuales o en conjunto, y lo que he llamado «contragénero». Esta palabra se refiere en este caso a la *novela picaresca*.

Hay varias maneras de acercarse a esta cuestión. La profesora Terracini se ha referido a ella en discretos términos científicos. Ha escogido un enfoque histórico, en parte porque me parece imposible, en último análisis, hablar de los géneros literarios fuera de un contexto histórico, pues cada obra nueva en cierto grado modifica (añade o quita algo) al género al que pertenece[1]. Y en parte también porque se trata de un acontecimiento de interés excepcional no sólo en la historia de la prosa narrativa española, sino de la literatura occidental.

---

1. Véase, especialmente Alastair Fowler, *Kinds of Literature*, Oxford, Clarendon, 1982.

Tendré que utilizar términos amplios y generales, y referirme a varios hechos bien conocidos. Voy a sintetizar. Pero el problema específico que me interesa es el de la relación entre la primera picaresca y la ficción idealista (el *romance*) que dominaba en este campo de la literatura.

Hay dos constelaciones de fechas de importancia. La primera es el decenio de los años cincuenta del siglo XVI. La segunda, los años que van de 1599 hasta 1605. Como han demostrado definitivamente mis distinguidos colegas el profesor Claudio Guillén y el profesor Fernando Lázaro, la picaresca no pudo tener existencia genérica antes del año 1599, a pesar de que la primera novela picaresca vio la luz más de cincuenta años antes.[2]

Este período de siete años constituye un hito muy significativo en la historia de la ficción narrativa, como ya he dicho. Es posible que solamente le sean comparables anteriormente las obras del decenio de los años 160 de nuestra era, a saber, *Leucipe y Clitofonte*, *El asno de oro* y *Dafnis y Cloe*. O bien los años 1215-1240, cuando se compusieron en Francia los grandes libros artúricos en prosa.

Las innovaciones que coincidieron con el principio del siglo XVII español son la culminación de más de un siglo de experimentación y producción novelescas, hasta entonces sin paralelo, según creo. Y dentro de ese período se destacan estos dos momentos: el preparativo, por así decirlo, a mediados del siglo dieciséis, y el culminante, que empieza con la publicación de la Primera Parte del *Guzmán de Alfarache*, de Mateo Alemán.

Veamos primero los libros publicados durante estos siete años. Me limito a las obras de ficción en prosa, y me refiero solo a los títulos nuevos. Se publicaron:

— un libro de caballerías, el último: *Don Policisne de Boecia*.
— un libro de pastores: *El prado de Valencia*.
— una historia de aventuras peregrinas de tipo griego o bizantino: *El peregrino en su patria* de Lope de Vega.
— dos libros de tipo misceláneo: *El viaje entretenido* de Agustín de Rojas y *Los diálogos de apacible entretenimiento* de Gaspar Lucas Hidalgo.

Y además:

— cuatro novelas picarescas: *Guzmán de Alfarache*, Parte I, seguida, por supuesto, por las continuaciones de Juan Martí y del propio Alemán; y la *Pícara Justina*.

Éstas se publicaron; pero, con la misma importancia, también se compusieron otras tres:

— *El Guitón Honofre* de Gregorio González
— *Rinconete y Cortadillo* (1.ª versión) de Cervantes
— *El buscón* de Quevedo.

---

2.   Claudio Guillén, *Literature as System*, Princeton, 1971, pág. 138 y ss. Fernando Lázaro Carreter, *«Lazarillo de Tormes» en la picaresca*, Barcelona, Ariel, 1983, pág. 193 y ss.

Son siete obras picarescas, y aunque se me haya escapado alguna otra no picaresca, está claro que las de este género dejan bien atrás a las de cualquier otro tipo individual.

Finalmente, hubo otro acontecimiento que no pasó inadvertido: la publicación de la Primera Parte del *Quijote*.

Todas estas obras, juntamente con el precoz *Lazarillo*, y tal vez en cierta medida *La Celestina*, se reconocen como los primeros ejemplos de la novela moderna realista. Y al mismo tiempo representaban la reacción más extrema contra los tipos prevalentes de ficción idealista del siglo XVI. No cabe duda de que lo que dominaba era esta ficción idealista, a pesar de que la *Celestina* era la obra de ficción más publicada y que tenía una progenie considerable. Y a pesar, también, de la popularidad de los escritos protonovelísticos de Antonio de Guevara.

Como se sabe, el género o subgénero más abundante era el de los libros de caballerías. Entre los años 1500 y 1605 aparecieron cuarenta y seis títulos nuevos y cerca de doscientos cincuenta ediciones, según Maxime Chevalier. Estos se diferencian de modo bastante claro de otros tipos de *romance*, aunque haya también obras mixtas o híbridas. Pero espero que se pueda aceptar que tienen más de común entre sí, por lo menos en cuanto a la materia y al sistema de valores, que no con cualquier novela picaresca como *Lazarillo* o *Guzmán*.

Todos tienen protagonistas, masculinos y femeninos, que se aproximan a lo heroico, aunque no sean necesariamente sin defecto alguno. Tienden a ser: jóvenes, hermosos, bien nacidos, ricos, inteligentes y virtuosos. Son tipos ideales, en fin, sin gran complicación psicológica, pero de bastante interés en cuanto aproximaciones a los arquetipos míticos. Pertenecen a la clase alta de la sociedad, pero salen muchas veces a viajar por el mundo ancho. Protagonizan historias de aventuras peligrosas, o de amor, o ambas juntas. Estas historias suelen contener notables peripecias inesperadas y reconocimientos felices, que significan, sea de manera explícita o no, la intervención de la Providencia divina. Creo que estos son los rasgos más céntricos. Por supuesto hay otros menos generalizados, y también otros que sirven para diferenciar los distintos tipos, o géneros, de romance.

Como dijo Marcel Bataillon, *Lazarillo de Tormes* «un commencement absolu». No afecta mi creencia a la verdad fundamental de este juicio al que voy a ofrecer algunas matizaciones. Me parece enteramente aceptable la descripción común de la picaresca como «contragénero» de la ficción idealista (sea ésta heroica, pastoril o todas las principales variedades). Aceptable también que se llame «antitipo», como lo hacen Scholes y Kellogg en *The Nature of Narrative*, por ejemplo.[3]

---

3. R. Scholes & R. Kellogg, *The Nature of Narrative*, Londres, Oxford y Nueva York, 1975.

En su estudio ya clásico de la picaresca, publicado en 1899, escribió Chandler: «La historia del héroe dio lugar a la historia del pícaro (rogue)», «Into the gap created by the recoil from the hero of fictio stepped the anti-hero of society —the Spnanish picaro»—[4]. Este movimiento en sentido contrario parece evidente. Del heroísmo excepcional a la trivialidad banal; de las alturas sociales a los bajos fondos, de la virtud al vicio. Nadie negará que la novela picaresca muestra ciertos rasgos diametralmente opuestos a algunos de los que más distinguen el *romance*.

La ruptura es tan radical que parece natural buscar señales previas de la erosión general de la ficción idealista, sobre todo en el género menos realista, el de los libros de caballerías. ¿No iba a verificarse algún efecto parcial, al menos, de esa combinación de fuerzas que produjo los primeros grandes ejemplos de la novela realista? ¿No iban a manifestarse en la narrativa idealista cada vez más intrusiones de la actualidad cotidiana, la consolidación progresiva de preocupaciones historicistas, la creciente tendencia a la auto-parodia, siempre más ambivalencia en la actitud de los autores frente a sus propias invenciones? Remito al juicio de colegas que conocen estos libros de manera más amplia y más profunda que yo. Sin embargo, tengo la fuerte impresión de que, aunque se encuentren todas estas cosas de manera esporádica e irregular en las obras caballerescas, por otra parte, no se encuentra ninguna tendencia acusada y progresiva de esta índole.

¿No se da más bien el caso de que siempre era posible encontrar estas intrusiones de buenas a primeras? En el *Caballero Cifar* el escudero Ribaldo tenía una costumbre casi picaresca de encontrarse en algún apuro. El libro de *Tirant lo Blanch* es probable que se adhiriese menos a la fantasía y más a la circunstancia histórica que cualquiera de los libros de caballerías publicados medio siglo después. En la misma obra de Montalvo, en *Esplandián*, hay pasajes de auto-crítica conocidos, es decir, en uno de los primeros libros renacentistas de este tipo.

Para citar un ejemplo tardío del género, el libro raro de *Rosián de Castilla* (1586)[5]. Tiene esta obra un comienzo poco romántico, por tanto muy prometedor. El padre del héroe pertenece a la hidalguía provinciana menor, la madre es de la clase media (es «de mediano estado»). Recibe el joven una educación muy burguesa: un ayo, bastante pesado, le instruye en las artes liberales e innumerables sentencias morales. Inaugura la carrera con el objetivo prosaico de salir de casa, viajar y aprender lenguas extranjeras. Y este futuro caballero andante efectúa la salida,

4. F. W. Chandler, *Romances of Roguery*, Nueva York, 1961, pág. 14.
5. Joaquín Romero de Cepeda, *La historia de Rosián de Castilla*, ed. Ricardo Arias, Madrid, CISC, 1979.

cuando va a visitar a los abuelos. Por cierto, sigue una serie de aventuras: algunas fantásticas y alegóricas, otras peligrosas pero no maravillosas, y otras hasta cómicas. Pero, a pesar de ser un poco excepcional de la manera indicada, el hecho es que esta obra poco conocida no forma parte de ninguna tendencia continua. *Don Policisne de Boecia*, la última obra nueva del género, publicada tres años después del *Guzmán*, resulta ser una obra típica, regular.

Se habla mucho de la «decadencia» de los libros caballerescos del Renacimiento. Si tiene validez la palabra (y yo lo dudo), será más aplicable cuando se compara a todos ellos con las grandes obras medievales del ciclo artúrico en prosa, o con las de Chrétien de Troyes, que cuando se intenta comparar los primeros libros renacentistas con los posteriores.

Sé que es peligroso equiparar síntomas de la erosión de la ficción idealista (cualidades negativas) con señales positivas de un moviminto hacia el realismo. Pero, si no me engaño, tales señales positivas se encuentran sólo en casos raros, como en el *Tirant*, y no ocurren con mayor frecuencia en la última etapa histórica del género. Lo que sí ocurre, como sabemos todos, es que declina la producción —o al menos la publicación— de los libros (es decir, de obras nuevas), hasta que se pare definitiva y justamente a la mitad de los años que van de 1599 a 1605.

Lo que tiene de asombroso el *romance* es su capacidad perenne para adaptarse a los cambios, para amoldarse a las nuevas circunstancias históricas, para avenirse hasta con el realismo, y presentarse siempre en formas nuevas. Tras el «roman héroique» francés del siglo XVII, la llamada «novela gótica» inglesa del siglo XVII; la ciencia ficción y varias clases de novelas de misterio, etc., de nuestros días. Los relatos de James Bond, de Ian Fleming, ofrecen otro buen ejemplo: los analizó en este contexto, con gran agudeza, Umberto Eco hace algunos años.[6]

Así, a mediados del siglo XVI, aparecen tres tipos de *romance*, por primera vez para resucitarse y reconstituirse. *El Abencerraje*, con la incorporación más tarde de las *Guerras Civiles de Granada*, inaugura el género morisco. La *Diana* de Montemayor y sus secuaces inmediatos, el pastoril. No carece de interés el que una versión de *El Abencerraje* se encontrara en la segunda edición de la *Diana*. Como Claudio Guillén ha observado, cada una a su manera representa un distanciamiento del exotismo de la caballeresca y un acercarse a la circunstancia histórica, aun cuando manifiesta su descontento con ésta. Sin embargo, yo prefiero no incluir, como él, el género picaresco con el morisco y el pastoril. Desde luego, el *Lazarillo* apareció en el mismo decenio, pero representa una reacción mucho más extremada. La diferencia cuantitativa aquí se convierte en diferencia cualitativa.

---

6. Umberto Eco, «James Bond: une combinatoire narrative», *Communications*, 8 (1966), págs. 77-93.

Mencioné tres tipos de romance. El tercero es el «libro de aventuras peregrinas» de tipo griego o bizantino, que también se introduce por los 50. El suceso principal es la publicación, en el mismo año que el *Lazarillo*, de la traducción española de la versión de Heliodoro por Amyot. Pero ya había aparecido en 1552 la primera tentativa, bastante torpe pero muy interesante, *Clareo y Florisea* de Núñez de Reinoso. También puede verse a este tercer género como un intento más o menos consciente de alejarse de los libros de caballerías. Si no ocurre ésto precisamente con el *Clareo* de Núñez de Reinoso, ni con la *Selva de aventuras* de Jerónimo de Contreras, es posible que ocurra con el *Peregrino en su patria* de Lope de Vega; y es cierto en el caso del *Persiles* de Cervantes (ya prefigurado en el esbozo de lo que podría ser un libro de caballería bien compuesto, según el Canónigo de Toledo en el *Quijote*). Ya hacía años que humanistas y teóricos como López Pinciano habían aplaudido la *Etiópica* por tener los méritos que faltaban a los libros caballerescos. La diferencia ya se sentía de manera muy clara.

Me parece casi seguro que en la segunda mitad del siglo XVI, en los libros de estos tres géneros de *romance*, tampoco se verifica una tendencia protonovelística que sea progresiva. En las obras de tipo morisco, y en las aventuras peregrinas, siendo tan pocas, creo que no tiene mucho sentido hablar de «tendencia progresiva».

El caso del *Peregrino* de Lope, por cierto, es muy interesante. La localización geográfica y la contemporaneidad, evidente, si no muy acusada, de la historia, sugieren unas preocupaciones de novelista, no típicas del escritor de romance. Pero puesto que Lope empezó a componer esta obra por el año 1600, después de que la aparición del primer *Guzmán* tuviese algún impacto en el *Peregrino*, bien como influencia positiva, bien como reacción en contra (como ha sugerido Avalle-Arce y otros), pero con eso entramos en otro terreno.

Llegamos a las obras pastoriles, más numerosas que las de los otros dos géneros, aunque mucho más escasas que las de caballerías.

Puede decirse que entre el mundo imaginado de Arcadia y el mundo histórico contemporáneo de la alta clase social, había un tráfico continuo, consecuencia de la naturaleza del género pastoril. Esto podía debilitar el auténtico núcleo mítico, como pasó, según creo, en *Ninfas y pastores de Henares*, y en el *Pastor de Iberia*, sin resultar en un paso significativo hacia el realismo novelístico. En la *Diana enamorada* de Gil Polo y en la *Arcadia* de Lope de Vega sí se halla algún rasgo novelístico. En la primera de estas obras, no sólo se ve el rechazo del elemento fantasía mágica que había empleado Montemayor, sino un concepto de carácter y de motivación que sugiere un procedimiento de novelista moderno, dentro de los límites del *romance*, claro está. En la segunda, de Lope, lo nuevo es el concentrarse en una sola experiencia amorosa que se desarrolla temporalmente (envuelta en muchas materias superfluas, como se sabe). Por cierto, en estos dos libros de pastores puede verse un paso dado hacia el realismo psicológico de la novela moderna, dentro del género pastoril. Pero entre las obras de este género, relativamente escasas, es difícil hablar de una tendencia cada vez más fuerte.

De todos modos, *El Prado de Valencia* de don Gaspar Mercader, publicado dos años después de la *Arcadia*, en 1600, no tiene nada de novela realista. Se trata de una antología de versos compuestos por poetas, caballeros y damas valencianos, versos trabados de una manera muy floja por una vaga historia de amores personales. El idealismo romántico que demuestra es superdesarrollado. El Prado era un lugar muy de moda para pasearse y esparcirse —lugar «où la galanterie recevait un culte, où le beauté rencontrait d'innombrables adorateurs», según lo expresó Henri Mérimée[7]. Pero esta imagen idílica nada tenía que ver con la realidad; al contrario, el Prado tenía mala fama. Era donde las celestinas, que se llamaban «tías», arreglaban encuentros para los amantes. Los amores eran más bien escandalosos y adúlteros que inocentes y arcádicos. El Prado también atraía a ladrones y vagabundos. En fin, la realidad se inclinaba hacia la picaresca más que a la bucólica. Pero nada de esto se sospecharía leyendo la «fête galante» de Gaspar Mercader.

Como sabemos, en el siglo XVI había mucha confluencia genérica. Hasta hubo una curiosa tentativa temprana, sobre la cual nos ha llamado la atención el profesor Blecua, de combinar la caballeresca y la picaresca en el *Baldo*, anticipo en cierto grado del *Quijote*.[8]

También era un período de mucha consciencia genérica, sobre todo entre los poetas. La teoría literaria del día, proveniente de Italia, se fundaba en ella. Pienso especialmente en la preceptiva prestigiosa de Escalígero. Pero la teoría crítica de entonces hizo poquísimo caso de la ficción narrativa en prosa. En gran parte, por causa de todo esto, el sentido genérico se veía menos desarrollado en esta zona literaria. Considérese la falta de terminología clara para denotar los diferentes tipos de narración corta o larga. No se sabía muy bien cómo llamarlos. Pero a principios del siglo XVII esto empieza a cambiar. Se echa de ver lo que tiene de común el *Lazarillo* con el *Guzmán*. Se asocian a menudo los dos libros. Y pronto vendrá Cervantes, para ver mucho más que eso.

Ahora bien, resulta difícil que los primeros novelistas picarescos no tuvieran plena consciencia del hecho de que estaban reaccionando contra la ficción idealista de *romance*. Es preciso limitarme al contexto literario,

---

7. H. Mérimée, Introducción a la edición crítica de *El prado de Valencia* [1907], New York, Johnson Reprint, 1971, pág. LXXXVIII.
8. Alberto Blecua, «Libros de caballerías, latín macarrónico y novela picaresca: la adaptación castellana del *Baldus* (Sevilla, 1542), *Bol. Real Acad. Buenas Letras de Barcelona*, XXXV (1971-1972), págs. 147-239.

sin consideración ahora de incentivos socio-económicos en la invención de la picaresca. Pero, ¿es posible que los autores de este género narrativo revolucionario no se diesen cuenta de la oposición radical que existía entre sus obras y la ficción idealista tan en boga?

Hago la pregunta porque ellos mismos no hicieron ningún ataque, apenas se lee una crítica directa, y conozco sólo un caso de parodia posible, relativos al género idealista. Mientras revolucionaban la ficción narrativa, no hacían nada para dirigir la atención al abismo que separaba sus obras de los *romances*. ¿Por qué no?

Duante casi un siglo, humanistas, teólogos y moralistas tronaron contras los libros de caballerías y, luego, incluso contra las pobres Dianas y sus hermanas bucólicas. Pero de los novelistas picarescos, piensen en el contraste que ofrece Cervantes con su *Quijote*. Y después, Sorel y Scarron en Francia. Y, en la antigüedad, Petronio, quien en el *Satiricón* parodió el *romance* griego. Como observó Alexander Parker, la novela picaresca «no surge como anti-*romance* en el sentido de una parodia implícita de la ficción idealista». Dice a continuación que, ya que reaccionan contra los *romances*, las novelas picarescas son alternativas, no son sátiras literarias.[9]

Se comprende tal vez que, tras la primera oleada, los autores picarescos se interesan poco por las cualidades contragenéricas de sus obras. Lo que les interesaba era el nuevo género. En efecto, todos los indicios apuntan a que fue tal el impacto del *Guzmán* de Alemán que sus primeros sucesores, Martí, González, Cervantes, López de Ubeda, Quevedo, se preocuparon casi exclusivamente por cultivar, explotar, diversificar, hasta subvertir el género establecido por Alemán y el autor del *Lazarillo*. «¡Mal año para *Lazarillo de Tormes* y para todos cuantos de aquel género se han escrito o escribieren!» —lo expresó bien Ginés de Pasamonte, otro competidor, aunque ficticio.

López de Ubeda demuestra un sentido genérico, muy vago por cierto, cuando esboza como una genealogía su *Pícara Justina*:

> Y así no hay enredo en Celestina, chistes de Momo, simplezas en Lázaro, elegancias en Guevara, chistes en Eufrosina, enredos en Patrañuelo, cuentos en Asno de oro... (etc.) cuya nata aquí no tenga y cuya quinta esencia no saque.[10]

También alude al *Guzmán*. Pero no hace alusión a ninguna relación negativa con la narración idealista. Volvamos a las obras fundadoras del género.

9. A. A. Parker, *Literature and the Delinquent*, Edimburgo, 1967, pág. 19. Jacky.
10. *La novela picaresca española*, ed. A. Valbuena Prat, Madrid, Aguilar, 1946, pág. 709.

Me parece que hay razón para sospechar cierta intención paródica en *Lazarillo*, al principio del libro. Se trata de un escritor de enorme agudeza, que deja continuamente que el lector saque sus propias conclusiones. En primer lugar, el mismo título, señalando al arquetipo del pobre en forma diminuta, ¿no hubiera sugerido la inversión de la grandeza asociada con títulos como «Amadís de Gaula», «Palmerín de Inglaterra»? Luego esas palabras del prólogo, «cosas tan señaladas y por ventura nunca oídas ni vistas», así como la referencia a sus «fortunas, peligros y adversidades», ¿no hacen eco de un tipo de lenguaje que podía ser caballeresco? Y el comienzo del relato que refiere su nacimiento «dentro del río Tormes», ¿no podría evocar el lanzamiento en las ondas de más de un héroe de estirpe mítica, Amadís entre otros?[11] Es imposible afirmarlo, pero queda intacta la sospecha. Marcel Bataillon descartó esta teoría, que había propuesto González Palencia[12]. Pero la razón que ofrece, el que el autor dejara de anunciar una intención paródica explícita en el prólogo, no tiene nada de concluyente. Es muy característico del autor del *Lazarillo* dejar las inferencias para el lector.

En el mucho más voluminoso *Guzmán* no pueden faltar algunas posibilidades paródicas, y las ha encontrado algún crítico que otro. Pero, que yo sepa, no aparecen en el texto señales claras que anuncien: «mirad, aquí me burlo de las narraciones caballerescas, pastoriles o lo que sea». Sin embargo, sí existe un sólo pasaje de comentario abierto que no podemos pasar por alto.

El contexto es convencional. Guzmán narrador censura a las necias mujeres que sacan ideas románticas de las *Dianas* y gastan su dinero en los libros de Don Belianís y Amadís. Satiriza a las doncellas que aparecen en estos libros, y, por un momento breve, hace la comparación entre esos libros y el suyo:

> ...que so a estas hermosas les atasen los libros tales a la redonda y les pegasen fuego, que no sería posible arder, porque su virtud lo mataría. Yo no digo nada y así protesto, porque voy por el mundo sin saber adónde y lo mismo dirán de mí. (*Guzmán de Alfarache* II, 3.º, 3).[13]

Hay una reminiscencia aquí de la incombustible Cariclea de Heliodoro. El sentido no es enteramente claro. Habla con ironía. Creo que está diciendo que algunos dirán que su libro merece quemarse como los de caballerías, pero la virtud retratada en ellos es increíble, mientras el vicio que se pinta en el suyo tiene verosimilitud. Es un fragmento que pasa sin elabo-

11. *La novela picaresca española*, ed. F. Rico, Barcelona, Planeta, 1967, págs. 5, 7 y 9.
12. M. Bataillon, en F. Rico ed. *Historia y crítica de la literatura española*, t. 2, *Siglos de oro: Renacimiento*, Barcelona, Crítica, 1980, pág. 353.
13. *La novela picaresca española*, ed. F. Rico, Barcelona, Planeta, 1967, págs. 787 y 788.

rarse. Lo que es excepcional en esta fecha es la comparación, la confron-tanción abierta, aunque momentánea, de la picaresca con la caballeresca.

Hasta aquí tenemos: una parodia posible y una crítica indudable del *romance* en las dos primeras novelas picarescas.

Es inevitable que el contragénero se apropie de algunas estructuras y elementos propios del género original. La picaresca se opone a ciertos aspectos del *romance* y se modela en otros, como son el nacimiento y descendencia del protagonista, su crianza, viajes, encuentros y trabajos; y la naturaleza episódica y abierta a la narración. Prescindo de éstos. Sola-mente quiero mencionar un eslabón importante entre la picaresca y la fic-ción idealista con respecto al tratamiento especial que recibe a manos del autor del *Lazarillo*. Y después hago mención de tres casos de transferencia de materias típicas del *romance* a las dos primeras novelas de pícaros.

En todas las obras premodernas de *romance* es la Providencia divina quien, de manera explícita o no, determina y dirige los sucesos hacia su conclusión. Todas esas peripecias inesperadas y reconocimientos felices da-ban testimonio de un gran diseño misterioso en los sucesos humanos; se iluminaba toda la existencia humana con un sentido trascendental. En *La-zarillo*, es bien sabido que se invoca repetidamente el nombre de Dios, especialmente cuando el muchacho tiene buena suerte. Dios llega a identi-ficarse con la buena suerte personal, para Lazarillo. Sin duda, aquí satiriza el autor la degradación de los valores religiosos en la conversación y el trato social diarios. Pero resulta que también está enlazando, de un modo elegante, la ordenación divina de los acontecimientos en la narrativa idea-lista con el funcionamiento fortuito del azar que parece gobernar el mundo del pícaro. Me cuesta trabajo creer que el autor era plenamente consciente de esto. Sin embargo, como hace años notó Stephen Gilman, *Lazarillo* representa un paso muy significativo en la secularización de la literatura[14]. Todo esto tiene relación con el cambio de perspectiva que suponía la na-rración en primera persona, con todas sus consecuencias.[15]

Llego a los tres casos particulares que demuestran la persistencia del *romance* en el contexto picaresco.

El primero es pequeño y marginal. Sin embargo, me pregunto si el don profético del ciego de *Lazarillo* no debe relacionarse con motivos de *ro-mance*, aún siendo folklóricos. Las torpes adiciones al texto de Alcalá, que se refieren a la soga y al cuerno, por lo menos sugieren la intervención de alguien de gustos literarios más bien anticuados.

Segundo, recuérdese la primera continuación de *Lazarillo* (Amberes, 1555)[16]. Se trata de una alegoría lucianesca que satiriza la vida cortesana

---

14. Stephen Gilman, «The Death of Lazarillo de Tormes», *PMLA* (1966), pág. 164.
15. Véase Francisco Rico, *La novela picaresca y el punto de vista*, Barcelona, Seix Barral, 1973.
16. En *Novelistas anteriores a Cervantes*, *BAE* III, Madrid, 1876.

y militar mediante el relato de una estancia en el reino de los atunes. Pero la sátira fantástica reposa en una estructura de *romance* fundada en el mito arquetípico. Bajada a un «otromundo» subácueo con guardianes feroces; metamorfosis milagrosa; el héroe como redentor. Este se emplea en el servicio del Rey y llega a ser paladín; gana la mano —aleta digo— de una hermosa atún-damisela. El autor desconocido de este libro divertido tenía poca perspicacia genérica, por cierto. El hecho significativo es que la mayor parte de la obra está mucho más cercana al *romance* que a la novela picaresca.

Por último, está el mismo Mateo Alemán, el cual sabía muy bien lo que estaba haciendo. Pero tampoco él se había despedido del *romance* idealista cuando incorporó la historia morisca de Ozmín y Daraja en su novela. Si es que tenía algún propósito genérico, aparte de la introducción de nuevos temas y variedad estilística, el hecho es que no dio indicación alguna de lo que podía ser.

Mi conclusión es que no era nada fácil deshacerse del *romance*. Este oponía resistencia. No sólo se reanimó bajo formas nuevas, las de los géneros morisco, pastoril y heroico, al declinarse los libros de caballerías, sino que se reafirmó en otra manera, más sutil. Dentro de poco iban insinuándose elementos idealistas en novelas picarescas. Es probable que este proceso lo iniciara Cervantes: el primer indicio de elevación moral del pícaro se encuentra en *Rinconete y Cortadillo*. A esto siguió la sublimación moral, social —total— de los pícaros voluntarios de *La ilustre fregona*, novela en la que uno de ellos se casa con la clásica heroina de romance desplazada. El proceso idealizante continúa de otras maneras en *Marcos de Obregón* y en ciertas novelas de Salas Barbadillo y Castillo Solórzano, para influir finalmente en la picaresca francesa e inglesa.

No obstante *Lazarillo de Tormes*, la parodia del *romance* no es nada característica de la novela picaresca española. La parodia, por otra parte y, por supuesto, es absolutamente fundamental en *Don Quijote*. Aquí, pues, en sus muy distintas relaciones con la ficción idealista, se encuentra una de las diferencias claves entre el *Quijote* y las novelas picarescas. Algunos críticos anglosajones han insistido en la importancia de la parodia en la evolución de la novela moderna. Pero se ve que no era indispensable. Resultaron dos variedades distintas en los albores de la novela realista moderna. Sin embargo, también tenían su punto de semejanza en que elementos del *romance* (no parodiados) se infiltraron en la narración realista del *Quijote*, así como en la picaresca. Y después de eso, iban a encontrarse y reunirse en el gran terreno medio de la novela cortesana. Pero esa es otra historia.

Termino recordándoles la confrontación plena de dos representantes de los géneros picaresco y caballeresco, ideada por el autor que tenía el sentido genérico más desarrollado. Se encuentra en el libro que Césare

Segre ha llamado «galería de todos los géneros literarios de su época»[17]. Es la conversación que tiene Don Quijote con el primer ventero, el cual

> en los años de su mocedad se había dado a aquel honroso ejercicio, andando por diversas partes del mundo, buscando sus aventuras... [por] los Percheles de Málaga, Islas de Riarán, Compás de Sevilla, Azoguejo de Segovia [etc.] y otras diversas partes donde había ejercitado la ligereza de sus pies y sutileza de sus manos, haciendo muchos tuertos, recuestando muchas viudas, deshaciendo algunas doncellas y engañando algunos pupilos... (*Don Quijote*, Parte I, cap. 3).[18]

Fue el encuentro del caballero aspirante con el pícaro jubilado. Gracias a la parodia, podían encararse en este tercer tipo de ficción, tal vez el único que fuese capaz de contenerlos a los dos.

---

17. C. Segre, «Costruzioni rettilinee e costruzioni a spirale nel *Don Chisciotte*», *Le Strutture e il Tempo*, Torino, 1974, pág. 182.

18. Ed. L. A. Murillo, Madrid, Clásicos Castalia, I, págs. 88-89.